Prince DE BÜLOW

La Politique Allemande

Traduit de l'allemand par M. Maurice HERBETTE
Ministre Plénipotentiaire

Avec un avant-propos par M. J. de SELVES
Sénateur

7ᵉ ÉDITION

PARIS
HENRI CHARLES-LAVAUZELLE
Éditeur militaire
124, Boulevard Saint-Germain, 124

MÊME MAISON A LIMOGES

1916

La Politique allemande

8° M
17762
Bülow.

TOUS DROITS DE REPRODUCTION, DE TRADUCTION
ET D'ADAPTATION RÉSERVÉS POUR TOUS PAYS.

Prince DE BÜLOW

La Politique Allemande

Traduit de l'allemand par M. Maurice HERBETTE
Ministre Plénipotentiaire

Avec un avant-propos par M. J. de SELVES
Sénateur

7ᵉ ÉDITION

PARIS
Henri CHARLES-LAVAUZELLE
Éditeur militaire
124, Boulevard Saint-Germain, 124
MÊME MAISON A LIMOGES
1916

TABLE DES MATIÈRES

	Pages.
Avant-propos.	9
Politique extérieure.	17
La Politique allemande	19
Renaissance politique de l'Allemagne	21
L'Allemagne puissance mondiale.	28
Nécessité de la flotte de guerre	34
Construction de la flotte de guerre	36
Politique traditionnelle de l'Angleterre	40
L'Allemagne et l'Angleterre	46
L'Allemagne et l'Angleterre pendant la guerre des Boërs.	49
Opinions de la presse sur la possibilité d'une alliance anglo-allemande.	51
L'Angleterre et la flotte allemande	54
Tendances pacifiques de la politique mondiale allemande.	57
L'Allemagne et les Etats-Unis	62
L'Allemagne et le Japon	64
Politique continentale et mondiale	66
La politique anglaise d'encerclement	71
La crise bosniaque.	72
La Triple alliance	76
L'Italie.	77
La Turquie.	83
La Russie.	84
La Double alliance	88
Allemagne et France	92
La question marocaine	99
La France irréconciliable	108
Fachoda.	110
La Triple entente	112
Allemagne, France, Angleterre	113
Compromis anglo-allemand.	114
Succès de la politique mondiale de l'Allemagne.	118
Le projet de flotte en Allemagne	124

	Pages.
Politique intérieure..........	129
I. — *Introduction*.........	131
Passé politique du peuple allemand............	138
L'esprit séparatiste dans le nouvel Empire d'Allemagne.	142
Esprit de parti, fidélité au parti chez les Allemands. . . .	146
Intérêt de parti, intérêt d'Etat.............	150
Intelligence politique, sentimentalité politique..	154
Programmes de parti.............	156
II. — *La pensée nationale et les partis*..........	164
Conservatisme.	164
L'élément conservateur dans l'histoire prusso-allemande. . .	167
Conservatisme et libéralisme..............	170
Le Gouvernement et les partis.............	171
La politique du bloc.............	178
Le Centre.	182
La tâche de 1907............	186
Contribution à l'histoire de la politique défensive de l'Allemagne.........	190
Lutte électorale contre le socialisme...........	198
Moyens de combattre le socialisme sans violence. . .	203
Pas de politique de réconciliation.............	211
L'Etat prussien et la social-démocratie.........	219
Isolement de la social-démocratie.............	225
Socialisme et ouvriers.............	228
Une politique nationale vivante est le vrai remède au socialisme.........	231
III. — *Economie politique*.............	238
Essor économique et développement de l'industrie. . .	238
Industrie et agriculture.............	242
Richesse et santé d'une nation.............	245
Protection de l'agriculture.............	251
Marché extérieur et marché intérieur.........	253
Importance de l'agriculture en cas de guerre...	255
La justice à l'égard de toutes les classes productives. . .	259
La politique douanière Marschall-Caprivi......	261

	Pages.
Le tarif douanier de 1902 et ses adversaires....	263
Les suites de la loi douanière de 1902..........	268
Politique économique et politique de parti......	273

IV. — *Politique dans les Marches de l'Est*.............. 276
    Domaine politique et possession nationale...... 276
    L'œuvre colonisatrice dans l'Est allemand...... 280
    Tâche de la Prusse.......................... 291
    La lutte pour le sol......................... 297
    La lutte en faveur de la culture allemande...... 301
    Résultats de la politique suivie dans les Marches de l'Est.. 302
    La politique suivie dans les Marches de l'Est est un devoir national allemand.................. 306

CONCLUSION.. 309

AVANT-PROPOS

A Monsieur Maurice HERBETTE.

Paris, le 1ᵉʳ juin 1914.

Mon cher Ami,

Je vous remercie de m'avoir communiqué la traduction que vous venez de faire du livre du prince de Bülow.

Les sentiments qui vous ont guidé en assumant le rôle toujours délicat de traducteur, me sont connus. Vous avez voulu permettre à l'opinion française de pénétrer plus aisément les sentiments et les pensées de l'homme d'Etat qui fut, de 1897 à 1909, le collaborateur et le confident de l'Empereur Guillaume II. Vous avez estimé aussi qu'il y avait à tirer de cette étude de la politique allemande d'utiles enseignements.

Ce but patriotique devait vous tenter. C'est, en effet, rendre un service à notre pays que de l'instruire des aspirations et des tendances de son puissant voisin de l'Est.

Je souhaite donc que le plus grand nombre possible de Français prennent à leur tour connaissance d'un ouvrage dont ils apprécieront, comme moi, j'en suis convaincu, le particulier intérêt.

Tel qu'il a été conçu et écrit, l'exposé objectif de l'ancien Chancelier constitue un document de valeur. C'est une synthèse d'idées éparses dans des discours prononcés au Reichstag.

C'est aussi un ensemble de considérations sur la psychologie des partis politiques allemands et, en particulier, une étude critique des conceptions socialistes. Des aperçus d'économie politique complètent cette œuvre parfois un peu nébuleuse de forme, mais dont le but patriotique inspire le respect.

Les chapitres consacrés à la politique extérieure doivent appeler toute l'attention.

Le prince de Bülow n'emprunte pas au prince de Bismarck la vivacité primesautière de l'expression. Son langage nuancé s'inspire des traditions du style diplomatique. L'épée reste plus volontiers au fourreau si l'on sent qu'elle est toujours aiguisée. Le sentiment de la supériorité allemande n'y perce qu'entre les lignes et ne s'affirme pas dans des formules définitives.

L'auteur poursuit, d'ailleurs, la démonstration d'une thèse avec le ferme propos de ne pas en affaiblir la portée par des exagérations de termes. Cette thèse est celle de la modération des visées allemandes, modération qui n'aurait pourtant pas empêché certaines grandes puissances, notamment l'Angleterre, de contrecarrer les efforts de l'Allemagne pour s'assurer la place à laquelle la nation germanique prétend.

L'aigle impérial, si l'on interprète bien la pensée du prince de Bülow, réclame seulement le droit de voler de par le monde. Aucune allusion n'est faite à la maîtrise éventuelle des terres et des mers. N'est-il pas sage de procéder par étapes ? L'Empire allemand, nous dit-on, devait d'abord renaître, et il y a réussi en dépit de la mauvaise grâce des puissances européennes. Puis il s'est affirmé et, par la forte politique du prince de Bismarck, il a progressivement atteint, en Europe, l'apogée de sa puissance. Son cadre étant devenu trop étroit pour un développement économique nécessaire, il s'est engagé, sous la direction de l'Empereur Guillaume et de ses conseillers, dans la voie mondiale. Il l'a fait avec prudence, pas à pas, soucieux de n'éveiller aucune méfiance, en particulier celle de l'Angleterre, aussi longtemps qu'il ne disposait pas des moyens matériels d'imposer le respect et d'assurer la protection sur les mers de ses intérêts croissants. Aujourd'hui, l'Allemagne peut envisager l'avenir avec confiance et mesurer avec fierté le chemin parcouru.

Le tableau peint par le prince de Bülow de cette évolution de la politique allemande répond-il à la réalité des choses ? Il est difficile de le concéder.

En admettant même que l'Empire allemand ait

cherché seulement à augmenter son cube d'air respirable et qu'il n'ait jamais souhaité étouffer personne, les apparences ont bien souvent démenti des ambitions aussi mesurées. Les procédés employés n'ont pas toujours répondu au but assigné. Ne peut-on d'ailleurs penser que le jeune chêne germanique eût étiolé, sous son ombrage, des arbres centenaires, si les bûcherons de la Triple-Entente ne s'étaient pas trouvés là pour pratiquer parfois d'utiles émondages ?...

Après les événements des quinze dernières années, parler encore de l'*encerclement* de l'Empire de Guillaume II prémédité par l'Angleterre, n'est-ce pas, au surplus, ressusciter une légende qui a fait son temps ? Le roi Edouard VII fut un prince trop averti pour avoir nourri le dessein d'arrêter l'expansion allemande, conséquence forcée d'un formidable accroissement de natalité. Ignorer ce phénomène naturel eût été commettre une faute aussi impardonnable que de ne pas se protéger contre les effets d'une politique agressive de l'Allemagne. Cette faute a été évitée par la Triple-Entente et le prince de Bülow ne semble pas encore en avoir pris son parti.

En voulant établir, à tout prix, le caractère inoffensif de la politique extérieure qu'il a suivie, avec ténacité et succès, cet homme d'Etat prétend évidemment convaincre le lecteur. Mais on est tenté de rapprocher ce désir de l'ironique affirmation du prince de Bismarck disant, avec un sourire : « Loin d'être un poids qui écrase l'Europe, je suis l'éventail qui la fait respirer. »

L'exposé détaillé des rapports de l'Allemagne avec les grandes puissances qui, dans l'esprit du prince de Bülow, doit prouver la modération allemande, provoquera peut-être certaines surprises, à en juger par le chapitre concernant les relations franco-allemandes.

La France républicaine n'a jamais poursuivi, depuis quarante-trois ans, de politique menaçante pour sa voisine de l'Est. La forme même de ses institutions, le régime parlementaire qu'elle a adopté et conserve avec un soin jaloux, constitueraient, le cas échéant, un contre-poids suffisant à des velléités offensives. Les alliances et amitiés qu'elle a nouées et qu'elle cultive n'ont jamais eu de pointe dirigée contre personne. La dénoncer comme un irréductible facteur d'agitation, c'est méconnaître son rôle dans les crises qui ont secoué l'Europe en ces dernières années. Il est exact — et le patriotisme ardent du prince de Bülow ne saurait s'en offusquer — qu'un grand peuple comme le nôtre ne peut, sans déchoir, oublier le passé. Il a le droit de souffrir du présent et d'espérer dans l'avenir. La France use de ce droit parce que, elle aussi, désire vivre comme nation. Et l'ancien Chancelier s'illusionne lorsqu'il escompte l'excès du mal pour provoquer en France la guérison de ce qu'il appelle

« *la folie des armements* ». Le service de trois ans, dont il parle, a été considéré chez nous comme une mesure de protection nationale, et alors même qu'en résulterait, comme semble le souhaiter le prince de Bülow, l'établissement d'un impôt global sur le revenu, nous aimons à penser que le peuple français n'y trouverait pas un motif suffisant pour diminuer la force défensive de son armée.

Comme on l'a dit, avec tant de justesse et de force, il entend « ÊTRE », sans subir aucune atteinte à son honneur.

La deuxième partie du livre de l'ancien Chancelier présente un caractère trop spécial pour qu'un étranger soit en mesure d'en apprécier l'exactitude.

Discuter l'opinion du prince de Bülow sur la mentalité, les facultés et l'esprit politique du peuple allemand et des divers partis de l'Empire, serait s'exposer à commettre de fâcheuses erreurs. Il convient aussi de s'abstenir de tout jugement sur le meilleur régime intérieur de l'Allemagne, sur la lutte contre les démocrates-socialistes et autres questions d'ordre purement allemand dont traite l'ouvrage du prince de Bülow. Ce sont là affaires dans lesquelles on ne saurait s'immiscer.

Mais qu'on ne conclue pas de cette discrétion que la deuxième partie de l'exposé de l'ancien

Chancelier ne présente aucun intérêt pour les Français.

Nous avons grand avantage, au contraire, à nous tenir exactement informés des difficultés intérieures qui risquent de se produire dans l'Empire voisin, car les répercussions extérieures en seraient inévitables et dangereuses.

Au surplus, l'éventualité d'une guerre n'échappe à aucun moment au prince de Bülow. Il s'en préoccupe et en fait même état dans la troisième partie de son livre, qui détermine la meilleure politique économique à suivre en Allemagne.

Puissent tous les Français retenir et méditer ses paroles :

« Un événement qu'il faut faire entrer dans tout calcul politique, c'est la guerre. Nul homme sensé ne la désire. Tout gouvernement consciencieux cherche de toutes ses forces à l'empêcher, aussi longtemps que l'honneur et les intérêts vitaux de la nation le permettent. MAIS TOUT ETAT DOIT ÊTRE DIRIGÉ DANS TOUTES SES PARTIES COMME SI, DEMAIN, IL DEVAIT AVOIR UNE GUERRE A SOUTENIR. »

L'avertissement et le conseil ne sont pas à négliger.

Affectueusement à vous,

J. DE SELVES.

POLITIQUE EXTÉRIEURE

LA POLITIQUE ALLEMANDE

« Malgré l'ancienneté de son histoire, la nation allemande est la plus jeune de toutes les grandes nations de l'Europe occidentale. Elle a eu deux périodes de jeunesse; elle a lutté deux fois pour jeter les bases de sa puissance politique et de sa liberté morale. Il y a un millier d'années, elle créa la royauté germanique la plus fière; huit siècles plus tard, elle dut recommencer la construction de l'Etat sur un terrain complètement nouveau, pour ne rentrer que de nos jours comme puissance unifiée dans les rangs des peuples. »

Ces mots, par lesquels Treitschke commence son *Histoire de l'Allemagne*, ne recèlent pas seulement un sens historique profond, ils ont aussi une signification politique très moderne. L'Allemagne est la plus jeune des grandes puissances européennes, l'*Homo novus* qui, surgi dans ces derniers temps, s'est, à l'aide de ses propres facultés supérieures, créé une place dans le cercle des vieilles nations. Considérée comme une intruse fâcheuse et importune, la nouvelle grande puissance, inspirant la crainte après trois guerres glorieuses, entra dans le groupement des Etats européens et réclama sa place au riche banquet mondial. Pendant des siècles, l'Europe n'avait pas cru à la possibilité de l'union politique et nationale des pays allemands. En tout cas, les puissances européennes avaient fait tout leur possible pour l'empêcher. La politique française en particulier, depuis Richelieu jusqu'à Napoléon III, s'était inspirée de cette juste conception que la suprématie de la France, « *la prépondérance légitime de la France* (1) », reposait en première ligne sur les divisions politiques de l'Allemagne, et elle s'était efforcée en conséquence d'entretenir et d'accentuer ces divisions. Mais les autres puissances, elles non plus, ne voulaient pas de l'unification de l'Allemagne.

Dans cet ordre d'idées, l'empereur Nicolas pensait comme lord Palmerston, Metternich comme Thiers.

Ce qui prouve assurément le mieux la merveilleuse coopération de la clairvoyante perspicacité de notre vieil Empereur avec le génie du prince de Bismarck, c'est qu'ils ont fait aboutir l'unité de l'Allemagne, non seulement contre tous les obstacles entassés devant eux par la situation intérieure du pays, par des rivalités et des rancunes invétérées, par toutes les fautes de notre passé et toutes les particularités de notre tempérament politique, mais aussi malgré la résistance ouverte ou dissimulée, malgré le mauvais vouloir de l'Europe entière.

D'un coup, l'Empire allemand était né. Plus tôt qu'on ne l'avait craint, plus fort que nul ne l'avait pressenti. Aucune des autres grandes puissances n'avait désiré la renaissance politique de l'Allemagne : chacune eût préféré y faire obstacle.

Comment s'étonner par conséquent que la grande puissance nouvelle n'ait pas été saluée avec joie,

---

(1) En français dans le texte.

mais accueillie en gêneuse. Même une politique pleine de réserve et basée sur l'amour de la paix, comme celle qu'elle suivit, ne put guère modifier ce premier jugement. On voyait comme une sorte de menace, ou tout au moins une gêne, dans cet événement qu'on avait longtemps empêché et souvent redouté, dans cette unité politique de l'Europe centrale, unité que les armes allemandes et une incomparable diplomatie avaient fini par imposer.

Vers 1895, à Rome, où j'étais alors ambassadeur, mon collègue anglais, sir Clare Ford, me dit, avec un soupir : « Que les arrangements politiques étaient donc plus commodes et moins compliqués, lorsque l'Angleterre, la France et la Russie formaient l'aréopage de l'Europe et qu'on n'avait besoin d'y appeler l'Autriche que dans de rares occasions ! » Ce bon vieux temps est passé. Le concert européen s'est accru, depuis plus de quarante ans, d'un membre qui a voix au chapitre et qui, non seulement a la volonté de faire entendre sa voix, mais dispose aussi de la force pour agir.

Renaissance politique de l'Allemagne.

L'œuvre magistrale du prince de Bismarck avait achevé un dur travail historique. Il fallut que les visées des Hohenzollern, leur volonté consciente de son but fussent soutenues pendant des siècles par l'héroïsme constant de l'armée prussienne et par l'inébranlable abnégation du peuple, pour qu'après de nombreuses péripéties, la Marche de Brandebourg en arrivât à être la grande puissance de Prusse. A deux reprises, les lauriers que l'Etat prussien avait déjà récoltés semblèrent devoir lui échapper à nouveau. L'écrasante défaite de 1806 précipita brusquement la Prusse du faîte glorieux où l'avaient portée les succès du grand Frédéric et où elle se tenait depuis lors, admirée et redoutée.

L'événement sembla donner raison à ceux qui n'avaient voulu voir dans la fière création de ce grand roi qu'un édifice politique artificiel, édifice que son extraordinaire génie d'homme d'Etat et d'homme de guerre pouvait seul maintenir debout, et qui devait disparaître avec lui. Le relèvement de la Prusse, après le profond cataclysme d'Iéna et de Tilsitt, montra au monde étonné quelles énergies fondamentales et indestructibles vivaient dans cet Etat. Un tel esprit de sacrifice, un tel héroïsme de tout un peuple impliquaient l'existence d'une conscience nationale profondément enracinée. Et lorsque le peuple de Prusse se redressa, ce ne fut point en un soulèvement désordonné comme celui des Espagnols tant admirés et des vaillants paysans du Tyrol; mais c'est homme par homme, et comme par une sorte d'entente naturelle, qu'il vint se ranger sous les ordres du roi et de ses conseillers. L'on vit ainsi avec surprise qu'en Prusse la conscience de la nationalité et le sentiment de la cohésion politique se confondaient, et que la rude école du gouvernement de Frédéric avait fait du peuple une nation. La réorganisation de la vie publique, sous la direction d'esprits créateurs, dans la période de 1807 à 1813, valut à l'Etat, outre l'obéissance, l'affection consciente des sujets. Les guerres libératrices de 1813 à 1815 gagnèrent à la Prusse l'estime de tous et la confiance de beaucoup d'Allemands non Prussiens. Ce fut un riche héritage que celui laissé par la grande époque du relèvement et de la libération. Mais sous l'action rétrograde d'une politique extérieure faible et sans éclat et d'une administration intérieure qui ne savait ni accorder ni refuser à propos, cet héritage fut dilapidé en majeure partie dans les années qui suivirent.

Vers la fin de la première moitié du xix⁰ siècle, la Prusse était inférieure en force morale et en influence extérieure à la Prusse sortie des guerres de l'Indépendance. Sans doute le mouvement national vers l'unité avait trouvé sa première base solide dans la politique douanière prussienne. Mais la journée d'Olmütz détruisit l'espoir des patriotes allemands, qui comptaient sur la Prusse pour exaucer les vœux nationaux. La Prusse parut alors renoncer à sa mission historique et abandonner la poursuite de l'unité politique de l'Allemagne, après avoir pourtant commencé, en connaissance de cause, à réaliser son unité dans le domaine économique. En aiguillant la vie de l'Etat dans les voies constitutionnelles, on avait bien dégagé de nouvelles énergies pour la vie nationale. Cet Etat aurait gagné une intense vitalité intérieure et imprimé une énorme poussée aux énergies nationales, si ce peuple dévoué avait été appelé à temps à la collaboration politique, comme l'avaient désiré Stein et Hardenberg, Blücher et Gneisenau, Guillaume de Humboldt et Boyen, Yorck et Bülow-Dennewitz. Lorsque ce grand pas s'accomplit, trente-trois ans plus tard, la méfiance entre le peuple et les autorités avait déjà creusé un fossé trop profond; le prestige du gouvernement avait, au cours du soulèvement révolutionnaire, subi un trop grave dommage, pour que les institutions modernes pussent donner immédiatement de bons résultats. La marche de la politique prussienne était entravée à l'intérieur par des représentants du peuple méfiants et imbus d'esprit doctrinaire, à l'extérieur par l'irréductible résistance de l'Autriche qui prétendait garder la prééminence. C'est alors qu'appelé au moment décisif par le roi Guillaume, Bismarck porta la main sur les rouages paralysés de la machine gouvernementale prussienne. Il n'était que temps.

Les patriotes clairvoyants de cette époque comprenaient parfaitement qu'une évolution historique normale devait aboutir à l'unification politique de l'Allemagne sous la direction prussienne, et que c'était le but le plus élevé de la diplomatie prussienne de hâter et d'achever cette évolution. Mais tous les chemins pris pour arriver à ce but étaient apparus comme impraticables. Plus le temps s'écoulait, moins on semblait pouvoir espérer de l'initiative du gouvernement prussien. Les essais bien intentionnés, mais peu pratiques, pour amener le peuple allemand à prendre lui-même en main la direction de ses destinées, échouèrent, parce que la force motrice des gouvernements, plus décisive en Allemagne que dans tout autre pays, faisait défaut. Dans *Wilhelm Meister* (1), l'expérimenté Lothario répond à la mélancolique Aurélie, qui formule mainte critique au sujet des Allemands, qu'il n'y a pas au monde une nation de plus de mérite, à condition qu'on la dirige dans le bon sens. L'Allemand, à quelque souche qu'il appartienne, a toujours accompli les plus grandes choses sous une direction forte, ferme et constante, mais rarement sans impulsion et lorsqu'il était en opposition avec ses gouvernements et ses souverains. Dans ses *Pensées et Souvenirs*, Bismarck nous a raconté lui-même que, dès le début, il n'a jamais eu de doute à cet égard. C'est avec une intuition géniale qu'il trouva la voie par laquelle les espérances du peuple devaient se rencontrer avec les intérêts des gouvernements allemands. Aucun homme d'Etat n'a pénétré plus avant dans l'histoire de la nation dont la direction reposait entre ses mains. Derrière l'enchaînement extérieur des événements, il chercha et trouva les forces motrices de la vie nationale. Jamais n'est sortie de sa mémoire la grande époque de la libération et du relèvement de la Prusse : il était né l'année de Waterloo; Schleiermacher lui avait fait faire sa première communion dans l'église de la Trinité à Berlin; au début de son action historique,

---

(1) Roman de Gœthe.

cette époque restait vivante devant ses yeux. Il sentait qu'en Allemagne la volonté nationale et la passion nationale ne s'enflamment pas par des frictions entre le gouvernement et le peuple, mais par les froissements de l'orgueil et de l'amour-propre allemands avec les résistances et les prétentions des nations étrangères. Aussi longtemps que la question de l'unité allemande demeura un problème de politique intérieure, sujet de disputes entre les partis d'une part, entre le gouvernement et le peuple d'autre part, il ne pouvait en résulter un mouvement national d'une violence assez irrésistible pour entraîner à la fois princes et peuples. Lorsque Bismarck posa la question allemande telle qu'elle était dans son essence, c'est-à-dire comme question de politique européenne, et que bientôt s'agitèrent les ennemis extérieurs de l'unité allemande, il donna aux souverains la possibilité de se mettre à la tête du mouvement national.

A Francfort, à Saint-Pétersbourg, à Paris, Bismarck avait pénétré le jeu des puissances européennes. Il avait reconnu que l'unification de l'Allemagne, tant qu'elle restait une affaire exclusivement allemande, devait se borner à n'être qu'un pieux désir et une irréalisable espérance des Allemands, mais qu'à dater du moment où elle entrerait dans la période de réalisation, elle deviendrait, au contraire, une affaire internationale.

La lutte contre les résistances de l'Europe était l'un des éléments essentiels de la solution de la grande mission de la politique allemande. Cette lutte était d'ailleurs l'unique moyen de briser les résistances dans l'Allemagne même. Ainsi, la politique nationale ferait partie de la politique internationale, et, grâce à l'incomparable audace et à la puissance de création d'un homme d'Etat, l'achèvement de l'unité allemande se trouverait soustrait aux facultés qui sont, par hérédité, les plus faibles des Allemands, c'est-à-dire à leurs facultés politiques, pour être confié à leurs facultés innées les meilleures, à leurs facultés guerrières. Un hasard favorable voulut que Bismarck trouvât à ses côtés un stratège comme Moltke, un organisateur militaire comme Roon. Les faits d'armes qui nous avaient rendu notre position de grande puissance européenne, en assurèrent en même temps la stabilité. Ils ôtèrent aux grandes puissances l'envie de nous arracher à nouveau, dans le concert européen, la place que nous avions conquise en trois guerres victorieuses. Bien que cette place nous ait été concédée à contre-cœur, elle ne nous a plus été contestée sérieusement. La France exceptée, tout l'univers aurait même, petit à petit, vu d'un bon œil la puissance allemande, si notre développement s'était arrêté avec la fondation de l'Empire. Mais l'unité politique n'a pas été la conclusion de notre histoire : elle est devenue le début d'un nouvel avenir. Placé au premier rang des puissances européennes, l'Empire allemand a repris une part entière à la vie de l'Europe.

La vieille Europe, d'ailleurs, n'était plus depuis

longtemps qu'une fraction de l'ensemble de la vie des peuples.

L'Allemagne puissance mondiale.

La politique devenait de plus en plus une politique mondiale. Les voies de cette politique mondiale s'ouvraient également à l'Allemagne, dès lors qu'elle occupait une place considérable à côté des vieilles grandes puissances et qu'elle avait les mêmes droits. Seulement, il s'agissait de savoir si nous devions nous engager dans les voies nouvellement ouvertes devant nous, ou renoncer à de nouvelles entreprises, en raison même du souci de conserver les avantages récemment conquis. En la personne de l'empereur Guillaume II, la nation trouva un guide qui, avec un coup d'œil clair et une volonté ferme, marcha à l'avant dans la voie nouvelle. C'est avec lui que nous avons foulé la route de la politique mondiale. Non en conquistadors, non en aventuriers et en querelleurs. Nous avons progressé lentement, nous n'avons pas réglé malgré nous notre allure sur une impatiente ambition, mais sur les intérêts et les droits qu'il nous fallait favoriser et défendre. Nous n'avons pas sauté à pieds joints dans la politique mondiale, nous y avons pénétré à pas lents; nous n'avons pas échangé l'ancienne politique prusso-allemande en Europe contre la nouvelle politique mondiale, mais notre puissance repose aujourd'hui comme jadis sur de fortes racines dans la vieille Europe.

« La tâche de notre génération est en même temps de conserver notre position continentale, base de notre position mondiale, et de cultiver nos intérêts d'outre-mer, de poursuivre une politique mondiale réfléchie, sensée, sagement limitée, de telle façon que la sûreté du peuple allemand ne soit pas compromise, ni l'avenir de la nation mis en péril. » C'est par ces paroles que, le 14 novembre 1906, à la fin d'un exposé détaillé de la situation internationale, je cherchais à formuler la tâche qui incombe à l'Allemagne dans le présent et aussi dans l'avenir, selon toute prévision humaine : politique mondiale sur la base solide de notre situation de grande puissance en Europe. A l'origine, on entendit des voix critiquer ces tendances nouvelles comme une déviation hors des routes sûres de la politique continentale de Bismarck. C'était ne pas comprendre que Bismarck nous avait précisément montré ces voies nouvelles, en parcourant les anciennes jusqu'à leur terme. Son travail à lui nous a, à proprement parler, ouvert les portes de la politique mondiale. Ce n'est qu'après l'unification et l'affermissement politiques de l'Allemagne que les entreprises économiques des Allemands pouvaient prendre des proportions mondiales. Quand l'Empire vit sa position en Europe assurée, alors seulement il put penser à prendre fait et cause pour les intérêts auxquels, dans tous les pays de la terre, l'esprit d'entreprise des Allemands, leur activité industrielle, leur audace commerciale avaient donné naissance. Certes, Bismarck ne vit point d'avance dans tous leurs détails le cours de ce nouveau développement allemand et les tâches des temps nouveaux, et il ne pouvait les prévoir. Dans le riche trésor de notions politiques que nous a léguées le prince de Bismarck, nous ne trouvons nulle part, pour nos tâches de politique mondiale, les principes généraux qu'il a fixés pour un grand nombre d'éventualités possibles dans notre vie nationale. C'est en vain que nous cherchons dans les résolutions de sa politique pratique une justification pour les décisions que notre tâche mondiale nous oblige à prendre. Mais, assurément, cet âge d'un genre nouveau a été préparé par Bismarck. Nous ne devons jamais oublier que, sans l'œuvre gigantesque de ce prince qui, d'un puissant effort, reconstitua en quelques années ce qui avait été perdu et dissipé pendant des siècles, nous n'aurions pas pu vivre ces temps nouveaux. Mais, quoique chaque nouvelle époque d'évolution historique soit déterminée par celle qui l'a précédée, et qu'elle doive plus ou moins au passé sa force d'action, elle n'amènera cependant un progrès que si elle abandonne les chemins battus pour se frayer les siens propres. Si, dans nos nouvelles directions de politique mondiale, nous nous écartons de la politique européenne du premier Chancelier, il n'en reste pas moins avéré que les entreprises de politique mondiale au XXe siècle sont la suite logique des entreprises de politique continentale qu'il a menées à bien. Dans ce même discours du 14 novembre 1906, j'insistais sur ce point que les successeurs de Bismarck ne devaient pas être ses imitateurs, mais ses continuateurs. « Si l'évolution des choses exige, disais-je alors, que nous dépassions le but poursuivi par Bismarck, nous avons le devoir de le faire. »

Or, l'évolution des choses a depuis longtemps poussé la politique allemande hors des limites étroites de la vieille Europe, dans le monde plus vaste. Ce ne fut pas une ambitieuse agitation qui nous incita à imiter les grandes puissances engagées depuis longtemps dans les voies de la politique mondiale. Les forces de la nation, rajeunies par la renaissance politique, n'ont cessé de croître et ont fait éclater les frontières de l'ancienne patrie. La politique suivit les nouveaux intérêts et les nouveaux besoins de la nation. A mesure que notre vie nationale se transformait en vie mondiale, la politique de l'Empire allemand devenait, dans les mêmes proportions, une politique mondiale.

En 1871, le nouvel Empire allemand réunissait dans ses frontières 41.058.792 habitants. Ceux-ci trouvaient dans leur pays natal nourriture et travail, mieux et plus aisément qu'auparavant, sous l'abri tutélaire d'une puissance nationale renforcée, grâce à l'amélioration du trafic résultant de la fondation de l'Empire et aux bienfaits d'une législation nouvelle étendue à tout le territoire allemand. Mais, en 1900, la population s'élevait au chiffre de 56.367.178 individus; aujourd'hui, elle dépasse 65 millions. Cette énorme masse d'habitants ne pouvait plus vivre dans les anciennes limites de l'Empire et comme par le passé. L'accroissement de la population posait un grave problème pour la vie économique et, par conséquent, aussi pour la politique de l'Allemagne. Une solution s'imposait, pour éviter que ce surcroît d'énergies allemandes, que le pays n'était pas en mesure d'entretenir, n'allât profiter à des pays étrangers. En 1885, 171.000 Allemands environ émigrèrent; en 1892, 116.339; en 1898, le nombre de ces émigrants se réduisit à 22.921 et, depuis lors, cette dernière et basse moyenne s'est maintenue. Ainsi, en 1885, l'Allemagne procurait de moins bonnes conditions d'existence à un nombre d'habitants qui était inférieur de 20 millions au total actuel des 66 millions de sujets de l'Empire. Dans le même laps de temps, notre commerce extérieur est passé de 6 milliards de marks à 19 milliards 16. Il existe une corrélation indéniable entre le commerce mondial et les moyens d'existence d'un peuple, beaucoup moins évidemment par l'importation des vivres que par l'augmentation de main-d'œuvre que peut offrir l'industrie, dont les débouchés s'accroissent. Le développement de l'industrie a conduit en première ligne à la solution du problème posé à la vie nationale par l'accroissement de la population, sans préjudice des dommages tout d'abord occasionnés, par la surprenante rapidité de son développement même, à d'anciens domaines de la vie économique. L'énorme multiplication, l'agrandissement des exploitations industrielles, qui occupent aujourd'hui des millions d'ouvriers et d'employés, ne pouvaient être obtenus que si l'industrie s'emparait du marché du monde. Si elle en était encore réduite à la manipulation des matières brutes fournies par le continent et au marché européen comme débouché de ses produits manufacturés, il ne saurait être question des gigantesques usines modernes, et les millions d'Allemands qui, aujourd'hui, tirent leur entretien directement de l'industrie, seraient sans salaire et sans pain. D'après les statistiques, en 1911, notre industrie importa pour 5.393 millions de produits bruts et exporta des marchandises manufacturées pour 5.460 millions de marks, sans compter une exportation de matières brutes, surtout de produits miniers, pour 2.205 millions.

Les produits alimentaires accusent une importation de 3.077 millions, une exportation de 1.096 millions de marks. Ces chiffres morts s'animent quand on songe qu'en dépendent une grande partie de la prospérité des Allemands, l'existence et le travail de millions de nos concitoyens. Le commerce mondial négocie ces masses énormes de marchandises. Une faible partie emprunte les voies terrestres et fluviales du continent; la plus grande part traverse les mers sur les bâtiments d'armateurs allemands. Les industriels, les commerçants et les armateurs ont conquis au profit de l'ancienne vie économique de l'Allemagne les formes nouvelles de l'économie politique mondiale, formes qui ont entraîné la politique de l'Empire au delà des buts que le prince de Bismarck avait fixés à la diplomatie allemande.

Bülow.

Avec ses 19 milliards de commerce extérieur, l'Allemagne vient aujourd'hui après la Grande-Bretagne (avec 25 milliards) et avant les Etats-Unis (avec 15 milliards). Elle est la seconde puissance commerciale du monde. Les ports allemands virent, en 1910, entrer dans leurs bassins 11.800 navires allemands et 11.698 navires étrangers, et en virent, d'autre part, sortir 11.962 allemands et 11.678 étrangers. Les armateurs de notre pays mettent annuellement en service une moyenne de 70 vapeurs et de près de 40 voiliers. Par un développement rapide, nous avons, nous autres Allemands, conquis notre place au premier rang des peuples dont les flottes sillonnent les mers et qui se livrent au commerce maritime.

Nécessité de la flotte de guerre.

Au point de vue de notre vie nationale, la mer a pris une importance telle qu'elle n'en avait jamais eue jusqu'à ce jour dans notre histoire, même à la grande époque de la Hanse allemande. Elle est devenue pour nous une nécessité vitale, que nous ne saurions méconnaître sans risquer de devenir, au lieu d'une nation florissante et juvénile, un peuple vieillissant et en décadence. Or, nous étions exposés à ce danger, aussi longtemps qu'à notre commerce et à notre navigation manquait la protection nationale sur mer, en face des marines de guerre supérieures d'autres puissances. Les devoirs qui incombent à la puissance armée de l'Empire allemand s'étaient modifiés du tout au tout, depuis que la protection continentale, que nous assurait notre armée, ne suffisait plus pour garantir l'activité industrielle du pays contre les perturbations, les empiétements et les attaques venant du dehors. Il fallait qu'une flotte de guerre vînt prendre place à côté de notre armée, afin que nous pussions jouir à notre aise des fruits de notre travail national.

Lorsqu'au printemps de 1864 l'ambassadeur d'Angleterre à Berlin appela l'attention du ministre-président d'alors sur l'émotion que soulevait en Angleterre la marche en avant de la Prusse contre le Danemark et laissa tomber incidemment cette observation que, si la Prusse ne s'arrêtait pas, le gouvernement anglais pourrait être contraint à des mesures belliqueuses contre elle, M. de Bismarck-Schœnhausen lui répliqua :

« Ah ! que prétendez-vous donc nous faire ? En mettant les choses au pire, vous pouvez tout au plus lancer quelques obus sur Stolpmünde ou Pillau. » Bismarck avait raison à ce moment-là. Pour l'Angleterre, maîtresse des mers, nous étions quasiment inattaquables, parce que nous n'étions pas vulnérables sur mer. Nous ne possédions ni une grande marine de commerce, dont la destruction pût nous atteindre d'une façon sensible, ni un commerce maritime digne de ce nom, dont nous eussions à redouter l'interruption.

Il en est tout autrement aujourd'hui. Nous sommes devenus vulnérables sur mer. Nous avons confié à la mer des valeurs de plusieurs milliards, et avec elles le sort heureux ou malheureux de plusieurs millions de nos compatriotes. En ne nous souciant pas à temps d'assurer la protection de cette précieuse et indispensable propriété nationale, nous courions le risque de nous la voir enlever un jour, sans que nous pussions nous y opposer. Et nous ne serions pas seulement retombés, au point de vue politique et économique, dans la béate existence d'un Etat purement continental. Nous aurions même été réduits à la triste extrémité de ne pouvoir ni occuper, ni nourrir chez nous une partie considérable de notre population si dense. Une crise économique eût été la conséquence de cet état des choses, crise économique qui pouvait dégénérer en catastrophe nationale.

Construction de la flotte de guerre.

La construction d'une flotte suffisante pour la défense de nos intérêts maritimes était devenue une question vitale pour la nation allemande depuis l'année 1891. L'empereur Guillaume II le reconnut, et, pour atteindre ce but, il a mis en œuvre toute la puissance de la Couronne et toute l'énergie de sa propre personnalité. C'est là son grand mérite devant l'histoire. Ce mérite est encore rehaussé par cette circonstance que le chef suprême de l'Empire intervint en faveur de la création de la flotte allemande au moment où le peuple allemand se voyait obligé de décider de son avenir et où, d'après les calculs humains, se présentait la dernière possibilité de forger pour l'Allemagne la cuirasse maritime qui lui était nécessaire. Tandis que se construisait notre flotte, il fallait maintenir notre situation sur le continent, éviter une collision avec l'Angleterre, à laquelle nous n'avions encore rien à opposer sur mer, et ne compromettre en rien notre honneur national et notre dignité. La résistance parlementaire, encore très forte à cette époque, ne pouvait être vaincue que si l'opinion publique exerçait une pression persistante sur ce corps constitué. L'opinion publique, dans l'état d'incertitude et de découragement qui régna en Allemagne pendant la première dizaine d'années consécutive à la retraite du prince de Bismarck, ne se laissait mettre en mouvement que si l'on insistait résolument sur les motifs nationaux et si l'on éveillait la conscience nationale.

Le poids qui pesait sur les cœurs allemands depuis la rupture entre celui qui portait la couronne impériale et le colosse qui était allé chercher cette couronne au fond du Kyffhäuser (1), ne pouvait disparaître qu'à une condition : c'est que le peuple allemand, à qui manquaient à cette époque des espérances et des désirs communs, se vît fixer un but nouveau par son empereur, et qu'on lui montrât une place à prendre au soleil, place à laquelle il avait droit et vers laquelle il lui fallait diriger ses efforts.

---

(1) Château enchanté, où dormait depuis des siècles le légendaire empereur Barberousse, qui ne devait se réveiller qu'à la résurrection de l'Empire.

Mais le sentiment patriotique ne devait pas non plus déborder et troubler de façon irrémédiable nos rapports avec l'Angleterre, contre laquelle notre force défensive sur mer était encore, pour de longues années, tout à fait insuffisante; car en 1897, comme l'a dit, à cette époque, un juge compétent, nous étions encore sur mer, vis-à-vis de l'Angleterre, comme du beurre au soleil. Rendre possible la création d'une flotte suffisante était la première et grande tâche de la politique allemande post-bismarckienne, tâche immédiate devant laquelle je me vis placé moi-même, lorsque, le 28 juin 1897, à Kiel, sur le *Hohenzollern*, à la même date et au même endroit où, douze années plus tard, je demandai mon congé, je fus chargé par S. M. l'Empereur de la direction des affaires étrangères.

Le 28 mars 1897, le Reichstag avait, en troisième lecture, adopté les propositions de la commission du budget, propositions qui comportaient des réductions considérables sur les demandes du gouvernement relatives aux armements maritimes et aux constructions navales nouvelles ou de remplacement. Après avoir, à la place de l'amiral Hollmann, nommé secrétaire d'Etat de la marine un homme de premier ordre, l'amiral de Tirpitz, le gouvernement publia, le 27 novembre, un nouveau projet de loi navale, qui demandait la construction de 7 vaisseaux de ligne, de 2 grands et de 7 petits croiseurs, qui fixait le terme de la période de construction à la fin de l'exercice budgétaire de 1904 et qui assurait à l'avenir le remplacement des unités de la flotte en limitant la durée d'existence des navires et en déterminant les formations à maintenir constamment en service. Dans ce projet, il était dit : « C'est en respectant absolument les droits du Reichstag, et sans demander de nouveaux impôts, que les gouvernements confédérés poursuivent, non pas un plan naval illimité, mais uniquement la création, dans un délai déterminé, d'une marine de guerre d'un effectif et d'une puissance d'action suffisants pour assurer la représentation efficace des intérêts maritimes de l'Empire. » Le projet de loi aiguillait la politique navale dans une voie absolument nouvelle. Jusque-là, on demandait de temps en temps quelques bâtiments nouveaux; on les accordait en partie : mais ce qui manquait à la marine, c'était la base ferme que l'armée possédait dans l'effectif réel de ses formations. La flotte ne devint un élément solide de nos forces nationales que lorsqu'eurent été fixés la durée d'existence des vaisseaux, d'une part, et l'effectif des unités propres au service, d'autre part.

La construction de la flotte allemande dût, comme il en avait été avant elle, dans l'histoire de notre patrie, d'autres grandes créations, être exécutée sans perdre de vue l'étranger. Il était à prévoir que cet important renforcement de notre puissance nationale provoquerait le mécontentement et la méfiance de l'Angleterre.

Politique traditionnelle de l'Angleterre.

Il n'y a pas d'Etat au monde dont la politique se meuve aussi imperturbablement que la politique anglaise dans des voies traditionnelles. C'est à cette continuité séculaire de sa politique extérieure, demeurée indépendante du changement des partis au pouvoir, que l'Angleterre doit ses grandioses succès sur la scène du monde. L'alpha et l'oméga de toute politique anglaise fut de tout temps la poursuite et le maintien à son profit de l'empire des mers. C'est à ce but que furent toujours logiquement subordonnées toutes les autres considérations, les amitiés comme les inimitiés. Il serait insensé de vouloir condamner la politique anglaise sur le mot tant de fois répété et usé de *perfide Albion*. En réalité, cette soi-disant perfidie n'est qu'un salutaire et juste égoïsme national sur lequel d'autres peuples pourraient prendre exemple, comme ils peuvent le faire sur d'autres grandes qualités du peuple anglais.

Pendant la seconde moitié du xviiie siècle et la première moitié du xixe, l'Angleterre se tint aux côtés de la Prusse, et cela précisément dans les périodes critiques de l'histoire de la Prusse, pendant la guerre de Sept Ans et la période napoléonienne. Mais ce qui détermina cette attitude des Anglais, ce ne fut guère une affectueuse sympathie pour cet Etat du nord de l'Allemagne, qui leur était apparenté et qui faisait de pénibles et hardis efforts pour s'élever. Ce sont des fins anglaises qui rangèrent l'Angleterre aux côtés de l'adversaire le plus qualifié de la puissance européenne qui était alors la plus forte; elle abandonna froidement Frédéric le Grand à une heure difficile, elle lâcha froidement la Prusse au congrès de Vienne, dès qu'elle vit son but atteint. Pendant que les forces françaises étaient paralysées par la guerre de Sept Ans, l'Angleterre mit en sûreté ses possessions de l'Amérique du Nord. Dans les grandes années de 1813 à 1815, l'impétueuse vaillance de la Prusse brisa définitivement la domination de Napoléon. Tandis que la Prusse était obligée de disputer âprement à Vienne chaque pouce de terrain, l'Angleterre avait conquis sa puissance mondiale et pouvait la considérer comme assurée pour un temps appréciable, après le renversement de l'adversaire français. Comme antagonistes de la plus forte puissance continentale, nous étions les amis de l'Angleterre; les événements de 1866 et 1870 ont fait de la Prusse et de l'Allemagne la puissance la plus forte du continent européen, et celle-ci a pris peu à peu dans l'esprit des Anglais la place qu'y occupait auparavant la France du Roi-Soleil et des deux Bonaparte. La politique anglaise suivit sa direction traditionnelle en faisant front contre la plus forte puissance continentale du moment. Après la décadence de l'Espagne des Habsbourg, la France des Bourbons fut l'adversaire naturel de l'Angleterre, depuis la part prépondérante prise par Marlborough dans la guerre de la Succession d'Espagne, jusqu'à l'alliance avec le vainqueur de Rossbach, dont la victoire fut célébrée à Londres comme un triomphe des armes anglaises. Après de longues années de jalouse méfiance envers la Russie, devenue forte sous Catherine II, la politique anglaise se tourna de nouveau de toute son énergie contre la France, lorsque Bonaparte conduisit les armées de la République à la victoire sur tous les Etats de l'Europe continentale. De ce duel entre le premier Empire et l'Angleterre, celle-ci sortit victorieuse, grâce surtout sans doute à l'inébranlable et grandiose continuité de sa politique, à l'héroïsme de ses marins à Aboukir et Trafalgar, aux succès en Espagne de son Duc de fer, mais aussi grâce à la ténacité des Russes et des Autrichiens, ainsi qu'à l'impétueux élan de notre vieux Blücher et de ses Prussiens. Lorsqu'après la chute de Napoléon la prépondérance militaire parut passer de l'Ouest à l'Est de l'Europe, la politique de l'Angleterre fit volte-face. L'Angleterre eut une part considérable dans l'issue de la guerre de Crimée, issue fâcheuse pour la Russie, et contribua à faire échouer les plans ambitieux du fier tsar Nicolas Ier. Le tsar Alexandre II, lui aussi, trouva maintes fois la politique anglaise sur ses brisées, en Orient surtout, cet antique champ d'espérances de l'ambition russe. L'alliance anglaise avec le Japon résulta de considérations semblables à celles qui décidèrent l'*entente cordiale* avec la France, entente dont l'influence est décisive sur la politique internationale actuelle.

L'intérêt que prend l'Angleterre au groupement

des forces sur le continent européen ne vise pas seulement l'avantage et le bien-être des Etats qui se sentent opprimés ou menacés par la supériorité d'un seul d'entre eux. Une telle sympathie humanitaire et désintéressée exerce rarement une influence prépondérante sur les résolutions politiques du **gouvernement** d'un grand Etat. Pour la direction de la politique anglaise, ce qui sert de guide, c'est la **répartition des forces en Europe et sa répercussion sur la maîtrise anglaise de la mer**. Tout déplacement de puissance n'ayant aucune conséquence à cet égard, a toujours été assez indifférent au gouvernement anglais. Si l'Angleterre, par tradition, c'est-à-dire conformément à ses immuables intérêts nationaux, se montre hostile ou tout au moins défiante vis-à-vis de la nation européenne qui se trouve être la plus forte, le motif en est avant tout dans la signification que l'Angleterre attribue, en ce qui concerne la politique maritime, à la supériorité de forces sur le continent. Une grande puissance européenne, qui a montré sa force militaire avec assez d'énergie pour ne pas avoir à craindre, dans des circonstances ordinaires, une attaque sur ses frontières, conquiert pour ainsi dire les conditions nationales d'existence par lesquelles l'Angleterre est devenue la première puissance maritime et commerciale du monde. L'Angleterre pouvait s'aventurer sans inquiétude sur l'Océan avec ses forces et son esprit entreprenant, parce qu'elle savait ses frontières garanties contre toute attaque ennemie par la mer qui les entourait. Du moment qu'une puissance continentale possède cette même garantie pour ses frontières en raison de l'existence d'une armée redoutable et victorieuse, cette puissance acquiert ses coudées franches pour une politique d'outre-mer, avantage que l'Angleterre doit à sa situation géographique. Elle devient une concurrente sur ce domaine où l'Angleterre entend avoir la suprématie. La politique anglaise se base là sur les enseignements de l'histoire, on pourrait presque dire sur la légitimité du développement des nations et des Etats. Jusqu'ici, tout peuple d'instinct raisonnable et de constitution politique viable s'est efforcé d'atteindre des rivages maritimes, quand la nature lui en avait refusé. La possession des rivages et des ports a donné lieu aux luttes les plus acharnées depuis Corcyre et Potidée, au sujet desquelles éclata la guerre du Péloponèse, jusqu'à Cavalla, cause de la zizanie actuelle entre les Grecs et les Bulgares. Les peuples qui ne purent atteindre la mer ou furent repoussés loin d'elle disparurent sans bruit de la grande concurrence mondiale. Or, la possession de rivages maritimes ne signifie pas autre chose que la possibilité de développer ses forces jusqu'au delà des mers et, en fin de compte, d'élargir la politique continentale jusqu'à une politique mondiale. Les peuples de l'Europe qui n'utilisèrent pas leurs côtes et leurs ports dans ce sens ne pouvaient le faire parce que toutes leurs énergies nationales étaient absorbées par la défense de leurs frontières contre leurs antagonistes du continent. C'est ainsi que les vastes plans coloniaux du Grand Electeur durent être abandonnés par ses successeurs.

La puissance continentale la plus forte trouva toujours largement ouverts devant elle les chemins de la politique mondiale. Mais sur ces chemins, l'Angleterre était en sentinelle. Lorsque Louis XIV suggérait à Charles II l'idée d'une alliance anglo-française, celui-ci, malgré ses sympathies personnelles pour la France, lui répondit que l'établissement d'une alliance sincère se heurtait à certains obstacles, dont le principal résidait dans les efforts que faisait la France pour devenir une puissance maritime sérieuse. C'était là pour l'Angleterre, qui ne pouvait avoir d'importance que par son commerce et par sa marine de guerre, un tel sujet de suspicion, que chaque pas en avant fait dans cette direction par la France devait avoir pour effet d'aiguillonner à nouveau la jalousie entre les deux peuples. Après la conclusion de la paix d'Hubertsbourg, Pitt l'aîné exprima au Parlement ses regrets que l'on eût concédé à la France la possibilité de reconstituer sa flotte. C'est surtout comme adversaire de la politique maritime française que l'Angleterre devint l'ennemie de la France dans la guerre de la Succession d'Espagne, qui porta le premier coup à la prépondérance française en Europe, valut aux Anglais, avec la possession de Gibraltar, la clef de l'Océan, et leur donna les meilleures provinces du Canada, chaudement disputées par la France. Au milieu du XVIIIe siècle, lord Chatam disait : « L'unique danger que l'Angleterre ait à redouter, c'est de voir un jour la France occuper le rang de grande puissance maritime, commerciale et coloniale. » Et, avant la guerre de Crimée, David Urquhart écrivait : « Notre situation insulaire ne nous laisse que l'alternative entre la toute-puissance et l'impuissance. La Grande-Bretagne sera la reine de la mer ou sera engloutie par la mer. »

La politique anglaise est restée fidèle à elle-même jusqu'à ce jour, parce que l'Angleterre est aujourd'hui comme autrefois la première puissance maritime. Les vigoureux conflits de jadis ont cédé la place aux guerres diplomatiques plus délicates. Le but politique n'a pas changé.

L'Allemagne et l'Angleterre.

Lorsqu'après avoir accompli sa tâche de politique continentale, après avoir assuré sa puissance en Europe, l'Allemagne laissa voir qu'elle n'était pas disposée — elle ne le pouvait pas d'ailleurs — à renoncer à la politique mondiale, elle devint forcément une gêne pour l'Angleterre. Les conséquences de ce changement purent être modérées dans leurs effets par la diplomatie, mais il n'était pas possible de les supprimer.

Si nous pouvons comprendre les traditions de la politique anglaise, nous ne concédons nullement par là que l'Angleterre ait raison d'accueillir l'évolution mondiale de l'Allemagne, et surtout la création d'une flotte de guerre allemande, avec la défiance qui se justifiait peut-être dans les siècles antérieurs vis-à-vis d'autres puissances. La marche de notre politique mondiale est, dans ses moyens comme dans ses visées, radicalement différente des tentatives de conquête universelle faites dans le passé par l'Espagne, la France et parfois aussi par la Hollande et la Russie. La politique mondiale contre laquelle l'Angleterre s'élevait naguère avec tant d'énergie tendait généralement à une modification plus ou moins violente de la situation internationale. Nous, nous faisons purement et simplement entrer en ligne de compte la transformation des conditions de vie de notre nation. La politique mondiale d'autres pays, souvent combattue par l'Angleterre, présentait un caractère offensif; la nôtre a un caractère défensif. Nous voulions et nous devions devenir assez forts sur mer pour que toute attaque contre nous exposât n'importe quelle puissance maritime à un risque très sensible, et pour que nos intérêts d'outre-mer fussent protégés contre l'influence et l'arbitraire d'autres Etats puissants sur mer. Notre vigoureux développement national, surtout dans le domaine économique, nous avait poussés au delà de l'Océan. Pour nos intérêts comme pour notre dignité et notre honneur, il nous fallait tâcher de conquérir à notre politique dans le monde l'indépendance que nous avions assurée à notre politique en Europe. L'accomplissement de ce devoir national pouvait être rendu plus difficile par la résistance éventuelle de l'Angleterre, mais aucune résistance au monde ne pouvait nous en dispenser.

Le regard fixé sur la politique anglaise, nous devions construire notre flotte, — et c'est ainsi qu'elle a été construite. C'est à l'accomplissement de cette tâche que devaient s'appliquer en première ligne nos efforts sur le terrain de la grande politique. L'Allemagne devait avoir son indépendance internationale à un double point de vue. Nous ne devions pas nous laisser faire la loi dans nos résolutions et nos actes par une politique dirigée contre l'Angleterre; nous ne devions pas nous mettre dans la dépendance des Anglais en vue de nous concilier leur amitié. Ces deux dangers existaient et nous menacèrent tour à tour plus d'une fois d'une façon alarmante. Dans notre développement de puissance maritime, nous ne pouvions arriver au but désiré, ni comme satellite, ni comme antagoniste de l'Angleterre. L'amitié sûre et sans réserve de ce pays, nous n'aurions en fin de compte pu l'acheter que par le sacrifice de ces plans de politique mondiale, qui nous eussent fait précisément une nécessité de rechercher l'amitié britannique. En prenant cette voie, nous eussions commis la faute à laquelle pense le poète romain lorsqu'il dit qu'on ne doit pas *propter vitam vivendi perdere causas*. D'autre part, comme ennemis de l'Angleterre, nous aurions eu malaisément la perspective de pousser notre développement de puissance maritime et commerciale aussi loin que nous avons finalement réussi à le faire.

L'Allemagne et l'Angleterre
pendant la guerre des Boërs.

Pendant la guerre des Boërs, qui tendit à l'extrême la force de l'empire britannique et accula l'Angleterre à de grandes difficultés, une occasion parut bien s'offrir de porter un coup sensible à l'adversaire secret de notre politique mondiale. Comme le reste de l'Europe, l'Allemagne s'enthousiasma hautement en faveur des Boërs. Que le gouvernement entreprît d'arrêter le bras de l'Angleterre, et il était assuré de l'approbation de l'opinion publique. Pour un succès momentané contre l'Angleterre, l'accord européen semblait opportun à bien des gens, et notamment l'aide de la France paraissait assurée. Mais la communauté des intérêts de l'Europe contre l'Angleterre n'était qu'apparente, et plus apparente encore eût été pour nous la valeur d'un éventuel succès politique vis-à-vis de l'Angleterre dans la question des Boërs. Si l'on avait tenté de passer à l'action, sous la pression de l'opinion alors favorable aux Boërs, il en serait bientôt résulté un désenchantement. Dans la nation française, la rancune nationale invétérée contre l'Empire allemand aurait eu vite refoulé définitivement le ressentiment momentané contre l'Angleterre, dès que nous aurions été engagés à fond vis-à-vis de ce pays, et qu'un changement de front aussi profond de la politique française eût commencé à devenir palpable. Quelque vexant que fût pour la fierté française le récent souvenir de Fachoda, il ne pesait guère dans la balance en regard de celui de Sedan. Le Soudan égyptien et le Nil blanc n'avaient pas chassé des cœurs français la pensée de Metz et de Strasbourg. Nous courions le danger d'être lancés par la France contre l'Angleterre, et de voir la France elle-même, au moment psychologique, refuser sa coopération. Comme dans le beau poème de Schiller, *l'Idéal*, les compagnons se seraient faussé compagnie au beau milieu de la route.

Mais, même si une intervention de l'Europe avait réussi à contrecarrer la politique sud-africaine de l'Angleterre, nos intérêts nationaux les plus directs n'y auraient rien gagné. Nos rapports avec ce pays eussent été, sur l'heure et pour longtemps, gâtés de fond en comble, c'est indiscutable. La résistance passive de l'Angleterre contre la politique mondiale de l'Allemagne nouvelle se serait transformée en une hostilité très active. Nous nous mettions justement à cette époque à fonder la puissance maritime de l'Allemagne, en créant notre flotte de guerre : or, l'Angleterre avait alors, à supposer même qu'elle essuyât une défaite éventuelle dans le conflit sud-africain, la puissance voulue pour étouffer dans son germe notre naissante marine de guerre. Notre neutralité pendant la campagne contre les Boërs répondait donc à d'importants intérêts nationaux de l'Empire allemand.

Pour nous frayer par les moyens violents, en foulant aux pieds les intérêts de l'Angleterre, la route qui nous eût conduits vers la conquête d'une puissance navale suffisante, nous n'étions pas assez forts sur mer. Et nous mettre à la remorque de la politique anglaise ne nous aurait pas mieux fait atteindre notre but, contraire aux vœux des Anglais, du développement de la puissance allemande sur mer.

Opinions de la presse sur la possibilité d'une alliance anglo-allemande.

La pensée devait venir à bien des gens, que la façon la plus aisée de surmonter la résistance opposée par l'Angleterre à la politique mondiale allemande et surtout à la création de la flotte allemande, c'était une alliance entre l'Allemagne et l'Angleterre. De fait, l'idée d'une alliance anglo-allemande a été parfois agitée dans la presse de l'un et l'autre pays. Cette idée a déjà préoccupé Bismarck, pour lui arracher finalement, il est vrai, cette remarque découragée : « Nous serions tout disposés à aimer les Anglais, mais ce sont eux qui ne veulent pas se laisser aimer par nous. » Plus tard aussi, l'Allemagne n'eût peut-être pas été contraire à la conclusion d'un accord avec l'Angleterre sur la base d'une complète parité et d'engagements équivalents. Les intérêts allemands n'auraient pas trouvé leur compte dans des stipulations que l'Angleterre aurait pu éluder en cas de changement de gouvernement ou en face d'autres éventualités indépendantes de notre volonté, alors que nous serions nous-mêmes restés engagés par elles. Il n'aurait pas pu nous suffire non plus que tel ou tel ministre seulement parût favorable à un traité anglo-allemand. Pour rendre durable une convention, il fallait que le gouvernement tout entier, et avant tout le Premier Ministre, s'appliquât à la faire aboutir. Bismarck a montré la difficulté d'un accord solide avec l'Angleterre, difficulté tenant à ce que les alliances d'une certaine durée ne répondent pas aux traditions de ce pays, et à ce que les opinions émises par les leaders de la politique anglaise eux-mêmes ou les dispositions de la presse à un moment donné n'ont pas la valeur de consentements immuables. La France, à laquelle l'opinion publique en Angleterre est plus favorable qu'à nous pour maintes raisons, et en qui l'Angleterre ne voit plus actuellement une rivale ou un concurrent sérieux sur mer et dans le commerce mondial, la France se trouve vis-à-vis de l'Angleterre dans une autre situation que nous. En raison de la jalousie manifestée par d'importants milieux anglais à l'égard de nos progrès économiques et surtout de l'accroissement de notre flotte de guerre, nous n'aurions pu risquer le pied sur le pont d'une alliance anglo-allemande que si l'Angleterre avait consenti à des engagements fermes et durables. **Nous ne pouvions nous lier à l'Angleterre qu'à une condition préalable, c'est que le pont jeté par-dessus les antagonismes réels ou supposés existant entre nous et les Anglais présentât une résistance suffisante.**

A l'époque où s'agitait cette question d'alliance, la situation du monde différait sous maint rapport de

celle d'aujourd'hui. La Russie n'était pas encore affaiblie par la guerre avec le Japon; elle avait l'intention de parachever l'œuvre commencée et de consolider la position qu'elle avait conquise sur la côte orientale de l'Asie et spécialement dans le golfe du Petchili. Les relations entre l'Angleterre et la Russie étaient alors extrêmement tendues, précisément à cause des questions asiatiques pendantes entre les deux empires. L'Allemagne alliée à l'Angleterre aurait couru le risque de se voir attribuer contre la Russie le rôle dont plus tard le Japon devait se charger à lui seul. Mais nous aurions été obligés de jouer ce rôle dans des conditions qui ne sont pas à comparer avec celles, particulièrement favorables, que le Japon trouva pour se heurter à la Russie. La guerre avec le Japon était impopulaire en Russie, et la Russie dut la faire à d'énormes distances, pour ainsi dire comme une guerre coloniale. Si nous nous laissions lancer sur la Russie, nous nous engagions dans une aventure beaucoup plus scabreuse. Dans de semblables conditions, la guerre avec l'Allemagne n'eût pas été impopulaire en Russie, et elle eût été conduite par les Russes avec l'élan national qui leur est propre quand ils défendent leur sol natal. Pour la France, le *casus fœderis* entrait en jeu. Elle aurait pu entreprendre sa guerre de revanche dans des conditions qui n'eussent été nullement défavorables. L'Angleterre allait entrer en lutte contre les Boërs. Sa position eût été allégée, si sa grande entreprise de politique coloniale avait été soutenue et accompagnée par une complication européenne semblable à celles qui lui avaient rendu de bons services au milieu du xviiie siècle et dans les premières années du xixe. Dans un conflit général, nous aurions eu, nous autres Allemands, à supporter le poids d'une rude guerre continentale sur deux fronts, tandis qu'à l'Angleterre eût été dévolue la tâche plus aisée de continuer à agrandir sans trop de peine son empire colonial et d'exploiter l'affaiblissement réciproque des puissances continentales. Enfin, pendant les hostilités engagées sur la terre ferme et longtemps après encore, nous n'aurions trouvé ni la force, ni les moyens, ni le loisir de faire avancer la construction de notre flotte, comme nous avons pu le faire. Il ne nous restait donc que la possibilité de passer outre aux intérêts anglais, et d'éviter à la fois de heurter brutalement de front les Anglais et de se placer bénévolement sous leur dépendance.

L'Angleterre et la flotte allemande.

C'est ainsi que nous avons réussi en fait, sans être inquiétés ni influencés par l'Angleterre, à créer cette puissance maritime qui donne une base réelle à nos intérêts économiques et à nos projets de politique mondiale, puissance telle, que l'attaquer semblerait une grave témérité même à l'adversaire le plus fort. Pendant les dix années qui suivirent le projet de loi sur la marine et le début de nos constructions de vaisseaux, une politique anglaise résolue à tout eût sans doute été en mesure d'arrêter net par la violence le développement maritime de l'Allemagne, et de nous rendre inoffensifs, avant que nos serres eussent poussé sur les mers. En Angleterre, on ne manqua pas de demander à différentes reprises d'employer de semblables procédés contre l'Allemagne. Le lord civil de l'Amirauté, M. Arthur Lee, déclarait le 3 février 1905, dans un discours public, qu'il fallait tourner les yeux vers la mer du Nord, y concentrer les escadres britanniques, et, en cas de guerre, « porter le premier coup avant que le parti adverse puisse trouver le temps de lire dans les journaux que la guerre est déclarée ». Ce propos fut souligné par le *Daily Chronicle* dans les termes suivants : « Si, en octobre 1904, la flotte allemande avait été anéantie, nous aurions eu pour soixante ans la paix en Europe. Pour ce motif, nous considérons les dires de M. Arthur Lee comme une sage et pacifique proclamation des immuables intentions de la reine des mers, en admettant qu'ils aient été émis au nom du cabinet. » Dans l'automne de 1904, l'*Army and Navy Gazette* avait exposé combien il était intolérable que l'existence de la flotte allemande contraignît à elle seule l'Angleterre à prendre des mesures préventives dont elle n'aurait pas besoin sans cela. « Nous avons, disait cet article, déjà une fois été obligés de réduire à néant une flotte dont nous avions tout lieu de croire qu'elle devait être employée à notre détriment. En Angleterre comme sur le continent, il ne manque pas de gens qui tiennent la flotte allemande pour l'unique et réelle menace contre le maintien de la paix en

Europe. Quoi qu'il en soit, nous nous contentons de montrer que le moment présent est particulièrement propice à notre demande que cette flotte ne continue pas à s'augmenter. » A cette même époque, une revue anglaise fort estimée écrivait ce qui suit : « Si l'on anéantissait la flotte allemande, la paix de l'Europe serait assurée pour deux générations; l'Angleterre et la France, ou l'Angleterre et les Etats-Unis, ou les trois ensemble, garantiraient la liberté des mers et s'opposeraient à la construction de nouveaux vaisseaux qui sont des armes dangereuses entre les mains de puissances ambitieuses à population croissante et dépourvues de colonies. » Précisément à cette même époque, en automne 1904, la France se disposait à rompre en visière avec nous au Maroc. Quelques mois auparavant, en juin 1904, un publiciste français m'avait raconté que la construction de notre flotte provoquait partout en Angleterre une grande et croissante agitation, qu'on n'y était pas encore fixé sur les voies et moyens à employer pour empêcher la continuation de nos entreprises navales; on se demandait s'il fallait le faire par objurgations directes ou en favorisant le chauvinisme en France. Aujourd'hui, l'Angleterre nous laisse jouer notre rôle de seconde puissance maritime, immédiatement après elle. Lorsqu'en hiver 1909 un orateur du Parlement anglais constatait le fait que l'Angleterre n'aurait pas besoin de s'armer si fiévreusement sur mer si, dix ans auparavant, elle avait fait obstacle à l'avènement de la puissance maritime de l'Allemagne, il exprimait une pensée qui se conçoit au point de vue de la pure politique de force et qui est peut-être juste. Toutefois, l'occasion d'étouffer dans son germe une flotte naissante, saisie jadis à différentes reprises par l'Angleterre, au préjudice d'autres nations, l'Angleterre n'aurait pas pu la trouver en ce qui concerne l'Allemagne, car nous ne prêtions pas le flanc.

Tendances pacifiques de la politique mondiale allemande.

La flotte que nous nous sommes créée depuis 1897 et qui fait de nous la seconde puissance navale du monde, à une grande distance de l'Angleterre il est vrai, nous assure la possibilité de donner un appui politique sérieux à ceux qui représentent dans le monde les intérêts allemands. Elle a pour première mission de protéger à l'étranger le commerce, la vie et l'honneur de nos concitoyens. Les navires de guerre allemands ont rempli cette tâche dans les Indes occidentales et en Extrême-Orient. C'est assurément un rôle avant tout défensif que nous attribuons à notre flotte. Il va de soi que, dans de sérieux conflits internationaux, ce rôle défensif pourrait s'élargir. Si l'Empire devait être l'objet d'une attaque inconsidérée, de quelque part qu'elle vînt, la mer prendrait à notre époque une importance bien plus grande qu'en 1870 comme théâtre de guerre. Qu'en pareil cas la flotte, fidèle comme l'armée à la tradition prusso-allemande, doive voir dans l'offensive la meilleure parade, point n'est besoin d'insister. Mais l'inquiétude, résultant de la création de notre flotte, que l'accroissement de notre puissance navale éveille l'esprit batailleur de l'Allemagne, est absolument dénuée de fondement.

De tous les peuples de la terre, celui qui a le plus rarement attaqué pour conquérir, c'est le peuple allemand. Si nous faisons abstraction des expéditions romaines des empereurs allemands du moyen âge, dont la force impulsive a été un rêve et une erreur politique grandioses plutôt qu'un goût indomptable de conquête et de guerre, nous chercherons en vain dans notre passé des guerres de conquête pareilles à celles de la France aux xviie, xviiie et xixe siècles, à celles de l'Espagne des Habsbourg, de la Suède dans sa période d'éclat, de la Russie et de l'Angleterre au cours de leur politique systématique d'expansion nationale. Nous autres Allemands, nous n'avons pendant des siècles cherché qu'à assurer la défense et la sécurité de notre patrie. Après la conquête de la Silésie et l'établissement de l'indépendance de la monarchie prussienne, le grand Frédéric ne conduisit pas ses invincibles bataillons à des aventures; de même, après les succès sans précédent de deux grandes guerres, l'empereur Guillaume Ier et Bismarck ne songèrent pas à de nouveaux exploits. Si un peuple a le droit de se vanter d'avoir su se borner, c'est bien le peuple allemand. Nous avons toujours limité nous-mêmes nos succès, et nous n'avons pas attendu que l'épuisement de nos ressources nationales nous imposât une limite. Aussi notre développement ne présente-t-il pas de brusques et éblouissantes périodes de grandeur : il a plutôt été une lente évolution d'infatigable travail et d'incessant progrès. L'inquiète méthode d'autres peuples, qui consiste à tirer des résultats acquis un aiguillon pour courir le risque de nouvelles aventures plus considérables, cette méthode fait presque complètement défaut à la nation allemande. Notre méthode politique n'est pas celle du marchand qui spécule à tout risque, mais plutôt celle du paysan aux allures pondérées, qui, ses semailles faites avec soin, attend sans impatience la moisson.

Après la guerre franco-allemande, le monde redoutait fort de nouvelles entreprises guerrières de la part de l'Allemagne. Il n'y avait alors point de plan de conquête qu'on ne nous attribuât. Depuis ce temps, plus de quarante années se sont écoulées. Nous sommes plus riches en population et en biens matériels, notre armée est devenue de plus en plus forte. La flotte allemande naquit et se développa. Le nombre des grandes guerres faites depuis 1870 a été plutôt plus considérable qu'auparavant dans la même période de temps. L'Allemagne n'a cherché à prendre part à aucune; elle a froidement résisté à toutes les tentatives ayant pour effet de l'entraîner dans des complications de guerre.

Sans exagération ni vantardise, on peut affirmer que jamais encore dans l'histoire une puissance militaire d'une force aussi supérieure que celle de l'Allemagne n'a servi dans la même mesure la cause de la paix. Ce n'est pas par notre incontestable amour de la paix que ce fait s'explique. L'Allemand a toujours eu l'esprit pacifique et pourtant il a sans cesse été réduit à prendre les armes, parce qu'il lui fallait se mettre en défense contre une attaque étrangère. En réalité, la paix s'est maintenue surtout, non parce que les Allemands se sont abstenus d'attaquer d'autres nations, mais parce que d'autres nations ont craint la riposte allemande à leur propre attaque. Nos puissants armements ont été une garantie de paix telle que n'en ont pas connu les derniers siècles, en proie à toutes les agitations. Un jugement historique ressort de cette constatation.

Le couronnement de notre puissance militaire par la création de la flotte n'a d'autre signification qu'une augmentation et un renforcement de cette garantie de paix, pour peu que la politique étrangère de l'Allemagne soit bien dirigée. De même que l'armée empêche que l'on ne porte à la légère le trouble dans les voies suivies par la politique continentale de l'Allemagne, de même la flotte s'oppose à toute perturbation de notre expansion mondiale. Tant que nous n'eûmes pas cette flotte, nos intérêts économiques, s'accroissant considérablement dans le monde entier, et qui constituent d'inaliénables intérêts nationaux, furent le terrain d'attaque découvert que l'Empire allemand offrait à ses adversaires. Lorsque nous couvrîmes ce point faible et fîmes d'une attaque sur mer contre l'Empire une entreprise hasardeuse, elle aussi, pour n'importe quel adversaire, nous ne protégeâmes pas seulement notre paix à nous, mais en même temps la paix de l'Europe. Il s'agissait pour nous de nous procurer des moyens de protection, et non des moyens d'attaque. Après avoir pris rang parmi les puissances navales, nous avons paisiblement continué notre route antérieure. La nouvelle ère de politique mondiale allemande sans fond ni rive, que l'étranger pronostiquait partout, ne s'est pas ouverte. Ce qui est vrai, c'est que nous avons maintenant la possibilité de surveiller efficacement nos intérêts, de prévenir des empiétements, de maintenir et de consolider partout notre situation, notamment en Asie Mineure et en Afrique.

Le réseau de nos relations internationales devait s'étendre dans la mesure où nous pénétrions plus avant dans nos tâches mondiales croissantes. Des empires lointains, situés au delà des mers, qui nous intéressaient peu à l'époque de notre politique exclusivement continentale, prirent une importance de plus en plus grande à nos yeux. L'entretien de bonnes, et, si possible, d'amicales relations avec eux devint un devoir de premier ordre pour notre politique extérieure. A cet égard, il s'agissait tout d'abord des deux nouvelles grandes puissances de l'Ouest et de l'Est, des Etats-Unis de l'Amérique du Nord et du Japon. Ici comme là, il fallait dissiper certains malentendus momentanés, avant de pouvoir songer à se ménager des relations amicales.

L'Allemagne et les Etats-Unis.

Pendant la guerre hispano-américaine, une partie de l'opinion publique allemande avait manifesté en faveur de l'Espagne de fortes sympathies qui avaient produit une impression désagréable dans l'Amérique du Nord. De plus, la façon dont une fraction de la presse anglaise et américaine exploita des incidents survenus devant Manille entre notre escadre et la flotte américaine avait jeté le trouble dans les rapports entre l'Allemagne et les Etats-Unis. Ce dissentiment atteignit son paroxysme en février 1904, de sorte qu'il parut opportun de chercher avec énergie une amélioration des rapports entre les deux nations, qui ont des communautés d'origine et de sang. Ce que, à l'époque, j'ai dit dans ce sens au Reichstag, a été depuis lors reconnu vrai : « Au point de vue d'une politique sensée, il n'existe aucune raison pour que l'Amérique et l'Allemagne n'entretiennent pas les relations les plus cordiales. Je ne vois pas un point du monde où les intérêts américains et allemands soient en conflit, et dans l'avenir aussi je n'aperçois pas un point où les lignes de leur développement soient forcées de se croiser d'une façon hostile. Nous pouvons l'affirmer en toute tranquillité : dans aucun autre pays, l'Amérique du dernier siècle n'a été mieux comprise et plus justement appréciée qu'en Allemagne. » Plus que tout autre, l'empereur Guillaume II a su manifester ses sympathies à l'Amérique. C'est à lui en première ligne que nous devons l'aplanissement des obstacles qui s'opposaient à l'établissement de bonnes et sûres relations avec les Etats-Unis. Il gagna peu à peu les Américains par des amabilités aussi intelligentes que logiques. Une affection personnelle l'attachait au président Roosevelt. L'envoi du prince Henri en Amérique eut tout l'effet espéré. Cette mission contribua surtout à rappeler aux deux peuples que de nombreux intérêts communs les rattachent l'un à l'autre, et que bien peu d'antagonismes réels les séparent. Ce fut aussi une heureuse inspiration de notre Empereur, de consolider et de rendre plus intime la liaison intellectuelle des deux peuples germaniques par l'échange d'illustres professeurs des universités allemandes et américaines. La vie intellectuelle allemande, la poésie, la philosophie et la science allemandes n'ont peut-être rencontré nulle part au monde une admiration aussi sincère qu'aux Etats-Unis. D'autre part, les merveilles de la technique américaine n'ont été en aucun pays du monde étudiées avec autant de zèle et appréciées avec un aussi joyeux entrain qu'en Allemagne. Cet intime échange de conquêtes intellectuelles et scientifiques trouva sa consécration extérieure dans l'institution des professeurs d'échange. Les relations plus intimes entre les peuples et les chefs d'Etat favorisèrent aussi nos rapports politiques avec les Etats-Unis. Nous ne nous sommes pas seulement expliqués en amis avec les Américains au sujet de Samoa : l'Amérique ne nous a jamais mis de bâtons dans les roues pendant la période critique que notre politique eut à traverser au début du nouveau siècle. En dehors de l'Autriche, il n'y a guère de pays où existent, autant qu'en Amérique, des circonstances naturelles aussi favorables à l'établissement de durables relations amicales avec nous. Dans les Etats-Unis vivent près de 12 millions d'Allemands. Depuis la fondation de la *Ligue germano-américaine* en 1901, ils cherchent de plus en plus, tout en restant absolument fidèles à leur nouvelle patrie, à maintenir, à renforcer et à vivifier le lien qui les unit à leur pays d'origine. Tant que, des deux côtés, la politique sera dirigée par des mains calmes, et qu'on évitera avec le même soin les exagérations dans les protestations d'amitié et les nervosités d'opinion en face des frottements fortuits qui peuvent toujours se produire sur le terrain économique, nous n'aurons pas besoin de nous inquiéter au sujet de nos rapports avec les Etats-Unis. Une estime mutuelle, sur la base et dans les limites de l'estime de soi-même, sera le moyen le plus propice à une amitié entre nous et les Etats-Unis.

L'Allemagne et le Japon.

Comme nos rapports avec l'Amérique, nos relations avec le Japon eurent, à la fin du xix® siècle, à traverser une période de froideur. Jusqu'au début de l'année 1890, nous avions servi de modèle aux Japonais, et ils nous considéraient comme des amis. Nos institutions militaires, notre passé de gloire militaire trouvaient dans ce peuple belliqueux d'Extrême-Orient d'ardents admirateurs. Après leurs victoires sur la Chine, les Japonais aimaient à s'intituler, non sans fierté, les Prussiens de l'Est. Nos rapports avec le Japon furent fortement ébranlés, lorsqu'en 1895, de concert avec la France et la Russie, nous obligeâmes le Japon victorieux à réduire ses exigences à l'égard de la Chine vaincue. En arrêtant à cette époque le bras du Japon, nous perdîmes beaucoup de sympathies qui s'y étaient accumulées à notre égard depuis plusieurs dizaines d'années, sans pour cela recueillir de grandes marques de gratitude de la part de la France et de la Russie. Un tableau esquissé à cette époque par l'Empereur allemand, tableau qui ne devait servir qu'à d'idéales tendances pacifiques, nos adversaires et nos concurrents l'avaient utilisé avec autant de succès que d'empressement, pour nous desservir au Japon. Plusieurs années de soins et d'attentions amenèrent petit à petit une détente. Nous n'avons aucun intérêt à nous aliéner ce vaillant peuple, pourvu d'éminentes qualités, et à l'avoir pour adversaire. Naturellement, ce n'est pas non plus notre rôle de tirer les marrons du feu pour les Japonais. C'eût été un soulagement considérable, non seulement pour le Japon, mais aussi pour l'Angleterre, si, au nom de leurs intérêts dans l'Extrême-Orient, nous nous étions laissé lancer contre la Russie. Nous nous en serions mal trouvés. Autant fut peu heureuse la pensée de nous mettre mal avec le Japon pour les beaux yeux de la France et de la Russie, autant nous devions peu tenir à nous brouiller avec la Russie pour les intérêts d'autres puissances dans l'Extrême-Orient. Vers la fin de la période 1880-1890, le prince de Bismarck me dit une fois au sujet de la Russie et de l'Asie : « Dans le tonneau russe, il y a des fermentations et des grondements inquiétants, qui pourraient un jour amener une explosion. Pour la paix du monde, il vaudrait mieux que cette explosion se produisît, non en Europe, mais en Asie. Nous n'aurons alors qu'à ne pas nous planter droit devant la bonde, pour que le bouchon ne nous entre pas dans le ventre. » Si nous nous étions laissé lancer contre la Russie avant la guerre russo-japonaise, nous nous serions trouvés devant la bonde lors de l'explosion. J'ai aussi entendu le prince de Bismarck dire incidemment : « Si M. X... vous propose quelque chose, qui soit utile pour lui, mais nuisible pour vous, ce n'est pas bête de sa part. Mais c'est une stupidité de la vôtre d'y consentir. »

Politique continentale et mondiale.

Si, parvenue au but suprême de sa politique européenne, l'Allemagne peut se lancer dans un monde plus vaste avec des forces accrues et sans cesse grandissantes, il n'est pas dit pour cela que la somme totale de notre énergie nationale soit devenue disponible pour des entreprises en dehors du continent européen. Le passage à la politique mondiale représente pour nous l'ouverture de nouvelles voies politiques, l'initiation à de nouvelles tâches nationales, mais il ne signifie pas l'abandon de toutes les vieilles routes, ni un changement radical de nos devoirs. La nouvelle politique mondiale est un élargissement, mais non un déplacement de notre champ d'action politique.

Nous ne devons jamais oublier que c'est l'affermissement de notre position de grande puissance en Europe qui nous a rendu possible la transformation de notre activité nationale en activité mondiale, de notre politique continentale en politique mondiale. Cette politique mondiale allemande est basée sur notre politique européenne. A l'instant même où le solide fondement de la puissance européenne de l'Allemagne viendrait à chanceler, l'édifice de notre politique mondiale ne se maintiendrait plus. On peut imaginer le cas où un échec de politique mondiale laisserait intacte notre situation européenne, mais on ne peut concevoir qu'une perte cruelle de puissance et de prestige en Europe n'ait pas pour conséquence un ébranlement correspondant de notre situation politique mondiale. Nous ne pouvons faire de politique mondiale que sur la base de la politique européenne. Le maintien de notre forte position sur le continent est encore aujourd'hui, comme à l'époque bismarckienne, le commencement et la fin de notre politique nationale. Bien que, en obéissant, dans notre politique mondiale, à nos besoins nationaux, nous soyons allés plus loin que Bismarck, nous n'en serons pas moins toujours obligés de maintenir les principes de sa politique européenne comme un sol inébranlable sous nos pieds. Il faut que les temps nouveaux plongent leurs racines dans les traditions du vieux temps. La garantie d'un développement sain et normal réside, aussi à cet égard, dans un compromis raisonnable entre le vieux et le neuf, entre maintenir et progresser. Le renoncement à la politique mondiale eût équivalu à un lent et sûr dépérissement de notre vitalité nationale. Une politique d'aventures mondiales sans considération pour nos anciens intérêts en Europe produirait peut-être, pour commencer, un effet séduisant et imposant, mais elle ne tarderait pas à amener une crise, sinon une catastrophe, dans notre évolution. Les succès politiques de bon aloi ne s'acquièrent guère autrement que les succès commerciaux : par une calme navigation entre le Scylla d'une pusillanime prudence et le Charybde d'une spéculation outrancière. A partir du jour où j'ai pris en main les affaires de l'Office extérieur, j'ai eu la ferme conviction qu'il n'y aurait pas entre l'Allemagne et l'Angleterre une collision qui serait un grand malheur pour les deux pays, pour l'Europe et pour l'humanité, si : 1° nous construisions une flotte que n'importe quel adversaire ne pourrait assaillir sans risques excessifs; 2° nous ne nous laissions pas aller inconsidérément à des constructions et à des armements sans but et sans mesure, à la surchauffe de notre chaudière marine; 3° nous ne permettions à aucune nation de toucher de trop près à notre prestige et à notre dignité; 4° nous ne mettions entre l'Angleterre et nous rien d'irréparable. Voilà pourquoi je n'ai cessé de repousser les attaques inconvenantes et blessantes pour notre susceptibilité nationale, de quelque côté qu'elles vinssent, tout en résistant à toute velléité d'intervention dans la guerre des Boërs, car une pareille intervention aurait fait à l'amour-propre anglais une telle blessure que la plaie ne se serait pas refermée; 5° si nous refrénions enfin toute nervosité et gardions notre sang-froid, si nous ne provoquions pas l'Angleterre, mais si, d'autre part, nous ne courions pas après elle.

« La base d'une politique mondiale saine et sensée, c'est une vigoureuse politique nationale chez soi. » Voilà ce que je disais en décembre 1901, lorsque le député Eugène Richter voulut établir une opposition entre la politique dont s'inspirait le nouveau tarif douanier d'une part, politique qui avait pour but la protection du travail national, de l'agriculture en particulier, et la nouvelle politique mondiale d'autre part, déterminée par les intérêts du commerce. Cette apparente opposition était en réalité un compromis, car notre activité économique à travers le monde était issue de notre activité économique nationale parvenue à l'apogée de son développement. Les rapports entre la politique et l'économie politique sont plus étroits dans nos temps modernes que dans le passé. Les Etats modernes réagissent directement par leur politique intérieure, comme par leur politique extérieure, sur les oscillations et les variations d'une vie économique très intense, et chaque intérêt économique d'une certaine importance exige aussitôt d'une façon quelconque son expression politique. Le commerce mondial avec tous les intérêts vitaux qui en dépendent a rendu indispensable notre politique mondiale. La vie économique nationale du pays demande une politique gouvernementale correspondante. Dans un perpétuel mouvement de va-et-vient, il faut chercher et trouver une entente, un compromis.

Sept années après les débats sur le tarif douanier, ce compromis entre la politique continentale et la politique mondiale de l'Allemagne, compromis qui était alors très discuté au point de vue de nos intérêts économiques, fit sentir toute sa valeur dans la grande politique, à l'occasion de la crise bosniaque en 1908. Cet événement est peut-être, plus que toute explication académique, propre à élucider la vraie relation entre notre politique d'outre-mer et notre politique en Europe. Jusqu'à l'ouverture de la question bosniaque, la politique allemande était dominée avant tout par les préoccupations de notre politique mondiale. Non point que l'Allemagne orientât ses relations extérieures d'après ses intérêts d'outre-mer, mais parce que le déplaisir causé en Angleterre par l'expansion du commerce maritime et mondial de l'Allemagne et surtout par le renforcement de la marine de guerre allemande influençait le groupement des puissances et leur situation vis-à-vis de l'Empire allemand. L'opinion publique du peuple anglais, d'ordinaire si réfléchi et si impassible, s'abandonnait de temps en temps à une crainte dénuée de tout fondement et d'une absurdité qui allait presque jusqu'à la panique, la crainte de voir les Allemands débarquer en Angleterre. Une partie importante de la presse anglaise, presse puissante et possédant de lointaines ramifications, alimentait systématiquement cette inquiétude.

La politique anglaise d'encerclement.

Dès le début du nouveau siècle se fit sentir dans la politique anglaise l'influence du roi Edouard VII, qui joignait à une connaissance peu commune des hommes l'art de les manier, et qui possédait une vaste et riche expérience. La politique anglaise ne se tourna pas directement contre les intérêts allemands, elle essaya plutôt de faire peu à peu échec à l'Allemagne en déplaçant le centre de la puissance en Europe. Par une série d'ententes, auxquelles on sacrifia souvent d'assez importants intérêts anglais, elle chercha à attirer les autres Etats européens afin d'isoler ainsi l'Allemagne. Ce fut l'ère de ce qu'on appela la politique anglaise d'encerclement. Un traité avec l'Espagne avait été conclu au sujet de la Méditerranée. La France vint naturellement au-devant des désirs de l'adversaire de l'Empire allemand, et l'accord anglo-français de 1904 au sujet de l'Egypte et du Maroc rejeta complètement à l'arrière-plan le souvenir de Fachoda. Sous l'effet des graves défaites subies sur terre et sur mer dans la guerre avec le Japon, ainsi que sous celui de graves troubles intérieurs, la Russie s'était décidée à une convention avec l'Angleterre sur les sphères d'intérêts en Asie, se rapprochant ainsi de l'Angleterre. L'Italie devint l'objet d'ardentes intrigues. Des tentatives du même genre vis-à-vis de l'Autriche échouèrent à l'occasion de l'entrevue des monarques à Ischl, grâce à l'inébranlable fidélité d'allié du vénérable empereur François-Joseph. A Algésiras, nous eûmes de graves difficultés, bien que la politique de l'Allemagne représentât son propre intérêt national comme partie intégrante des intérêts généraux de toutes les nations, contre les prétentions françaises appuyées par l'Angleterre. La politique d'encerclement présenta alors l'apparence de tenir ferme dans la constellation des puissances, bien que les vues de la politique allemande ayant trait au Maroc aient été réalisées dans leurs parties essentielles par la réunion de la Conférence même et par les décisions les plus importantes qui y furent prises. Restait la question de savoir comment se comporterait le système des ententes sur le terrain de la politique européenne proprement dite.

La crise bosniaque.

L'annexion définitive des provinces de Bosnie et d'Herzégovine, que l'Autriche occupait depuis 1878 conformément aux stipulations du congrès de Berlin, provoqua une grande crise européenne. La Russie protesta contre l'acte de l'Autriche. Comptant sur l'imminence d'une liquidation par les armes de la vieille rivalité austro-russe dans les Balkans, la Serbie, qui voyait contrecarrés ses plans de grandeur, crut pouvoir se préparer à la guerre contre la monarchie danubienne. L'Angleterre se mit du côté de la Russie, et le langage de la presse anglaise prit un ton presque plus passionné que les voix russes qui résonnaient à nos oreilles. La pointe aiguisée de la politique anglaise parut se tourner moins contre l'Autriche que contre l'Allemagne, son alliée. C'était la première fois que l'alliance austro-allemande devait, en présence d'un grave conflit, prouver sa solidité et sa force. J'annonçai sans ambages, dans mes discours au Reichstag, que l'Allemagne était résolue à rester attachée à tout prix à l'alliance avec l'Autriche-Hongrie. L'épée allemande était jetée dans la balance de la décision européenne, directement en faveur de notre allié austro-hongrois, indirectement pour le maintien de la paix en Europe et avant tout pour le prestige et la position de l'Allemagne dans le monde. L'heure allait sonner qui devait montrer si l'Allemagne était vraiment mise en échec par la politique d'encerclement, si les puissances attirées dans le cercle de la politique anti-allemande trouveraient ou non leurs intérêts vitaux en Europe conciliables avec une attitude et des actes hostiles à l'Empire allemand et ses alliés. Les péripéties de la crise bosniaque marquèrent en réalité la fin de la politique d'encerclement. Aucune puissance ne parut d'humeur à subordonner ses propres intérêts européens à des intérêts étrangers de politique générale, et à exposer ses os pour autrui. La constellation très surfaite d'Algésiras se brisa contre le roc de la politique continentale. L'Italie resta aux côtés de ses alliés; la France demeura dans l'expectative et ne se montra pas désobligeante pour l'Allemagne; l'empereur Nicolas donna au monde une nouvelle preuve de sa sagesse et de son amour de la paix, en se prononçant pour un règlement à l'amiable des difficultés existantes. Le savant encerclement et l'isolement de l'Allemagne, épouvantail passager d'esprits pusillanimes, se dévoila comme une fantasmagorie diplomatique, établie sur des conceptions politiques dénuées de réalité. L'erreur de calcul qui avait présidé à sa création avait été la suivante : on n'avait pas fait entrer en ligne de compte, avec son entière valeur comme facteur, la position de grande puissance européenne de l'Empire allemand. Assurément, si l'on réussissait à porter un coup sensible à notre position en Europe, notre politique mondiale, elle aussi, serait frappée à mort. A cet égard, le calcul de la politique d'encerclement était juste. Mais il n'est guère facile de nous atteindre sur le continent. La Triplice est une force contre laquelle aucune puissance ne se laissera pousser en avant, même par une adroite diplomatie, au bénéfice d'intérêts lointains; elle est une force contre laquelle une puissance quelconque ne risquera la lutte que pour de suprêmes questions vitales. *Last not least* les puissances du continent sont reliées par de multiples intérêts, qui ne se laissent pas subordonner à la rivalité anglo-allemande sur mer et dans le domaine du commerce mondial. Ce n'est qu'avec l'Angleterre que l'Allemagne a son compte à faire au sujet de la politique mondiale. Chez toutes les autres puissances européennes, la contre-partie en matière de politique continentale joue un rôle décisif en ce qui concerne l'état de leurs relations avec l'Empire allemand.

Ce fut la grande leçon de la crise bosniaque, que notre politique mondiale repose en fin de compte sur notre politique continentale. Notre politique mondiale nous avait mis en opposition avec l'Angleterre. C'est contre la puissance commerciale et navale de l'Allemagne que fut dirigée la politique d'encerclement, qui parut compromettre gravement notre sécurité. Grâce à notre force comme puissance continentale, nous avons déchiré les mailles du filet qui nous enveloppait, de telle sorte que, de l'autre côté de la Manche, put se produire ce désenchantement qui devait précéder une période de paisibles échanges de vues et de règlements raisonnables d'intérêts entre les deux nations. La visite que le roi Edouard vint, pendant l'hiver de 1909, faire au couple impérial allemand dans la capitale de l'Empire, immédiatement après la fin de la crise bosniaque, se passa d'une manière satisfaisante. Le roi reçut un accueil cordial. De son côté, il sut souligner et rendre profonde l'impression favorable produite par sa visite, en parlant à différentes reprises de son sincère amour pour la paix et en exprimant sa chaude amitié, sentiments confirmés bientôt après dans le discours du Trône anglais comme dans le débat sur l'Adresse qui eut lieu au Parlement anglais. Cette dernière visite du roi Edouard à Berlin jeta une lumière favorable et pleine de promesses d'avenir non seulement sur les sentiments personnels du Roi vis-à-vis de l'Allemagne, mais encore sur les relations entre deux grands peuples qui ont tant de raisons de s'estimer réciproquement et de rivaliser pacifiquement dans les travaux de la paix. Des contre-coups pouvaient naturellement se produire. Et, de fait, ils n'ont pas manqué. La réaction de l'été 1911 fut même assez violente. Mais la tentative de donner à l'antagonisme anglo-allemand l'ampleur d'un système général de politique internationale ne se reproduira plus. Et si on y revenait, on serait de nouveau arrêté par les rudes réalités de la politique continentale, dont la plus rude est la Triple Alliance.

La Triple Alliance.

Rarement, sinon jamais, l'histoire de l'Europe n'a vu une alliance aussi solide que la Triplice. C'est en 1879 que Bismarck conclut une alliance avec l'Autriche, en 1883 que l'Italie y entra. Depuis trente ans, les traités de cette alliance se renouvellent avec régularité, et chaque fois les espérances des malveillants et les craintes des gens bien intentionnés se sont trouvées dénuées de fondement. Si une épithète appartenant au langage de la politique des partis peut s'appliquer à la politique internationale, qui en est si différente dans ses causes, dans ses effets et dans ses buts, on pourra dire que la Triplice a des tendances nettement conservatrices, et qu'il faut y chercher la raison primordiale de sa solidité. Ce n'est ni un esprit de conquête, ni une ambition inassouvie qui a rapproché et qui tient réunis les Etats de la Triple Alliance. La ferme volonté de maintenir la répartition existante de la puissance en Europe, d'en empêcher, au besoin par la force, une modification brutale, voilà ce qui a soudé ensemble les trois empires du centre de l'Europe. Toute politique européenne révolutionnaire, qui voudrait par exemple se lancer sur les voies suivies par Louis XIV et Napoléon Ier, se heurterait à la force compacte de l'Europe centrale, qui coupe le continent comme une énorme forteresse. Vouloir maintenir ce qui existe, cela signifie, en politique internationale, vouloir la paix. Les fondateurs de la Triplice ont créé en connaissance de cause une garantie de paix. Ils n'ont pas été déçus dans leurs espérances, car la fermeté de la Triple Alliance a plus d'une fois, pendant les dernières trente années, écarté les dangers de guerre qui surgissaient.

L'Italie.

La situation de l'Italie vis-à-vis de la Triplice a, depuis trente années, subi maintes oscillations, qui furent en partie le contre-coup d'incidents de politique intérieure, en partie la résultante du développement particulier de certaines questions méditerranéennes. Les efforts acharnés de nos adversaires n'ont jamais réussi à détacher l'Italie de la Triple Alliance.

Les relations de l'Italie avec l'Autriche sont naturellement plus compliquées que nos propres rapports avec l'Italie. Point n'est encore éteint le souvenir des luttes passionnées que le peuple italien a soutenues pendant la moitié d'un siècle contre la domination autrichienne en Italie. Des monuments et des inscriptions, une abondante littérature et l'ardent patriotisme des Italiens ont soin de tenir éveillés les souvenirs de ce genre. Le fait que près d'un million d'Italiens appartiennent à la monarchie des Habsbourg a souvent influencé d'une façon fâcheuse les rapports austro-italiens. Ce fait reste aussi un point délicat pour l'avenir. Nombre d'Italiens, en tournant leurs yeux vers leurs frères de race qui se trouvent de l'autre côté des poteaux-frontières noirs et jaunes, n'ont pas le calme que notre plus grand homme d'Etat a recommandé au peuple allemand au sujet de nos frères à l'étranger et surtout en Autriche-Hongrie. Italiens comme Autrichiens devraient toujours avoir présente à la mémoire cette vérité qu'un homme d'Etat italien considérable, l'ambassadeur comte Nigra, m'exprima un jour en ces termes : « L'Autriche et l'Italie ne peuvent être qu'alliées ou ennemies. » L'intérêt bien compris des deux pays veut qu'ils restent alliés.

L'Allemagne et l'Italie ne peuvent se passer l'une de l'autre, elles se retrouveront toujours, grâce à une foule de causes importantes, à l'absence de toute rivalité entre les deux nations et de toute réminiscence troublante, — le souvenir de la lutte dans la forêt de Teutoburg et de la bataille de Legnano se perd dans la nuit des temps, — grâce aussi à l'analogie de leur développement historique et aux dangers communs qui pourraient constituer pour elles une menace identique. Nous sommes enclins, contrairement à l'opinion courante sur le tempérament des deux peuples, à considérer notre situation à l'égard de l'Italie plutôt avec le sentiment, tandis que les Italiens la considèrent avec la raison, et nous sommes disposés tantôt à l'apprécier défavorablement, tantôt à en concevoir une opinion exagérée. Ni à Algésiras, ni à propos de son expédition en Tripolitaine, ni un peu avant, lors de l'entrevue de Racconigi, l'Italie n'a songé à se séparer de nous. Autour de l'attitude de l'Italie à la conférence d'Algésiras, on a tissé un cercle touffu de légendes. On a prétendu que l'Italie nous y avait lâchés ou même avait joué faux jeu à notre égard, et cette opinion a produit chez nous, pendant un certain temps, une méfiance injuste contre la fidélité de l'Italie à ses devoirs d'alliée. Effectivement, les délégués italiens ont voté avec les puissances occidentales et contre nous dans certaines questions plus ou moins accessoires. Ces votes furent relevés avec adresse par la presse française, et annoncés au monde comme un revirement de l'Italie, abandonnant la Triple Alliance pour se rapprocher de la France. Dans d'autres questions plus importantes, l'Italie a soutenu à Algésiras notre point de vue et l'a fait triompher. C'est ce que notre représentant à Algésiras, M. de Radowitz, a toujours reconnu en protestant à différentes reprises contre les attaques, injustes selon lui, dont faisait l'objet l'attitude prise par l'Italie à la conférence. Je me rendis à son désir, lorsqu'en novembre 1906 je m'élevai au Reichstag contre ces reproches adressés à l'Italie. M. de Radowitz a aussi, par la suite, résumé son jugement sur les délégués italiens, en disant qu'ils se montrèrent peut-être trop disposés dans la forme à faire apparaître sous un jour aussi amical que possible les rapports franco-italiens, mais qu'ils nous avaient rendu de bons services dans l'affaire. La conception opposée est tout aussi peu fondée que la croyance, très répandue en Russie, d'après laquelle le prince de Bismarck aurait, au congrès de Berlin, dupé et trahi la Russie. De même une partie de notre presse a mal jugé, au début, l'entreprise de Tripolitaine, qui fournit au peuple italien l'occasion de donner une preuve éclatante de sa patriotique solidarité et de son unité morale. L'Italie a des intérêts en dehors du cadre de la Triplice. Nous-mêmes nous avons des intérêts personnels en dehors du cadre de la Triple Alliance; ils ne manquent pas non plus en Autriche. Bismarck a parfois nettement insisté sur ce point. La Triplice n'aurait pas eu une durée aussi persistante, si elle avait voulu exiger un accord absolu des puissances alliées dans toutes leurs entreprises, dans toutes leurs démarches politiques. On pourrait ici rappeler encore *cum grano salis* un fait de politique intérieure, de notre vie politique nationale, pour caractériser par comparaison la Triple Alliance. Ce qui donne à l'Empire allemand une garantie de durée, c'est que sa Constitution, tout en liant ensemble les différents Etats dans les grands problèmes de politique nationale, laisse à chacun d'eux les mains libres dans l'accomplissement particulier de ses devoirs plus restreints; de même la Triplice lie les trois grandes puissances de l'Europe centrale dans les grandes questions de politique continentale sur lesquelles l'alliance fut fondée, tout en leur laissant la liberté de poursuivre leurs intérêts nationaux particuliers. L'Italie, l'Autriche et l'Allemagne se sont implantées avec les fortes racines de leur existence dans la politique européenne, et leurs racines sont diversement et solidement entrelacées. Mais il faut que les branches des arbres puissent s'étendre librement dans les différentes directions. Le traité de la Triple Alliance ne peut et ne veut pas être le sécateur qui, sans motifs impérieux, empêche leur libre croissance.

Il y a des politiciens qui hésitent à attribuer une vraie valeur à la présence de l'Italie dans la Triple Alliance. Ils doutent que l'Italie soit en mesure et qu'elle ait le désir de marcher la main dans la main avec l'Autriche et avec nous dans toutes les complications éventuelles de la politique internationale. Même si ces doutes étaient fondés, ce qui n'est pas le cas, étant donnée la loyauté des facteurs dirigeants de l'Italie et l'intelligence politique du peuple italien, ils ne démontreraient pas absolument que la participation de l'Italie à la Triple Alliance est dénuée de valeur. Même si l'Italie ne pouvait pas marcher dans toutes les situations, jusqu'aux conséquences extrêmes, avec l'Autriche et nous, même si l'Autriche et nous, nous ne pouvions pas nous lancer avec l'Italie dans toutes les complications des engrenages de la politique mondiale, l'existence de l'alliance empêcherait cependant chacune des trois puissances de se ranger aux côtés de l'adversaire des deux autres. C'est ce qu'envisageait le prince de Bismarck, lorsqu'il disait un jour qu'il lui suffisait qu'un caporal italien, avec le drapeau italien et un tambour auprès de lui, fît face à l'Ouest, c'est-à-dire vers la France, et non à l'Est, c'est-à-dire dans la direction de l'Autriche. Tout le reste dépendra de la façon dont se posera éventuellement une cause de conflit en Europe, de la vigueur que nous montrerons alors au point de vue militaire et des résultats qu'obtiendront nos soldats et nos diplomates. La valeur suprême et totale d'une alliance ne s'éprouve qu'en cas de guerre. Pendant la paix, la Triple Alliance est maintenue par des intérêts de politique continentale presque indestructibles, et si solides que les situations momentanées et passagères de la politique internationale, et ses aspects variés, ne peuvent avoir de prise sur elle. Le fait qu'elle est une garantie de la paix, fait dont la Triplice a fourni la preuve durant trente ans, justifie cette espérance.

La Turquie.

La question bosniaque et l'expédition de Tripolitaine, par lesquelles l'Autriche ainsi que l'Italie entrèrent en conflit avec la Turquie notre amie, n'ont pu affaiblir la Triplice. Nous avons cultivé avec grand soin, surtout depuis le voyage en Orient de l'Empereur et de l'Impératrice, les rapports avec la Turquie et l'Islam. Ces rapports n'étaient pas de nature sentimentale, mais nous avions à la conservation de la Turquie un intérêt considérable, un intérêt économique, militaire et aussi politique. Pour nous, au point de vue économique et financier, la Turquie était un terrain d'activité fertile et d'un rendement considérable, sur lequel Rodbertus et Frédéric List avaient déjà attiré l'attention et que nous avons cultivé avec grand profit. Dans l'hypothèse, non désirée, mais non impossible, d'une conflagration générale, la force militaire de la Turquie aurait pu se faire sentir à notre avantage. Pour notre allié autrichien, la Turquie était la plus commode des voisines. Que son écroulement représentât une perte pour nous aussi, le dernier projet de loi militaire, motivé par la situation qu'a créée la guerre des Balkans, en fut la preuve. Je ne me suis pas fait d'illusions sur les limites de la puissance de la Turquie. C'est parce que je connaissais ces limites que je me suis efforcé avec succès, pendant de longues années, d'empêcher tout conflit sérieux en Orient : par exemple en 1897 pendant l'imbroglio crétois, en 1908-1909 pendant la crise bosniaque, et dans toutes les phases de la question macédonienne. Il était à craindre qu'un conflit sérieux dans la péninsule balkanique n'entraînât pour nous comme pour l'Autriche-Hongrie plus de conséquences défavorables que de conséquences favorables, et que notre position en Europe ne fût pas allégée. La Turquie a été pendant longtemps un utile et important anneau dans la chaîne de nos relations politiques.

Notre position dans la Triple Alliance restera pour un temps donné le centre de gravité de notre politique étrangère. La Triplice a gagné en valeur pour nous, dans la proportion où notre entrée dans la politique mondiale et l'accroissement de notre flotte ont augmenté les coefficients de frottement entre l'Allemagne et l'Angleterre; sa valeur, en ce qui nous concerne, s'est également accrue en raison du changement de la situation internationale, amené par la conclusion de l'alliance franco-russe.

La Russie.

Le nouvel Empire allemand avait hérité de la Prusse de bonnes relations avec l'Empire des Tsars. Sauf lors de l'hostilité de la tsarine Elisabeth contre Frédéric le Grand, hostilité basée sur des motifs personnels plutôt que sur des raisons positives, et lors des pseudo-hostilités entre la Prusse et la Russie en 1812, la Prusse et la Russie, la Russie et la Prusse, n'ont jamais été adversaires. L'œuvre difficile du partage de la Pologne a sans doute pu occasionner des froissements passagers, mais non des antagonismes profonds. Ce sont précisément ces affaires de Pologne qui ont réuni souvent la Prusse et la Russie. Pour les deux empires, il y a dans le danger polonais un avertissement de ne pas se brouiller, mais de considérer la défense commune contre les aspirations ambitieuses des Polonais comme un pont sur lequel la Prusse et la Russie peuvent toujours se rencontrer. Pendant la première moitié du xixe siècle, les relations entre les dynasties prussienne et russe étaient d'une intimité qui dépassait la mesure conventionnelle, de sorte que la politique des deux empires s'en ressentit. Dans la période critique de la guerre de Crimée, l'attitude amicale de la Prusse facilita sérieusement la tâche incombant à la Russie, et cette attitude trouva son pendant dans l'attitude adoptée par l'empereur Alexandre II lors de la guerre franco-allemande. Lorsque, peu de temps après la conclusion de la paix de Francfort, en septembre 1872, les deux empereurs de Russie et d'Autriche se tendirent les mains dans la capitale du nouvel Empire allemand, en même temps qu'ils les tendirent au vénérable vainqueur de la lutte grandiose de nations qui venait d'avoir lieu, le prince de Bismarck avait véritablement créé une base nouvelle pour la politique européenne. L'union des puissances de l'Est agit comme une douche froide sur l'esprit de revanche de la nation française, et fut une garantie de paix de premier ordre. Bismarck attendait aussi, d'un attachement plus étroit de la Russie aux tendances conservatrices de la politique extérieure de l'Allemagne et de l'Autriche, une influence modératrice sur le courant panslaviste qui grandissait à cette époque en Russie. « L'impétueux éléphant russe, disait-il, devrait marcher entre les éléphants apprivoisés : l'Allemagne et l'Autriche. »

Le congrès de Berlin troubla en 1878 l'entente, jusque-là intacte, entre les puissances de l'Est. La Russie qui, après les pertes considérables d'une campagne longue et pénible contre toute attente, n'avait pas poussé jusqu'à l'occupation de Constantinople, dut se résigner à subir à Berlin quelques modifications sérieuses au traité de San-Stefano. Ces modifications étaient dues en substance à des conventions secrètes que le cabinet de Saint-Pétersbourg avait conclues avec l'Autriche avant la guerre contre la Turquie et avec l'Angleterre après l'armistice. Mais la presse russe, dont l'influence sur l'opinion publique en Russie avait considérablement augmenté au cours des vingt dernières années, attribua la responsabilité des résultats, peu satisfaisants pour le peuple russe, du congrès de Berlin au président de ce congrès, qui en était en même temps le membre le plus éminent, au prince de Bismarck. Le chancelier russe, prince Gortschakoff, dont les rapports personnels avec le prince de Bismarck n'avaient cessé d'empirer à la longue, non seulement lâcha la bride à la presse russe, mais exposa de sa propre bouche à un journaliste français le plan d'une alliance franco-russe, plan qui d'ailleurs, à cette époque, n'était encore qu'une chimère. Lorsque l'empereur Alexandre II, lui aussi, parut céder au courant d'hostilité contre l'Allemagne, Bismarck conclut en 1879 le traité d'alliance avec l'Autriche-Hongrie, traité qui devint la base de la Triplice. Après la conclusion de cette alliance, un homme très habile, M. de Blowitz, correspondant du *Times* à Paris, me dit : « Voilà sans doute le meilleur coup diplomatique que Bismarck ait encore fait. » Mais le prince de Bismarck n'en déploya pas moins son énergie habituelle pour rétablir les relations d'autrefois avec la Russie. Effectivement, il réussit non seulement à améliorer sensiblement les rapports russo-allemands, mais encore à amener, en 1884, un nouveau rapprochement des trois empires, lors de la rencontre des trois empereurs à Skierniewice. La paix européenne était assurée d'une façon presque idéale par l'existence de la Triplice d'une part, et de l'autre par l'entente des puissances de l'Est. Mais cette situation idéale était menacée d'avance par la diversité des buts contraires poursuivis par la politique de l'Autriche et par celle de la Russie en Orient. Ce n'était qu'une question de temps, pour que vînt à réapparaître un antagonisme qui ne dépendait pas de la bonne ou de la mauvaise volonté des hommes d'Etat, mais de la différence des intérêts politiques très réels des deux empires. Ce fut la question bulgare qui ébranla de nouveau les relations entre la Russie et l'Autriche. L'entente des trois puissances impériales ne survécut pas à l'orageux été de 1886. Le prince de Bismarck a déclaré lui-même, comme on le sait, qu'en présence de cette situation nouvelle, il s'efforça, tout en s'attachant fermement à la Triple Alliance, de conserver au moins pour l'Allemagne une entente amicale et sûre avec la Russie. Dans ce but, il avait, disait-il, en arrière de la position défensive de la Triplice, ménagé encore à la politique allemande comme une position de refuge dans ce qu'on a appelé le traité de contre-assurance avec la Russie. Le prince de Bismarck s'est encore expliqué par la suite, à différentes reprises et d'une façon détaillée, sur les motifs qui le guidèrent dans la conclusion de cet accord, sur sa valeur et sa portée. Il a blâmé son successeur de ne pas l'avoir renouvelé. Il a fait remarquer que ce non-renouvellement a eu pour résultat la conclusion de l'alliance franco-russe. La Russie, dégagée de toute stipulation contractuelle, et la France isolée s'étaient rencontrées après la suppression du mur qui les séparait. Le prince de Bismarck voyait, dans cette orientation de la Russie vers l'irréconciliable ennemi de l'Allemagne, un grand renforcement de la puissance de la France, et par suite un sensible accroissement de difficultés pour la politique allemande.

La Double Alliance.

L'alliance franco-russe accusait en tout cas une profonde modification de la situation internationale.

Dans les années 1890-1900, nous avions, nous autres Allemands, si je puis me servir d'une image empruntée à la vie militaire : sur notre front, la rivalité britannique éveillée par le rapide développement de notre commerce extérieur et par la création de notre flotte; sur nos derrières, la Duplice, que la France avait l'intention d'exploiter de son mieux au profit de ses espérances. C'est dans cette situation que nous dûmes chercher et trouver un passage vers la politique mondiale. Ce fut d'abord un chemin étroit, sur lequel nous ne pûmes avancer qu'avec précaution. Pendant la guerre russo-japonaise, nous réglâmes notre attitude à l'égard de la Russie comme nous l'avions fait vis-à-vis de l'Angleterre pendant la guerre des Boërs. Sans manquer à notre devoir de correcte et stricte neutralité envers le Japon, nous eûmes une attitude très amicale vis-à-vis de la Russie. Notre neutralité à l'égard de la Russie fut même d'une nuance plus bienveillante que celle de la France. La guerre russo-japonaise laissa derrière elle, comme une sorte de dépôt, un refroidissement des relations franco-russes et une élévation de température dans les rapports russo-allemands. La Duplice avait peu à peu perdu de sa rigueur première, non pas tant par suite de l'affaiblissement de la Russie, qu'on a exagéré, après la guerre d'Extrême-Orient, comme on l'avait fait jadis après la guerre de Crimée, que par suite du rétablissement de relations confiantes entre la Russie et l'Allemagne, rétablissement dont les différentes étapes furent marquées par plusieurs rencontres entre les monarques des deux empires. Après la crise bosniaque également, les rapports normaux entre la Russie et nous se rétablirent rapidement, ainsi que le prouva la rencontre particulièrement satisfaisante qui eut lieu en juin 1909, dans le golfe de Finlande, entre l'empereur Guillaume et l'empereur Nicolas. Il n'était pas au pouvoir ni dans l'intention de la politique allemande de détacher la Russie de la France. Depuis qu'entre la Russie et la France a été conclu un traité d'alliance qui a pénétré dans les sentiments nationaux des deux peuples, il nous sera pour longtemps impossible d'arracher la Russie à l'alliance française et de nous l'attacher par les liens d'un traité. Mais ce que peut l'Allemagne, c'est émousser la pointe hostile pour elle de la Duplice, en assainissant les relations germano-russes. Cette tâche était réalisable et nous l'avons réalisée, grâce surtout aux rapports personnels qui existent entre notre empereur et le tsar Nicolas. Les espérances inspirées aux chauvins français par l'alliance russe ont été déçues. Les hommes d'Etat russes ont même, à l'occasion, donné à entendre à la France que la politique russe n'était pas disposée à se mettre au service d'une politique française de revanche. Les grandes espérances conçues en France lors de la conclusion du traité durent insensiblement se mettre à un diapason plus bas.

La politique française dut finalement chercher, dans la direction des aspirations dominantes en France, une compensation à la déception des espérances que lui avait fait concevoir la Duplice. Elle trouva cette compensation dans l'entente franco-anglaise, qui a parfois joué un rôle plus menaçant pour nous que la Duplice. La rancune des Français contre les maîtres de l'Alsace-Lorraine chercha et trouva une alliée dans l'inquiétude et la jalousie de nombreux milieux anglais, inquiétude et jalousie qui grandissaient pas à pas avec l'achèvement de notre flotte et notre développement au delà des mers. Au fond, ce qui manque à la Duplice, c'est un durable antagonisme d'intérêts communs vis-à-vis de l'Allemagne. La Russie, dans ses revendications économiques et territoriales, ne se heurte peut-être à aucune nation européenne aussi rarement qu'à l'Allemagne. Certes, les antagonismes ne manquent pas entre l'Angleterre et la France. La première a de par le monde remporté jusque dans ces derniers temps ses succès les plus fructueux généralement aux dépens de la France, par exemple au Soudan, et auparavant en Indo-Chine. Mais la France, pour qui la politique d'outre-mer n'est pas une question vitale, était libre de subordonner ses intérêts mondiaux à ceux de l'Angleterre, et de limiter ainsi les rivalités anglo-françaises pour le prix d'un accord anglo-français. La France a payé de cette mise élevée l'amitié de l'Angleterre, après les désillusions de la Duplice.

Allemagne et France.

On pourrait dire que la rancune contre l'Allemagne est l'âme de la politique française; les autres questions internationales sont plutôt de nature matérielle et ne touchent que le corps. C'est le trait caractéristique du peuple français, que de placer les besoins psychiques avant les besoins matériels.

L'humeur irréconciliable de la France est un facteur que nous sommes obligés d'introduire dans nos calculs politiques. C'est une niaiserie maladive à mes yeux que de nourrir l'espérance de pouvoir amener la France à une réconciliation réelle et sincère, tant que nous n'aurons pas l'intention de rendre l'Alsace-Lorraine. Et cette intention n'existe pas en Allemagne. Certes, il y a nombre de questions isolées où nous marchons de concert avec la France et où nous pouvons, surtout de temps en temps, marcher avec elle. Il faut toujours nous efforcer de maintenir avec elle des relations polies, calmes et pacifiques. Mais, hors de là, nous ne devrions pas poursuivre des chimères, sous peine de nous exposer à la mésaventure de l'astronome de La Fontaine, qui, les yeux levés vers les étoiles, tomba dans le trou qui était à ses pieds et qu'il n'avait pas vu. Ce trou s'appelle en l'occurrence *le trou des Vosges* (1). Avec la France, nous ne devrions pas non plus trop attendre des at-

---

(1) En français dans le texte.

tentions et des amabilités qui constituent la *petite monnaie* (1) des rapports internationaux. Le reconnaître et le dire équivaut à faire un éloge au fier patriotisme d'un grand peuple. La rancune contre l'Allemagne est trop profondément ancrée dans les cœurs français, pour que nous arrivions à l'extirper par des témoignages d'amitié peu coûteux. Jamais, pas même après les désastreuses défaites des années 1812-1815, la France n'a été aussi durement atteinte que par la guerre de 1870-1871. On ne veut pas comprendre en France que, ce que les Français prennent pour les brutales rigueurs du vainqueur, a été, pour nous autres Allemands, une nécessité nationale. Peut-être qu'au cours des temps le peuple français s'accommodera des stipulations du traité de Francfort, quand il sera obligé de reconnaître qu'elles sont immuables. Mais tant que la France croira entrevoir une possibilité de ressaisir l'Alsace-Lorraine par ses propres moyens ou avec une aide étrangère, elle verra dans la situation actuelle quelque chose de provisoire, et non quelque chose de définitif.

Les Français ont le droit de prétendre à ce que cette opinion fondamentale de la majorité du peuple français soit comprise et appréciée. C'est une preuve d'un vif sentiment d'honneur, quand une nation souffre si profondément d'un affront subi par sa fierté, que le désir de la revanche devienne la passion nationale dominante. Sans doute il est exact que la

---

(1) En français dans le texte.

France a, pendant des siècles, porté dans l'histoire de l'Europe l'esprit d'inquiétude. Nous fûmes obligés de nous garantir, contre de nouveaux troubles apportés à notre tranquillité, par un renforcement durable de notre position vers l'Ouest. Le remède, en réalité, n'a pas été sans être de quelque utilité, non seulement pour le bien de l'Allemagne, mais aussi pour celui de l'Europe. Mais le Français voit les choses avec d'autres yeux. La politique de glorieuses aventures qui a souvent enlevé le repos à l'Europe, qui a forcé à maintes reprises les voisins de la France à des efforts suprêmes et désespérés, constitue pour ce pays son grand passé à lui, et a été la manifestation fondamentale la plus grandiose de l'ambition nationale particulière aux Français. L'histoire de la France se distingue, parmi tant d'autres points, de l'histoire de l'Allemagne, par ce fait que, dans les plus grandes époques, dans ces moments dramatiques où se décident les destinées des peuples, elle a des guerres françaises de conquêtes à raconter, tandis que, dans l'histoire de l'Allemagne, ce sont des exploits de défense nationale qui forment les pages les plus glorieuses. Pour de nombreux Français, et, dans les périodes agitées, pour tous les Français, l'objet des regrets de la nation, ce sont précisément les époques d'un Louis XIV et d'un Napoléon Ier : époques dont nous voulons empêcher le retour, en prévision duquel il nous a fallu fortifier nos frontières occidentales. L'Allemagne, renforcée par les événements de 1866 et 1870, a consacré toutes ses forces nouvelles à parachever l'édifice de sa propre vie nationale. La France, après chaque augmentation de sa puissance nationale, s'est montrée agressive à l'extérieur et le serait derechef, si elle voyait une perspective de succès. C'est avec cette tendance qu'il nous faut compter, en nous considérant nous-mêmes comme l'ennemi contre lequel la France se tournerait en première ligne, si elle croyait pouvoir remporter la victoire. La politique de revanche des Français est soutenue par une foi inaltérable en l'indestructibilité des forces vitales de la nation. Ce dogme se base sur toutes les données de l'histoire de France. Aucun peuple n'a chaque fois réparé aussi vite que les Français les suites d'une catastrophe nationale, aucun n'a retrouvé avec la même aisance le ressort, la confiance en soi et l'esprit d'entreprise après de cruels mécomptes et des défaites qui semblaient écrasantes. Plus d'une fois la France parut définitivement abattue par des ennemis extérieurs, si éprouvée par des bouleversements intérieurs, que l'Europe crut qu'elle avait cessé d'être dangereuse. Mais chaque fois la nation française se redressait devant l'Europe en un très court délai, avec sa vigueur d'antan ou un accroissement de force, pour disputer par de nouvelles luttes la suprématie sur le continent et remettre en question la répartition de la puissance en Europe. Les ascensions et les chutes de ce peuple ont toujours plongé dans un nouvel étonnement les Etats de l'Europe. La descente progressive des hauteurs altières où Louis XIV avait élevé la France, parut conduire à la ruine de l'Etat français, en aboutissant à la grande Révolution, qui entraîna coup sur coup la guerre civile, la décomposition de l'armée, l'anéantissement de l'ancienne prospérité économique et la banqueroute de l'Etat. Dix années après le moment où avait éclaté la Révolution, les armées de la République française étaient maîtresses de l'Italie, des Pays-Bas, de toute la rive gauche du Rhin, et campaient victorieuses au cœur de l'Allemagne. Après dix autres années, le premier Empire rayonnait de tout son éclat et Napoléon paraissait près d'atteindre son but, la domination de tout le continent. Alors se produisirent les catastrophes de Leipzig et de Waterloo, la défaite complète de la France, deux fois la prise de sa capitale. Pendant plus de vingt années de guerres ininterrompues, la nation française avait dépensé jusqu'aux dernières limites ses forces économiques et physiques, et cependant la France put, sous le second Empire, remonter au pinacle. La défaite de 1870 eut pour la France des conséquences plus graves que n'en avait eu auparavant aucune autre. Mais elle n'a pas brisé la force que peut avoir pour une nouvelle ascension ce peuple d'une merveilleuse élasticité. Elles sont encore vraies à maints égards, ces lignes écrites il y a plus d'un demi-siècle sur la nation française par Alexis de Tocqueville dans son ouvrage classique : *L'Ancien Régime et la Révolution* (1) : « Quand je

---

(1) En français dans le texte.

considère cette nation en elle-même, je la trouve plus extraordinaire qu'aucun des événements de son histoire. En a-t-il jamais paru sur la terre une seule qui fût si remplie de contrastes et si extrême dans chacun de ses actes, plus conduite par des sensations et moins par des principes; faisant toujours plus mal ou mieux qu'on ne s'y attendait, tantôt au-dessous du niveau commun de l'humanité, tantôt fort au-dessus; un peuple tellement inaltérable dans ses principaux instincts qu'on le reconnaît encore dans des portraits qui ont été faits de lui il y a deux ou trois mille ans, et en même temps tellement mobile dans ses pensées journalières et dans ses goûts qu'il finit par se devenir un spectacle inattendu à lui-même, et demeure souvent aussi surpris que les étrangers à la vue de ce qu'il vient de faire; le plus casanier et le plus routinier de tous quand on l'abandonne à lui-même, et, lorsqu'une fois on l'a arraché malgré lui à son logis et à ses habitudes, prêt à pousser jusqu'au bout du monde et à tout oser; indocile par tempérament, et s'accommodant mieux toutefois de l'empire arbitraire et même violent d'un prince que du gouvernement régulier et libre des principaux citoyens; aujourd'hui l'ennemi déclaré de toute obéissance, demain mettant à servir une sorte de passion que les nations les mieux douées pour la servitude ne peuvent atteindre; conduit par un fil tant que personne ne résiste, ingouvernable dès que l'exemple de la résistance est donné quelque part; trompant toujours ainsi ses maîtres, qui le craignent ou trop ou trop peu; jamais si libre qu'il faille désespérer de l'asservir, ni si asservi qu'il ne puisse encore briser le joug; apte à tout, mais n'excellant que dans la guerre; adorateur du hasard, de la force, du succès, de l'éclat et du bruit plus que de la vraie gloire; plus capable d'héroïsme que de vertu, de génie que de bon sens, propre à concevoir d'immenses desseins plutôt qu'à parachever de grandes entreprises; la plus brillante et la plus dangereuse des nations de l'Europe, et la mieux faite pour y devenir tour à tour un objet d'admiration, de haine, de pitié, de terreur, mais jamais d'indifférence ! »

En fait, bientôt après avoir rétabli son gouvernement qui avait été renversé par les défaites de Wœrth et de Sedan, comme il le fut après chaque désastre militaire, la France a puissamment déployé dans la politique mondiale ses forces, provisoirement paralysées dans la politique continentale. Pendant les dernières vingt-cinq années, elle s'est constitué un empire colonial qui la dédommage largement des pertes de territoire et de population subies en Europe, et elle s'est ainsi élevée au rang de seconde puissance coloniale du monde. Ses possessions dans le nord de l'Afrique, situées aux portes du pays, viennent d'être presque doublées par l'acquisition du Maroc.

Nous n'avons pas à rechercher ici si la domination politique, économique et militaire du Maroc, complète et illimitée, est pour la France un affaiblissement, comme le croient beaucoup de gens, ou si elle ne représente pas plutôt, pour l'avenir surtout, un sérieux accroissement de force. En tout cas, l'activité coloniale de la France prouve la rapidité et l'intensité avec laquelle son esprit d'entreprise refleurit immédiatement après le cataclysme de 1870 pour tenter un relèvement national dans la direction qui restait ouverte et que l'Allemagne lui laissa ouverte à dessein en Tunisie comme au Tonkin. Cependant la France ne verra pas dans ses immenses possessions coloniales un dédommagement complet pour la perte de l'Alsace-Lorraine. Bismarck en avait la nette perception, lui qui recommandait de favoriser les plans de politique coloniale de la France, afin de détourner ses yeux des Vosges, au moins pour un certain temps.

La question marocaine.

Lorsque nous entrâmes en conflit avec la France dans la question marocaine, il ne s'agissait pas pour nous de contrecarrer les plans coloniaux de la France, mais nous avions à sauvegarder d'importants intérêts, et plus encore, notre prestige national. Notre intervention dans les affaires du Maroc avait sa base légitime dans le traité de Madrid de 1880 et dans le traité de commerce germano-marocain de 1890. Nous fûmes obligés d'agir par suite de l'arbitraire politique de la France, qui menaçait de léser d'égale façon nos intérêts économiques et notre prestige national. La Convention marocaine, conclue à Madrid en 1880, avait réglé l'exercice du droit de protection des grandes puissances européennes au Maroc. Elle avait été conclue sur la base de la reconnaissance de la souveraineté du Maroc. C'est sur la même base que l'Allemagne signa en 1890 un traité de commerce avec le Maroc. Une modification des stipulations de Madrid n'était autorisée qu'avec le consentement des puissances signataires, c'est-à-dire les grandes puissances européennes à l'exception de la Russie, les Etats-Unis, les Etats scandinaves, la Hollande, la Belgique et le Portugal. La France, voisine du Maroc par ses colonies, avait assurément un intérêt spécial dans l'évolution des affaires marocaines. C'est là un fait dont on a toujours tenu compte du côté allemand. Il n'y aurait pas eu d'objection à faire contre la prise en considération des intérêts particuliers de la France et aussi de l'Espagne sur la base des stipulations de Madrid. Mais les désirs des Français allaient plus loin. La France s'immisça avec un sans-gêne croissant dans les affaires du Maroc. Elle espérait secrètement pouvoir acquérir un nouveau domaine colonial vaste et précieux, sans tenir aucun compte du traité de Madrid ainsi que des intérêts économiques des autres nations, de l'Allemagne en particulier. Pour poursuivre cette politique, la France s'appuya sur l'Angleterre : elle supposait que l'appui et le consentement des Anglais lui suffiraient pour atteindre son but. Le 8 avril 1904 fut conclu un accord particulier entre l'Angleterre et la France, accord par lequel cette dernière reconnaissait la pleine souveraineté de l'Angleterre en Egypte, tandis que l'Angleterre donnait son approbation aux agissements français au Maroc. Cet accord négligeait avec un égal sans-gêne la Convention internationale de 1880 et le traité de commerce germano-marocain. Un des premiers résultats palpables de l'entente anglo-française indirectement dirigée contre l'Allemagne, c'était une pointe visiblement dirigée contre cette nation. Les deux puissances contractantes disposaient de leur propre autorité d'un considérable et important domaine d'intérêts coloniaux, sans même daigner avoir égard à l'Empire allemand. C'était une tentative évidente de confisquer les décisions de politique mondiale au profit des seuls Etats occidentaux. La politique française n'hésita pas, aussitôt après la conclusion de l'accord anglo-français, à en tirer les conséquences, comme si les puissances signataires du traité de Madrid n'existaient pas. La France commença la *tunisification* du Maroc. Le représentant de la France, Saint-René-Taillandier, s'efforça de s'assurer une part dans le gouvernement du Maroc. La réorganisation de la police, la fondation d'une banque d'Etat sous une direction française, la concession des travaux publics et des fournitures à des maisons françaises, devaient si bien mettre la vie économique et politique du Maroc sous l'influence française que l'incorporation finale du Maroc dans le domaine colonial français n'eût plus été qu'une question de forme. Delcassé, qui était à l'époque ministre des affaires étrangères en France, homme d'Etat d'autant de talent que d'énergie, mais qui se laissait trop influencer par des raisons de sentiment, dès qu'il s'agissait de l'Allemagne, se flattait de l'espoir de nous mettre au Maroc devant un *fait accompli* (1). Il savait que ce serait porter un coup sensible à **notre prestige dans le monde**. Nous avions au Maroc des intérêts économiques importants et pleins d'avenir à qui les procédés des Français faisaient un tort grave. En outre, notre dignité et notre puissance mondiale récemment acquise se trouvaient en jeu. La méconnaissance des puissances signataires du traité de Madrid lors de la conclusion de l'accord anglo-français sur le Maroc constituait en l'espèce une avanie à l'adresse de l'Empire allemand. La France s'était arrangée par traité avec l'Angleterre; avec l'Espagne, il y avait en cours des négociations secrètes; la Russie n'était pas puissance signataire; l'Italie suivait son chemin particulier en Méditerranée; les Etats-Unis se désintéressaient des affaires marocaines; une résistance des petits Etats européens n'était guère à redouter. Il n'y avait donc de franchement écarté que l'Autriche et avant tout l'Allemagne. Nous nous trouvions placés en face d'un grave dilemme. Devions-nous, dans une décision internationale importante, nous laisser évincer et **traiter comme** *quantité négligeable* (1) ? Ou bien devions-nous exiger qu'on prît en considération nos intérêts et notre volonté ? La première résolution eût été la plus commode; en faveur de la seconde plaidaient non seulement notre point d'honneur et notre fierté, mais aussi notre intérêt bien compris.

---

(1) **En français dans le texte.**

Si nous nous laissions une fois marcher impunément sur les pieds, cette première velléité de mal nous traiter eût été bientôt suivie d'une seconde et d'une troisième.

Le 3 juillet 1900, l'empereur Guillaume II avait prononcé les paroles suivantes qui étaient tout un programme : « Je ne pense pas que notre peuple d'Allemagne ait triomphé et répandu son sang il y a trente ans, sous la direction de ses princes, pour se laisser évincer dans les grandes décisions extérieures. Si cela se produisait, c'en serait fait une fois pour toutes de la puissance mondiale du peuple allemand, et je ne suis pas disposé à laisser les choses en arriver là. » La politique marocaine de la France était une tentative non dissimulée d'évincer l'Allemagne dans une grande décision extérieure, une tentative de soumettre la répartition de la puissance en Europe à une révision en faveur de la France. Un précédent eût été créé, qui aurait infailliblement incité à recommencer. Nous ne pouvions pas nous y prêter. C'est dans ce sens que la question marocaine devint pour nous une question nationale. Notre politique marocaine avait sa voie toute tracée.

Le 31 mars 1905, S. M. l'Empereur débarqua à Tanger sur mon conseil et y intervint en termes très nets en faveur de l'indépendance et de la souveraineté du Maroc. Ainsi était annoncée au monde la légitime prétention de l'Allemagne de prendre part aux décisions intéressant le Maroc. Il était spécifié que l'Allemagne s'en tenait au traité international de 1880, conclu sur la base de la souveraineté du Maroc, et qu'elle n'était pas disposée à reconnaître sans avoir été consultée la nouvelle situation créée au Maroc par l'accord anglo-français et les agissements de la France. Notre but était de substituer au règlement unilatéral franco-anglais de la question marocaine un règlement international par les soins des signataires du traité de Madrid. Nous devions aussi empêcher qu'une conférence internationale donnât simplement son quitus à la politique française au Maroc. Les deux objectifs ont été atteints par la réunion et les résolutions de la Conférence d'Algésiras. La France opposa une vive résistance au projet de conférence. Il sembla pendant quelque temps que M. Delcassé voulait faire dépendre de la question de la conférence la question de la guerre ou de la paix. Le gouvernement allemand étant resté inébranlable, la France consentit à la conférence. M. Delcassé rendit son portefeuille. Il se retira et notre volonté l'emporta, parce que nous restâmes fermes. A Algésiras, nous eûmes naturellement des difficultés en face des puissances de l'Entente, et en raison du peu d'intérêt que les autres puissances prenaient à la question marocaine. Cependant, nous réussîmes à sauvegarder la souveraineté du Sultan, à obtenir un règlement international pour l'organisation de la police et la création d'une banque d'Etat marocaine, et nous assurâmes aux intérêts allemands ainsi qu'aux intérêts de tous les autres pays la porte ouverte au Maroc. Non pas la totalité, mais l'essentiel de nos desiderata avait été atteint. La tentative de nous exclure d'une grande décision internationale avait été contrariée. Dans le futur maniement des affaires marocaines, nous nous étions assuré une voix décisive au chapitre, voix à laquelle nous n'avions pas à renoncer sans compensations suffisantes. Les résolutions de la Conférence d'Algésiras étaient comme un verrou tiré devant les tentatives françaises de *tunisification* du Maroc. Elles étaient aussi un grelot que nous pouvions agiter à notre gré, si la France manifestait encore des velléités de ce genre. En France, le nouvel arrangement provoqua de pénibles réflexions aussitôt après la conférence. Le « *malheureux acte d'Algésiras* » fut représenté comme « *une tutelle européenne imposée à la France* », ou, dans les appréciations les plus favorables, considéré comme une « *honorable ligne de retraite* ». On a dit qu'après la retraite de Delcassé, nous aurions dû chercher une entente directe avec la France au sujet du Maroc. Passons sur la question de savoir si la France était disposée à nous payer un prix acceptable. En tout cas, nous ne pouvions nous engager dans cette voie, rien que par égard pour notre situation en Turquie et vis-à-vis de l'Islam. En novembre 1898, l'empereur Guillaume II avait déclaré à Damas : « Les 300 millions de musulmans dispersés sur la face de la terre peuvent être assurés qu'en tout temps l'empereur d'Allemagne sera leur ami. » A Tanger, l'Empereur s'était résolument prononcé pour l'intégrité du Maroc. Nous aurions perdu tout crédit dans le monde de l'Islam, si nous avions vendu le Maroc aux Français si peu de temps après ces manifestations. Notre ambassadeur à Constantinople, le baron de Marschall, me disait à cette époque : « Si nous livrons le Maroc en dépit de Damas et de Tanger, nous perdons d'un coup notre position en Turquie, et avec elle les avantages et les perspectives d'avenir que nous nous sommes acquis péniblement par de longues années de labeur. »

L'accord particulier franco-allemand du 9 février 1909, mené à bonne fin avec l'éminente coopération du futur secrétaire d'Etat de Kiderlen-Wæchter, diminua la possibilité de froissements continuels entre les deux Etats, en assurant à la France une certaine influence politique au Maroc, sans lui rendre l'annexion possible; il maintint le principe de la porte ouverte et garantit des droits égaux au commerce et à l'industrie des Français et des Allemands dans l'Etat marocain, qui conservait son indépendance et l'intégrité de son territoire. L'accord servit à la paix, en complétant l'acte d'Algésiras sur certains points où cet acte avait été reconnu perfectible dans la pratique. Les résolutions mêmes de la Conférence d'Algésiras furent expressément confirmées par l'accord de 1909. Le droit de l'Allemagne de dire aussi son mot sur les destinées du Maroc, ce droit qui faisait obstacle à l'annexion du Maroc par la France, ne fut nullement touché par l'accord particulier. Ce que nous avons acquis plus tard en échange de la renonciation à notre droit, que ce soit peu ou prou, que la portion du Congo à nous concédée ait une faible ou une grande valeur, nous l'avons obtenu en tout cas sur la base d'Algésiras et grâce à notre intervention de 1905. Nous n'avons jamais eu l'intention de nous approprier une partie du Maroc. Non par crainte de la France, mais dans notre propre intérêt. Nous aurions eu là contre nous, non seulement la France, mais encore l'Angleterre et l'Espagne. D'autre part, nous n'avions pas non plus à espérer nous concilier la France par des prévenances excessives dans cette question du Maroc. Quelque haute valeur économique que le Maroc puisse avoir pour la France, quelque considérable accroissement de puissance militaire et politique que la France se promette de cet agrandissement de son empire colonial dans l'Afrique du Nord, sa politique de conquête au Maroc a été pour elle, précisément dans les instants critiques, plutôt un moyen d'arriver au but que le but même. Si, en ne tenant pas compte de l'Allemagne au début, certains milieux en France avaient projeté de tenter avec l'aide de l'Angleterre une attaque énergique contre la puissance mondiale et le prestige de notre pays, on crut entrevoir plus tard l'occasion d'un règlement de comptes décisif avec l'Allemagne, dans des conditions propices et aux côtés de l'Angleterre. Ces tendances de la politique française portèrent deux fois la question marocaine au premier plan de la grande politique, et mirent en jeu le maintien de la paix du monde.

La France irréconciliable.

En examinant l'état de nos relations avec la France, il ne nous est pas permis d'oublier que la France est irréconciliable. Selon toute prévision humaine, le but suprême de l'ambition française sera, pendant longtemps encore, de créer des prétextes, qui font aujourd'hui défaut, pour une explication avec l'Empire allemand, dans des conditions offrant de belles chances de succès. En nous remémorant froidement cette vérité, nous trouverons quelle est l'attitude la plus convenable à prendre à l'égard de la France. Les déclamations indignées sur l'incorrigibilité de la France sont aussi insipides que les vaines tentatives de racolage. Le Michel (1) allemand n'a pas besoin de faire sans cesse le joli cœur, un bouquet à la main, et parfois avec une révérence passablement gauche, pour se rapprocher de la revêche beauté qui ne détourne pas les yeux de la ligne bleue des Vosges. Seule la lente constatation de l'immuabilité de la perte de 1871 amènera la France à s'habituer définitivement et sans arrière-pensée à l'état de choses déterminé par le traité de Francfort. Il n'est pas impossible que la tension convulsive des dernières forces militaires, par sa répercussion sur l'état économique et social de la France, accélère la marche de l'apaisement, et qu'à cette occasion se vérifie

---

(1) Sobriquet du peuple allemand.

encore une fois la justesse de ce dicton français « *que l'excès du mal amène la guérison* (1) ». Le rétablissement du service de trois ans marque un si haut degré de la fièvre des armements qu'il inaugurera peut-être le retour à la température normale. Si l'application du service de trois ans amenait l'impôt sur le revenu, cela contribuerait aussi à calmer les esprits.

En attendant, la France est contre nous. Bien qu'elle s'efforce de compenser au point de vue militaire le désavantage que lui donne vis-à-vis de nous l'infériorité numérique de sa population, elle n'a plus toutefois sa confiance de jadis en ses propres forces seules. La politique française cherche à obtenir au moyen d'alliances et d'amitiés un équilibre, ou si possible une prépondérance vis-à-vis des voisins allemands. A cet effet, la France a dû se dépouiller d'une partie de sa libre initiative et elle dépend plus qu'autrefois de puissances étrangères. Naturellement les Français le savent et en ont conscience. Si leur chatouilleux orgueil national s'y résigne, cela montre quel est leur souhait national prédominant. On ne voit guère quelle constellation internationale pourrait décider la France à modifier sérieusement sa politique inspirée par le souvenir de 1870.

Lorsque, quelques jours après la dépêche à Krüger, s'élevèrent en France comme dans toute l'Europe des vagues d'enthousiasme pour les Boërs, un ministre anglais demanda, non sans inquiétude, à

---

(1) En français dans le texte.

un diplomate français si la France ne pourrait pas être tentée de se ranger aux côtés de l'Allemagne. Voici quelle fut la réponse : « Soyez-en bien convaincu, tant que l'Alsace-Lorraine sera allemande, le peuple français, quoi qu'il arrive, verra dans l'Allemagne son adversaire permanent, et ne verra dans toute autre puissance qu'un ennemi accidentel. »

Fachoda.

Les péripéties et l'effet de la querelle de Fachoda prouvèrent aussi combien les Français attachent peu d'importance à leurs succès et échecs dans les pays lointains, en comparaison de la perte éprouvée dans leur situation en Europe. La France subit dans cette querelle un échec indéniable de la part de l'Angleterre, échec qu'elle ressentit aussi d'une façon très douloureuse. Fachoda signifiait pour elle la fin d'un vieil et orgueilleux rêve colonial et fit sentir inexorablement à la nation française la supériorité de la puissance britannique. Un instant l'opinion publique en France se révolta avec une impétueuse violence et se tourna brusquement contre l'Angleterre. La grande masse des gens qui ne savent pas séparer en politique les contingences passagères des phénomènes durables, qui prennent le tumulte bruyant de l'actualité pour le véritable écho d'un fait significatif, se figura que la politique française allait faire volte-face. Le dépit contre l'Angleterre devait jeter la France dans les bras de l'Allemagne, la déconvenue née de l'échec au Soudan devait amortir l'exaspération causée par la perte de l'Alsace-Lorraine, et substituer à l'ancien espoir de revanche pour Metz et Sedan une espérance toute fraîche de revanche pour Fachoda. C'était méconnaître de fond en comble l'essence de la politique française. Un peuple qui, pendant une génération, s'est pénétré d'une espérance, d'un idéal, ne se laisse pas démonter par une mésaventure qui lui survient en dehors de sa route de marche. La haine contre l'Allemagne ne pouvait pas être entamée, à plus forte raison supprimée par un accès de mauvaise humeur. La colère contre l'Angleterre eût-elle été encore beaucoup plus passionnée et plus profonde qu'elle ne le fut en réalité, qu'elle n'aurait pourtant pas donné naissance à des dispositions hostiles durables, car la politique française tablait déjà sur les rapports avec l'Angleterre avant le conflit du Soudan. La France vit de bonne heure dans la jalousie anglaise envers l'Allemagne une alliée naturelle contre les vainqueurs de 1870, et se pressa aux côtés de l'Angleterre. On fut déçu à Paris de ce que l'Angleterre n'avait rien voulu sacrifier de ses intérêts au Soudan pour l'amitié de la France, alors que la France, elle, était en tout état de cause prête, en grinçant des dents il est vrai, à payer un prix égal et supérieur pour l'amitié anglaise. La défaite dans la querelle de Fachoda fut inscrite au compte des pertes de la politique de revanche et produisit finalement moins de dépit contre l'Angleterre que d'amertume nouvelle contre l'Allemagne. Quarante-huit heures après le recul de la France dans le litige de Fachoda, un ambassadeur français, une des plus fortes têtes politiques de son pays, fut interrogé par son collègue italien sur l'état des relations anglo-françaises. L'Italien demandait quel effet cet incident allait produire sur la position de la France vis-à-vis de l'Angleterre. « Un effet favorable ! répondit le Français. Le différend au sujet du Soudan étant liquidé, rien ne s'oppose plus à une entente complète avec l'Angleterre. »

La Triple Entente.

Cette entente s'est donc effectuée peu de temps après l'incident de Fachoda, et s'est maintenue jusqu'à ce jour à travers toutes les vicissitudes de la politique internationale. Par son alliance avec la France et les complications en Orient, la Russie s'est souvent placée à côté de l'entente anglo-française, de sorte qu'on peut avec raison parler d'une Triple Entente comme contre-partie de la Triple Alliance. La direction politique de cette Triple Entente s'est trouvée généralement aux mains de l'Angleterre dans les moments décisifs. Et l'Angleterre ne s'est pas jusqu'ici, pas plus que la Russie, décidée à seconder la politique de revanche des Français; elle n'a en réalité pris pour guide que son propre intérêt. Cette direction anglaise nous a quelquefois donné des difficultés, mais elle a tout aussi souvent calmé, refroidi l'ardeur de la France, et rendu de précieux services pour le maintien de la paix en Europe.

Allemagne. — France. — Angleterre.

Certainement elles sont sérieuses, les inquiétudes inspirées à l'Angleterre par le mouvement ascensionnel de notre puissance navale et par notre concurrence, qui la gêne sur beaucoup de points. Certainement il y a encore aujourd'hui des Anglais qui croient que, si l'importun rival allemand disparaissait de ce monde, l'Angleterre ne pourrait que gagner, d'après l'aphorisme de Montaigne « *que le dommage de l'un est le profit de l'autre* (1) ». Mais entre ces opinions anglaises et le fond de la pensée des Français à notre égard, il y a pourtant une différence marquée, qui trouve son expression correspondante dans la politique. La France nous attaquerait, si elle se croyait assez forte pour le faire, et l'Angleterre seulement si elle arrivait à la conviction qu'elle ne pourrait faire triompher que par des moyens violents ses intérêts économiques et politiques. Le mobile de la politique anglaise vis-à-vis de nous est l'égoïsme national; celui de la politique française, l'idéalisme national. Celui qui poursuit ses intérêts restera généralement plus réfléchi que celui qui pourchasse une idée.

---

(1) En français dans le texte.

Compromis anglo-allemand.

Assurément le négociant anglais d'outre-mer a parfois trouvé gênante la concurrence de son collègue allemand; assurément les intérêts économiques de l'Allemagne se heurtent de par le monde en maint endroit aux intérêts économiques de l'Angleterre.

Mais dans ses grandes voies mondiales, l'Angleterre a rarement vu devant elle une grande puissance la gêner aussi rarement que l'Empire allemand. Ce fait n'a pas échappé aux Anglais malgré leurs préoccupations au sujet de la flotte allemande. L'Allemagne et l'Angleterre sont, je crois, les seules grandes puissances européennes entre lesquelles jamais une goutte de sang n'a été répandue. Il y a eu entre elles des frottements et des tensions, jamais une guerre. Il faut se réjouir de ce qu'en Angleterre aussi cette idée gagne du terrain, que l'Angleterre, en prolongeant son antagonisme à notre égard, en suivant une politique antiallemande artificiellement entretenue, ne nuit qu'à elle-même. Enfin ce peuple, le plus grand des peuples commerçants, sait fort bien quelle excellente cliente l'Allemagne est pour lui, et vice versa. Il sait aussi que la vie économique de la Grande-Bretagne se ressentirait cruellement de la disparition de la clientèle allemande. En face des oppositions d'intérêts entre l'Allemagne et l'Angleterre se présentent de très vitales communautés d'intérêts. Et au fond, les dangers que peut faire courir à la prépondérance maritime anglaise la nouvelle puissance mondiale et navale n'existent que dans le domaine des possibilités, ou, plus exactement, de l'imagination, et non dans le domaine des réalités tangibles. La position de la France vis-à-vis de l'Allemagne n'est pas comparable à celle de l'Angleterre vis-à-vis de nous. La France se meut autour de l'idée fixe de l'Alsace-Lorraine. La politique anglaise est sans doute sous l'influence des soucis qu'inspirent à une foule d'Anglais l'expansion économique et la marine croissante de l'Allemagne. Mais depuis la fin de la politique d'encerclement en 1908, l'Angleterre ne pense plus à faire dépendre de son antagonisme avec l'Allemagne toute sa politique internationale, ou encore chaque détail de ses relations avec l'empire d'Allemagne. Quoique, depuis notre entrée dans la politique mondiale, l'Angleterre ait été souvent une adversaire pour nous, nous pouvons, maintenant que nous possédons la force défensive nécessaire sur mer, entretenir avec elle des relations sincèrement amicales et cordiales sans arrière-pensée. Persuadé que la paix et l'amitié entre l'Allemagne et l'Angleterre sont salutaires aux deux nations, tandis que l'inimitié et les querelles leur sont également nuisibles à toutes deux, l'empereur Guillaume II a, depuis son avènement, travaillé, du fond du cœur et avec un zèle inlassable, au rétablissement d'une bonne entente entre les deux grandes nations germaniques. Il y a beaucoup de domaines où les peuples ont des intérêts parallèles. Partout où une coopération avantageuse pour les deux est possible, il n'y a pas de raison pour eux de ne pas marcher côte à côte et la main dans la main. A mesure qu'ici et là-bas se répandra davantage la notion que les intérêts nationaux des deux peuples ont tout à gagner à une pareille coopération, les chances relatives à l'établissement de rapports solides et loyaux de confiance et d'amitié gagneront du terrain. De ce que le danger d'un conflit armé entre l'Allemagne et l'Angleterre ait paru imminent dans l'été de 1911, cela ne signifie nullement que ce conflit ne soit que retardé et non pas définitivement écarté. Il est arrivé fréquemment déjà que la diplomatie, à bout d'arguments pacifiques, parut en être réduite à la nécessité de laisser à la force armée le soin de résoudre certains démêlés. Mais précisément la vision de l'approche de ce moment critique a maintes fois suffi pour faire reprendre les pourparlers interrompus, et amener une solution pacifique : une solution écartant non pas seulement d'une façon momentanée, mais pour longtemps, les antagonismes périlleux. Les nuages de guerre font partie du ciel politique. Mais le nombre des nuages qui provoquent la foudre est incomparablement plus faible que le nombre de ceux qui se dissipent. Des dangers également sérieux, sinon plus graves, ont menacé la paix entre l'Angleterre et la France vers 1840-1848, pendant la Monarchie de Juillet, et de temps en temps aussi à l'époque du second Empire. La guerre parut inévitable en 1885 entre l'Angleterre et la Russie, lors de la période aiguë de la question afghane. Tous ces nuages menaçants se sont dissipés, sans qu'une seule fois la foudre soit tombée. La conduite de nos rapports avec l'Angleterre demande une main particulièrement ferme et persévérante. Nous désirons des relations agréables, amicales même, sans nous effrayer d'un manque d'amabilité. Voilà sur quoi l'Allemagne doit régler son attitude vis-à-vis de l'Angleterre, l'Allemagne officielle aussi bien que la nation elle-même. Une politique d'obséquiosité est aussi défectueuse qu'une politique de brusquerie. Le peuple anglais, le plus mûr politiquement parlant, ne se laisserait pas détourner, par les plus ardentes protestations d'amitié, de résolutions qu'il aurait reconnues avantageuses, et il ne verrait qu'un aveu de notre faiblesse dans les preuves d'amitié qui n'auraient pas pour base un intérêt reconnaissable. D'autre part, un peuple vaillant et fier comme le peuple anglais ne se laisserait, pas plus que le peuple allemand, intimider par des menaces ouvertes ou dissimulées. Appuyés aujourd'hui sur une flotte respectable, nous sommes vis-à-vis de l'Angleterre dans une autre posture qu'il y a quinze ans, où il nous fallait autant que possible éviter un conflit avec cette puissance, jusqu'à ce que nous eussions construit notre flotte. A cette époque, notre politique extérieure se trouvait jusqu'à un certain point sous la dépendance de nos armements : il lui fallait travailler dans une situation anormale. Aujourd'hui l'état normal est rétabli : les armements dépendent de la politique. L'amitié comme l'hostilité de l'Empire allemand, appuyé sur une flotte puissante, ont maintenant pour l'Angleterre, cela va de soi, une importance autre que l'amitié et l'hostilité de l'Allemagne dépourvue de moyens d'action sur mer, comme elle l'était à la fin du xixe siècle. La diminution de l'écart entre les forces anglaises et allemandes représente une décharge importante en faveur de notre politique extérieure vis-à-vis de l'Angleterre. Nous n'avons plus besoin de songer à éviter avec soin que l'Angleterre ne porte atteinte à notre sécurité et à notre dignité, mais nous pouvons, comme il convient au tempérament allemand, intervenir sur mer avec toute notre force pour la sauvegarde de notre dignité et de nos intérêts vis-à-vis de l'Angleterre, comme nous le faisons sur terre depuis des siècles vis-à-vis des puissances du continent. Il faut une longue recherche rétrospective dans l'histoire de l'Allemagne pour trouver une égale ou analogue modification de la puissance allemande dans le monde.

Succès de la politique mondiale de l'Allemagne.

Avant même d'avoir créé une flotte puissante, la politique allemande a su nous assurer pour nos intérêts mondiaux des points d'appui de grand avenir. Nous avons étendu et fait progresser nos anciennes colonies. C'est au prix de grands frais et de douloureux sacrifices que fut réprimée la grave révolte des Heréros dans l'Afrique du Sud-Ouest, grâce à la ténacité et à la bravoure de nos troupes dans de longs et pénibles combats. Les noms des braves qui combattirent et moururent dans les sables désertiques de l'Afrique — je ne nommerai que le comte Wolff-Werner d'Arnim et le baron Burkhard d'Erffa, partis volontairement et morts en héros — méritent de survivre dans notre histoire, car ils ont prouvé que notre peuple n'a pas perdu ses vertus guerrières dans une longue période de paix. La révolte dans l'Afrique du Sud-Ouest marqua une crise de notre politique coloniale, mais aussi le retour à une situation meilleure Par la réorganisation de l'administration coloniale, par la transformation de la section coloniale de l'Office extérieur en ministère indépendant, avant tout grâce au vif intérêt éveillé en faveur de nos entreprises coloniales, on réussit, pendant la gestion du secrétaire d'Etat Dernburg, à faire enfin franchir le point mort à notre politique coloniale. Les choses se passèrent ici comme dans la question navale. A force de peines et de luttes, nous sommes parvenus finalement à convaincre tous les partis bourgeois de l'utilité et de la nécessité d'une politique coloniale positive, et à les y intéresser. En même temps que commençait la construction de notre flotte, nous nous installions pendant l'automne de 1897 à Kiaou-Tchéou; quelques mois plus tard se concluait avec la Chine le traité de Schantoung, un des actes les plus importants de l'histoire contemporaine de l'Allemagne, acte qui nous assurait notre place au soleil de l'Extrême-Orient, sur les rivages pleins d'avenir de l'océan Pacifique. Jusqu'à la fin du XIXe siècle, l'Europe n'avait pu exercer son activité qu'à la périphérie de l'Empire chinois. Cependant, les régions intérieures de cet empire se sont à leur tour ouvertes de plus en plus. Il y a de grands bénéfices à réaliser dans l'industrialisation d'un gigantesque empire de 400 millions d'habitants, et d'habitants laborieux. Il ne faut pas que nous passions à l'arrière-plan sur cet immense champ d'action, mais il faut que nous y maintenions et que nous y améliorions notre position. Le dénouement de la guerre hispano-américaine nous offrit en 1899 la possibilité d'acquérir, par l'achat du groupe des îles Carolines et Mariannes, un point d'appui en Polynésie. Un an plus tard, nous réussîmes à mettre fin à l'interminable litige de Samoa par un traité avantageux pour nous signé avec l'Angleterre et l'Amérique. En 1898, nous conclûmes un accord avec l'Angleterre, accord qui avait son importance, non seulement parce qu'il facilita nos relations avec l'Angleterre à un moment plutôt difficile, sans compromettre nos rapports avec d'autres puissances, mais encore parce qu'il nous assura de précieuses perspectives pour l'avenir. A l'occasion de la conclusion de cet accord, qui nous promettait des fruits abondants si nous attendions avec patience le moment de sa réalisation, moment qui devait forcément venir tôt ou tard, notre ambassadeur d'alors à Londres, le comte Paul Hatzfeld, dont le prince de Bismarck disait un jour qu'il était le meilleur cheval de son écurie diplomatique, rendit de grands services. Le projet du chemin de fer de Bagdad, qui fut conçu à la suite du voyage impérial effectué à l'automne de 1898 en Palestine, — voyage entrepris lui-même quelques mois après l'adoption du premier projet de loi sur la flotte et réussi en tout point, — ouvrit à l'influence et à l'esprit d'entreprise de l'Allemagne, entre la Méditerranée et le golfe Persique ainsi que sur les rives des vieux fleuves historiques de l'Euphrate et du Tigre, des domaines incomparables au point de vue de la fertilité et des espérances d'avénir, — si toutefois il est permis de parler en Mésopotamie de perspectives illimitées. Aujourd'hui, de par ses intérêts et aussi de par les ressources de sa puissance politique, l'Empire allemand est devenu une puissance mondiale, en ce sens que le bras de l'Allemagne peut atteindre les régions les plus lointaines, et que nulle part un intérêt allemand ne peut être lésé impunément. C'est, en fait, grâce à la construction de notre flotte que le rayon de notre puissance s'est étendu sur le monde, pour la protection des intérêts allemands répandus sur toute la terre. C'est la constitution d'un instrument de protection nationale, le renforcement de notre sécurité nationale, que nous avons eus en vue en créant notre flotte, et nous ne l'avons jamais employée à autre chose.

La tâche de donner à la nouvelle puissance mondiale de l'Allemagne une base solide peut être considérée aujourd'hui comme terminée. Certes, l'Empire allemand n'a été accueilli dans ce domaine qu'avec déplaisir par les Etats qui, depuis des siècles, avaient l'habitude de trancher seuls les questions de politique d'outre-mer. Mais notre droit politique mondial est reconnu maintenant par tous les pays où se montre le pavillon de guerre de l'Allemagne. C'est là le but qu'il nous fallait atteindre. Il était corrélatif à la création de notre flotte de guerre, et ne pouvait être atteint qu'en surmontant simultanément de grosses difficultés dans le domaine de la politique extérieure internationale, comme dans celui de la politique intérieure nationale.

Pendant la première décade d'années qui suivit le dépôt du projet de loi sur la flotte de 1897, nous eûmes à traverser une zone dangereuse au premier chef dans notre politique étrangère, car nous fûmes obligés de nous constituer une force navale suffisante pour assurer la représentation efficace de nos intérêts maritimes, sans posséder encore sur mer une force défensive suffisante. L'Allemagne est sortie de cette période critique sans dommage et sans atteinte à sa dignité et à son prestige. En automne 1897, la *Saturday Review* publia son article fameux dont le point principal consistait dans cette déclaration, que si demain l'Allemagne disparaissait de ce monde, il n'y aurait le lendemain pas un Anglais qui ne fût d'autant plus riche. L'article se terminait par ces mots : « *Germaniam esse delendam.* » Douze années plus tard, deux grands journaux anglais qui ne sont pas précisément germanophiles déclaraient que la position de l'Allemagne était plus élevée et plus forte qu'elle ne l'avait jamais été depuis la retraite du prince de Bismarck. Depuis 1897 s'est achevée une importante évolution, dont les contemporains ne se sont pas toujours rendu compte, mais que la postérité reconnaîtra et appréciera. Pendant ces années-là, grâce à la construction de notre flotte, nous avons complètement effectué notre passage à la politique mondiale. Cette ascension à la politique mondiale nous a réussi. Nous ne nous sommes laissés lancer contre aucune puissance et nous n'avons tiré les marrons du feu pour personne. Grâce au calme de notre attitude pendant la guerre des Boërs, nous avons émoussé la surexcitation qui régnait en Angleterre depuis le télégramme à Krüger, et par la suite des temps nous n'avons fourni à l'Angleterre aucun prétexte d'arrêter notre bras pendant la construction de notre flotte. D'autre part, l'attentif entretien de la Triplice nous a évité les heurts avec la Duplice, heurts qui auraient retardé la construction de notre flotte. Entre l'entente anglo-française et la Duplice, nous avons dû suivre un chemin étroit, qui se rétrécit encore, lorsque l'entente anglo-française s'élargit en Triple Entente; ce n'est que grâce à des précautions infinies que ce chemin resta praticable, lorsque l'Angleterre nous enveloppa d'un réseau d'alliances et d'ententes. Lorsque, enfin, pendant la crise bosniaque, l'horizon international s'éclaircit, lorsque la puissance continentale de l'Allemagne déchira le filet de l'encerclement, nous avions déjà franchi dans la construction de notre flotte la période de préparation.

Le projet de flotte en Allemagne.

A côté des difficultés de la politique extérieure se présentaient, quoique plus faciles à surmonter, des difficultés de politique intérieure. Nous autres Allemands, nous ne savons pas répondre avec un empressement spontané et joyeux aux exigences d'un temps nouveau. Gœthe définissait le secret de notre force, mais aussi de nos défauts, lorsqu'il disait que c'était le caractère des Allemands de s'appesantir sur tout. La lutte proverbiale entre le nouveau et l'ancien temps a été moins interrompue dans notre histoire que chez les autres peuples et toute phase significative de notre évolution la voit reparaître avec une égale énergie. Mais si, chez nous, les nouveautés se heurtent à des résistances plus sérieuses qu'ailleurs, notre évolution n'a, en fin de compte, jamais été assez retardée pour nous causer un dommage durable. Nous pouvons même dire que l'accompagnement constant d'une critique hostile nous a, nous Allemands, préservés, mieux que maint autre peuple, d'innovations dangereuses, et nous a ménagé cette calme ascension, ce progrès sûr, dont nous avons le droit de nous féliciter aujourd'hui. C'était la pensée de Bismarck, lorsqu'il disait un jour que les gouvernants en Allemagne avaient besoin du fil barbelé de la critique, fil qui les maintenait dans le bon chemin en les menaçant de leur écorcher les mains, s'ils entreprenaient des mouvements trop excentriques. Evidemment Bismarck n'a pas voulu dire par là que la critique ait toujours raison. Mais l'intensité des forces négatives oblige à déployer sérieusement la puissance de la conviction et l'énergie de la persuasion, et à se faire une idée bien nette de la nécessité de prendre des chemins nouveaux. Chaque fois qu'on a réussi en Allemagne à convaincre la majorité du peuple, y compris les milieux réfractaires au début, de la nécessité d'une chose, nous avons pu constater que la conviction nouvelle, lentement acquise, prenait profondément racine.

L'idée de la flotte est devenue aujourd'hui un bien commun à tous les Allemands. Depuis les agrariens les plus avancés, parmi les conservateurs, jusqu'à l'extrême gauche de la démocratie bourgeoise, il n'y a plus d'opposition de principe à notre politique navale allemande. Chacun sait que le parti *Freisinnig* (1) s'était dérobé devant les grandes propositions initiales au sujet de la flotte; il représentait à l'époque, dans toute l'acception du mot, la résistance du vieux temps au temps nouveau. En 1900, après une séance longue et mouvementée de la commission du budget, le leader du parti du peuple, Eugène Richter, m'aborda pour me dire en tête à tête : « Vous arriverez à vos fins, vous aurez la majorité pour votre projet de flotte. Je ne l'aurais pas cru. » Dans l'entretien qui suivit, je m'efforçai d'exposer à cet homme

---

(1) L'aile gauche du parti libéral, les *radicaux*. (*N. du Trad.*)

éminent à tant d'égards, pourquoi je ne comprenais pas son attitude précisément hostile à l'égard de ce projet naval, car la puissance maritime pour l'Allemagne avait été réclamée pendant de longues années par la démocratie allemande : Herwegh (1) avait chanté la « Berceuse » de la flotte allemande, et les premiers vaisseaux de guerre avaient été construits en 1848. J'invoquai aussi tous les motifs pour lesquels il nous fallait protéger notre commerce et notre industrie. Richter me prêta une oreille attentive et finit par dire : « Il est possible que vous ayez raison. Mais moi, je suis trop vieux; je ne puis plus participer à cette évolution. » L'évolution prédite par Richter ne devait pas tarder à se produire. L'attitude hostile du parti du peuple provenait moins de ses principes que de la situation politique du parti en général. On pouvait en venir à bout dans la marche de la politique de parti, et on y est parvenu du temps du bloc.

Le prince de Bismarck, ce grand et victorieux antipode du chef des progressistes (2), a salué d'un témoignage saisissant et direct cette aurore des temps nouveaux. Quelques années après la retraite du prince, l'éminent directeur général Ballin lui proposa d'aller voir un jour le port de Hambourg, que Bismarck, malgré la proximité de Friedrichsruhe (3), n'avait plus visité depuis longtemps. M. Ballin con-

---

(1) Poëte lyrique, 1817-1876 (*N. du Trad.*)
(2) Il ne faut pas confondre le *parti du progrès* allemand, très avancé, avec les progressistes français. (*N. du Trad.*)
(3) Propriété et séjour de Bismarck. (*N. du Trad.*)

duisit l'octogénaire, après un tour dans le port, sur l'un des nouveaux transatlantiques de la ligne Hambourg - Amérique. Le prince de Bismarck n'avait encore jamais vu un bateau de dimensions pareilles. Il s'arrêta en mettant le pied sur ce vapeur gigantesque, jeta un long regard sur le vaisseau, sur les nombreux vapeurs environnants, les docks, les grues colossales, l'énorme panorama du port, et dit enfin : « Vous me voyez saisi et remué. Oui, voilà un temps nouveau, — un monde tout à fait nouveau. » Le puissant fondateur de l'Empire, qui avait exaucé notre vœu national, qui avait mené à bout la tâche continentale de l'Allemagne, reconnaissait au soir de sa vie, avec le coup d'œil pénétrant du génie, l'avenir, les nouveaux devoirs de l'Empire allemand dans la politique mondiale.

POLITIQUE INTÉRIEURE

I. — INTRODUCTION

L'histoire de notre politique intérieure, abstraction faite de rares périodes lumineuses, est une histoire d'erreurs politiques. A côté d'une riche abondance de grandes qualités et de précieux avantages accordés au peuple allemand, le don politique lui a été refusé. Aucune nation au monde n'a eu autant de peine que la nation allemande à conquérir une vie politique ferme et durable, bien qu'après la disparition du monde antique, après les orages de la migration des peuples, nous ayons été les premiers à posséder le calme d'une existence nationale, calme qui se fonde sur la puissance et constitue la condition primordiale de la formation d'une vie politique particulière. Nos vertus guerrières ont aisément supprimé les causes extérieures de gêne et de trouble de notre vie nationale, mais de tout temps il nous a été difficile de surmonter les obstacles, même petits et médiocres, qui s'opposaient à notre propre développement politique. D'autres peuples ont souvent passé par des mésaventures de guerre et de politique extérieure qui ont agi d'une façon fort nuisible et même destructrice sur leur vie politique intérieure. Nous autres Allemands, par notre maladresse politique, par les déformations et la confusion de notre vie nationale intérieure, nous n'avons que trop souvent trahi les succès de nos armes; par notre politique intérieure mesquine et à courtes vues, nous nous sommes rendu impossible pendant des siècles une politique étrangère féconde. Nous ne sommes pas un peuple politique. Non que nous ayons jamais manqué de pénétration d'esprit pour saisir l'enchaînement des choses politiques, l'essence et la combinaison des forces religieuses, morales, sociales, juridiques et économiques qui déterminent la politique. Cette science politique, nous l'avons toujours possédée proportionnellement à l'état des connaissances du temps, et même au delà. Nous n'avons même jamais manqué de reconnaître nos singulières infirmités politiques. Mais le grand art de passer de la compréhension directement à l'application, ou même le talent plus grand de faire ce qu'il faut, en obéissant à un sûr instinct créateur, et sans réfléchir longtemps ni se creuser la tête, voilà ce qui nous a fait défaut et ce qui nous fait encore maintes fois défaut. Comment expliquer sans cela que, dans la lutte des nationalités, l'Allemand, hélas ! ait si souvent succombé et soit encore aujourd'hui inférieur aux Tchèques et aux Slovènes, aux Magyars et aux Polonais, aux Français et aux Italiens ? Comment expliquer que, sur ce terrain, il cède le pas à la plupart de ses voisins ? En politique, nous vivons dans une évidente disparité entre savoir et pouvoir. Actuellement, nous pouvons être fiers d'une floraison particulière des sciences politiques, notamment de l'économie sociale. Mais nous sentirons rarement les effets du développement de l'érudition sur la pratique politique. Cela ne tient pas à ce que les masses ne participent pas et ne s'intéressent pas à la science d'une classe plus ou moins restreinte d'hommes instruits. Plus que n'importe quel autre, le peuple allemand est au contraire, même dans les classes inférieures, avide et capable de s'instruire. C'est, parmi beaucoup d'autres, l'un des plus beaux traits de caractère de notre peuple. Mais, pour l'Allemand, la connaissance et la science des choses politiques sont, la plupart du temps, une affaire intellectuelle pure, qu'il ne relie nullement aux incidents réels de la vie politique. Il ne le pourrait d'ailleurs que dans de rares cas. En effet, bien qu'une puissance de logique développée mène à l'exactitude du jugement, ce qui lui manque trop souvent, c'est l'intelligence politique proprement dite, qui est capable de discerner la portée d'une notion acquise pour la vie de tous. Le défaut de sens politique impose des limites étroites aux possibilités d'action même d'un savoir politique très étendu. Pendant que j'exerçais mes fonctions, je me suis vivement intéressé au développement de l'enseignement des sciences politiques: j'en attends aujourd'hui encore des fruits qui seront d'autant meilleurs qu'il y aura plus d'Allemands de toutes les classes et de tous les degrés d'instruction qui profiteront de la possibilité de prendre part aux cours de ce genre. Mais il coulera beaucoup d'eau sous nos ponts jusqu'à ce que les faiblesses et les défauts innés de notre tempérament politique disparaissent sous l'action de ce procédé. Cependant le destin, qui, au su de tous, est un mentor distingué mais coûteux, pourrait bien entreprendre de nous éduquer au point de vue politique, c'est-à-dire par le dommage que ne cesseront de nous faire à nouveau les faiblesses politiques inhérentes au caractère de notre peuple. Les faiblesses, politiques ou non, se guérissent rarement par la théorie, il y faut la pratique et les épreuves de la vie. Espérons qu'elles ne seront pas trop cuisantes, ces épreuves qui ajouteront le talent politique aux dons nombreux et brillants que nous avons reçus. En dépit d'un passé riche en malheurs politiques, nous ne possédons pas encore ce talent. Je m'entretenais un jour de ce sujet avec un des Directeurs du Ministère, feu Althoff. « Ah ! que demandez-vous là ? me répondit cet homme de si grande valeur, avec l'humour qui lui était propre. Nous autres Allemands, nous sommes le peuple le plus savant de la terre et en même temps le plus capable à la guerre. Nous avons fait merveille dans toutes les sciences, dans tous les arts; les plus grands philosophes, les plus grands écrivains, les plus grands musiciens sont des Allemands. En ce moment, nous sommes au premier rang pour les sciences naturelles et dans tous les domaines techniques, et, par-dessus le marché, nous sommes arrivés à un essor économique prodigieux. Comment pouvez-vous vous étonner que nous soyons des ânes en politique ? Il faut bien que quelque chose cloche ! »

Le sens politique est le sens des généralités. C'est celui-là précisément que les Allemands n'ont pas. Les peuples bien doués au point de vue politique, agissant tantôt en toute connaissance de cause, tantôt plutôt par instinct, au bon moment et sans la pression d'une situation critique particulière, placent les intérêts généraux de la nation avant les tendances et les desiderata particuliers. Or, il est dans le tempérament allemand d'exercer son énergie surtout dans le particulier, de placer l'intérêt général après l'intérêt plus restreint, plus directement saisissable, de le lui subordonner même. C'est là ce que vise Gœthe dans sa cruelle phrase souvent citée, que l'Allemand est capable dans le détail et piteux dans l'ensemble.

La tendance propre à l'humanité, de se coaliser en vue de buts spéciaux par la création de syndicats, de corporations et de communautés, cette inclination naturelle atteint en politique la forme la plus haute de son développement dans le groupement de la nation en Etat. Là où cette forme suprême est réalisée en connaissance de cause, les formes inférieures perdent en général de plus en plus leur importance. Le groupement de l'ensemble de la nation se subordonne à lui-même les groupements de moindre dimension, qui poursuivent un but particulier, idéal ou matériel. Non par la violence et tout d'un coup, mais au fur et à mesure que s'étend davantage la conscience nationale. Le progrès de cette évolution donne la mesure des progrès de l'union et de la cohésion nationales. Les peuples à esprit politique vigoureux vont au-devant de cette évolution; l'Allemand s'est souvent mis en garde contre elle. Non par mauvais vouloir, ni par manque de sens patriotique, mais de par son tempérament, qui, lié aux petites associations, se sent plus à son aise que rangé dans la vaste union nationale. « Les Parlements allemands, me disait une fois M. de Miquel avec sa causticité coutumière, en s'appuyant sur ses quarante années de pratique parlementaire, tombent généralement après un délai assez court au niveau d'un conseil d'arrondissement qui, en dehors des chamailleries personnelles, ne s'intéresse qu'à des questions locales. Dans nos assemblées parlementaires, un débat se maintient rarement plus d'un jour à un niveau supérieur; le second jour déjà, c'est le reflux, et ensuite on s'étend autant que possible et sans résultat sur des niaiseries. » C'est à cet amour du détail et du particulier qu'il faut ramener la manie des Allemands de se grouper en associations. La plaisanterie souvent répétée que deux Allemands ne pourraient se trouver ensemble sans fonder une association, a un sens sérieux. L'Allemand se sent à l'aise dans son association. Et quand une association poursuit un but élevé de nature économique ou politique, ses membres, et notamment ses chefs, ne tardent pas à voir en elle le point d'appui d'un Archimède, point d'appui avec lequel ils voudraient soulever hors de ses gonds tout le monde politique. Le défunt député de Kardorff me disait, peu de temps avant sa mort : « Voyez quels fanatiques d'association nous sommes. Quand nous en avons créé une, nous sommes satisfaits et nous nous en tenons là. L'*Alliance française* a réuni des millions pour fonder à l'étranger des écoles françaises, mais jamais elle n'a songé à prescrire au gouvernement les lignes directrices de sa politique. Notre Ligue pangermaniste a beaucoup fait pour stimuler le sentiment national, mais c'est pourquoi elle se considère comme la plus haute juridiction dans les questions de politique étrangère. La Ligue navale a fait de grandes choses pour populariser l'idée d'une flotte, mais elle n'a pas toujours résisté à la tentation de tracer les voies de la politique navale au gouvernement et au Reichstag. La Ligue des Agriculteurs, fondée en un moment d'extrême détresse de l'agriculture, a rendu d'éminents services à la coalition des agriculteurs, mais en est arrivée maintenant à mesurer tout à son aune, et elle court le risque de trop tendre la corde. Nous nous imprégnons si fort de l'idée de notre association que nous ne voyons plus rien en dehors d'elle. » L'Allemand trouve aisément des gens qui pensent comme lui, qui ont les mêmes intérêts que lui dans leur petite sphère; mais dans une sphère plus vaste, la difficulté commence. Plus un but est spécial, plus vite se fonde un club allemand, et non pour un moment, mais pour longtemps. Plus les fins à atteindre sont générales, plus les Allemands mettent de temps à s'unir afin d'y parvenir, plus ils sont disposés à renoncer de nouveau et rapidement à la communauté péniblement constituée, et cela pour des motifs insignifiants.

Passé politique du peuple allemand.

Certainement notre peuple aussi est capable à un haut degré de mouvements nationaux d'ordre général, puissants et raisonnés. L'histoire en connaît de nombreux exemples. La conscience nationale, la passion nationale et l'abnégation nationale ne nous ont, Dieu merci, jamais complètement fait défaut, et aux époques du plus grand déchirement national, le sentiment de la cohésion nationale non seulement ne s'est pas éteint, mais a grandi jusqu'à la passion. Nos périodes politiques les plus faibles, les temps de la plus évidente décadence de l'Etat, nous ont donné précisément la plus belle floraison de notre vie intellectuelle nationale. Les classiques du moyen âge comme ceux des temps modernes ont créé la littérature allemande au milieu des ruines de notre vie politique. D'autre part, notre peuple n'a jamais assez perdu la conscience de sa cohésion politique et de son indépendance pour supporter longtemps la domination de l'étranger. C'est dans la détresse que les Allemands trouvèrent au fond de l'âme du peuple la volonté et la force de vaincre les dissensions nationales. La lutte pour la libération d'il y a cent ans, lutte qui a ses petits prototypes dans les siècles passés, restera la marque éternelle de la volonté nationale et de l'amour de l'indépendance des Allemands.

Mais en opposition avec celles des peuples plus heureusement doués en matière politique, les manifestations allemandes d'union nationale sont plus occasionnelles que durables :

« J'ai chanté le mois de juin des Allemands,
Cela ne tiendra pas jusqu'en octobre, »

dit Gœthe plaintivement, peu de temps après les guerres de l'Indépendance. Trop souvent, chez nous, l'union imposée par le malheur fut suivie d'une décomposition en petites associations politiques, Etats, peuplades, classes ou, dans l'âge contemporain, en partis qui placèrent leur mission et leur but particulier avant les intérêts communs de la nation et rabaissèrent au niveau d'un objectif pour les odieuses luttes de parti, les exploits passés de l'union nationale. Dans l'histoire de l'Allemagne, l'union nationale est l'exception; la règle, c'est le particularisme dans ses diverses formes appropriées aux circonstances. Cela est vrai du présent comme du passé.

Peu de peuples ont une histoire aussi riche en grands succès, en grandes productions dans tous les domaines ouverts à l'activité de l'homme. Les actions guerrières et intellectuelles des Allemands n'ont pas leurs pareilles. Mais dans l'histoire d'aucun peuple, on ne trouve pendant des siècles un contraste aussi choquant entre la capacité et les productions d'une part, et les progrès de la puissance politique de l'autre. Les siècles de notre débilité politique, ceux au cours desquels l'Allemagne fut expulsée hors des rangs des grandes puissances, n'offrent que fort rarement le spectacle de notre défaite par les armes de l'étranger, sauf à l'époque de Napoléon Ier. Nos longs malheurs nationaux ne provenaient pas de l'action étrangère, mais de notre propre faute.

Nous sommes entrés dans l'histoire comme un peuple divisé en peuplades se disputant entre elles. L'Empire allemand du moyen âge n'a pas été fondé par la libre union des peuplades, mais par la victoire d'une de ces peuplades sur les autres, qui reconnurent longtemps à contre-cœur la domination de la plus forte. La période d'éclat de notre empire national, le temps où l'Empire allemand exerça sans conteste la prépondérance en Europe, fut une époque d'union nationale, où les peuplades et les ducs trouvaient la limite de leur arbitraire dans la volonté et la puissance de l'Empereur. L'Empire du moyen âge ne put succomber dans sa lutte contre la papauté que parce que la politique romaine sut éveiller en Allemagne la résistance à l'Empereur allemand. L'affaiblissement de l'autorité impériale fut pour les princes une occasion bienvenue pour fortifier la leur. Tandis que la vie politique de l'Allemagne se dissolvait en une foule innombrable de communautés municipales et territoriales indépendantes, se formait en France, sous une royauté forte, le compact Etat national, qui se substitua à l'Allemagne dans sa prépondérance européenne. Vint la scission religieuse. Les Etats qui, depuis longtemps, n'étaient plus unis qu'extérieurement dans l'Empire, devinrent ennemis déclarés par suite de leurs querelles de religion, et, stigmate éternel des habitudes allemandes, les Etats de l'Allemagne, qu'ils fussent protestants ou catholiques, ne craignirent pas de s'allier à l'étranger de foi contraire, pour combattre les Allemands de religion différente. Les guerres de religion ont fait reculer de plusieurs siècles le développement de la nation, disparaître presque jusqu'au nom de l'ancien Empire, et créé les différents Etats indépendants, dont les rivalités ont rempli de leurs luttes les deux siècles et demi qui ont suivi, jusqu'à la fondation du nouvel Empire allemand. La Marche de l'Ouest et celle du Nord furent perdues pour nous et durent être reconquises de notre temps par l'épée. Le Nouveau Monde, découvert de l'autre côté des océans, fut partagé entre les autres puissances; le pavillon allemand disparut des mers, pour ne retrouver ses droits que dans ces dernières années. L'union finale des Allemands ne fut pas obtenue par un accord paisible, mais par des batailles entre Allemands. Et de même que l'ex-Empire allemand fut fondé par une peuplade supérieure en force, de même le nouveau fut créé par le plus fort des différents Etats. L'histoire de l'Allemagne a pour ainsi dire achevé de parcourir son cycle. Dans une forme moderne, mais sur l'ancien mode, le peuple allemand a, au bout de dix siècles, achevé encore une fois, en la perfectionnant, son œuvre tôt accomplie, puis détruite par sa propre faute. La tâche ne pouvait réussir qu'à un peuple d'une santé robuste, d'une inébranlable vitalité. Il est vrai qu'il nous a fallu un millier d'années pour créer, détruire et recréer ce qui, pour d'autres peuples, était déjà depuis des siècles le fondement de leur évolution : une vie politique nationale. Si nous voulons progresser sur les voies que la fondation de l'Empire a rouvertes, il faut que nous étouffions dans leur germe les forces qui peuvent à nouveau devenir un danger pour l'unité de notre vie nationale. Les meilleures forces de l'Allemagne ne doivent plus, comme jadis, s'user aux luttes de la direction de l'Empire contre des puissances particularistes, ou aux luttes de ces puissances entre elles, sans égard pour les intérêts de l'Empire.

L'esprit séparatiste dans le nouvel Empire d'Allemagne.

La fondation de l'Empire a mis un terme au morcellement politique de l'Allemagne, elle a transformé de fond en comble la vie politique de la nation, mais elle n'a pas pu à la fois changer le caractère du peuple allemand et transformer nos faiblesses ataviques en vertus politiques. L'Allemand resta particulariste même après 1871. Il l'est autrement sans doute, il l'est d'une façon plus moderne, mais il l'est encore.

C'est dans le particularisme des différents Etats que l'esprit séparatiste allemand trouva son expression la plus forte, mais non la seule possible. Le particularisme d'Etat nous a été connu le plus directement, parce que nous lui sommes, plus qu'à toute autre cause, redevables des infortunes nationales des derniers siècles de notre évolution. Voilà pourquoi sa suppression était le vœu général de tous les patriotes, vœu qui fut exaucé par Bismarck. Selon toute prévision humaine, nous n'avons plus rien de sérieux à craindre des tendances séparatistes des différents Etats pour l'unité de notre vie nationale. Mais nous ne sommes nullement à l'abri des manifestations de l'esprit particulariste. Cet esprit s'est cherché, depuis et même pendant l'unification de l'Allemagne, un autre champ d'activité politique, et il l'a trouvé dans la lutte des partis.

Si la vie de parti chez nous, en opposition avec celle souvent plus ancienne et plus solidement enracinée d'autres nations, possède un caractère particulariste spécifique, cela se montre juste dans les moments qui distinguent notre vie de parti de celle d'autres peuples. Nous avons de petites formations de partis, qui se fondent de temps en temps pour poursuivre des intérêts et des buts restreints, pour mener un combat séparatiste, combat pour lequel il n'y a guère ou pas de place parmi les tâches d'un grand Empire. Nous avons fait passer dans notre vie de parti l'antagonisme religieux dans toute son intensité. La lutte des états sociaux et des classes, dont l'antagonisme a de plus en plus été apaisé dans d'autres vieux pays de civilisation par le développement économique et social des temps modernes, se montre encore peu diminuée dans la vie de parti en Allemagne. L'ergotage et la petitesse, l'acharnement et l'animosité, qui existaient autrefois dans les querelles des peuples et des Etats allemands, se sont transmis à notre vie de parti. Dans d'autres pays, la vie de parti est une affaire intérieure, la communauté d'idées politiques avec l'étranger disparaît totalement à côté du sentiment de la cohésion dans la nationalité, même avec le parti adverse. A l'étranger, la communauté d'idées politiques avec les gens du dehors s'étalera parfois en style pompeux à l'occasion de discours solennels prononcés dans des congrès internationaux; dans la politique pratique, elle ne s'exprimera que peu, ou pas du tout. Nous autres Allemands, nous avons de forts courants dans de grands partis, qui poussent à l'internationalisation des idées de parti, et qui ne sont pas convaincus de la limitation nationale de la vie de parti. Ici encore, nous trouvons sous une forme moderne un retour des antiques mauvaises habitudes des Allemands. Avant toutes choses, ce qui manque trop souvent à nos partis, c'est l'empressement avec lequel les partis d'autres nations font passer les intérêts particuliers des partis derrière les intérêts généraux, et non pas seulement derrière les intérêts tout à fait supérieurs de la nation. On n'est pas encore très enthousiaste en Allemagne pour réaliser cette maxime souvent invoquée : « La patrie au-dessus du parti. » Ce n'est pas parce que, chez l'Allemand, l'amour de la patrie est moindre que chez n'importe quel étranger, mais parce que l'amour du parti chez l'Allemand est beaucoup plus grand qu'ailleurs. Voilà pourquoi le succès momentané, ou simplement même la manifestation momentanée de la puissance de son parti, lui paraît d'une si grande importance, d'une importance plus considérable que le progrès général de la nation.

On ne saurait affirmer que nos luttes de parti soient plus passionnées que dans d'autres États. La passion politique de l'Allemand, même à des moments de surexcitation, s'échauffe rarement au-dessus d'une température moyenne. C'est encore une chance. Chez d'autres, surtout chez les peuples latins, les partis, dans les moments de conflit, s'entrechoquent avec une ardeur brutale et se laissent souvent entraîner à des excès que, nous Allemands, nous ignorons. Mais là-bas un rapprochement, une réconciliation ne tarde pas à suivre ce déchaînement de passion qui décide du triomphe ou de la défaite d'un parti ou d'un groupement de partis. Il en est autrement chez nous. L'emportement fanatique et désordonné d'ardentes luttes, qui se décharge comme un ouragan, mais qui, pareil à un ouragan, purifie l'atmosphère politique des partis, cet emportement fait défaut à notre vie de parti à nous. Mais celle-ci ne possède pas non plus la facilité de réconciliation. Quand des partis allemands se sont montrés les dents une fois, fût-ce même dans des questions ne présentant qu'une importance secondaire, ils ont réciproquement de la peine à l'oublier, et ils y mettent longtemps. L'antagonisme accidentel se transforme volontiers en hostilité permanente : si c'est possible, on construit après coup une opposition de principe entre les idées politiques fondamentales, opposition dont les partis ennemis n'avaient pas la moindre idée au début. Souvent, quand on oppose à des tentatives bienveillantes et réfléchies d'arrangement et d'entente l'invincible antinomie des convictions, cette antinomie des convictions n'a été découverte qu'après des conflits de parti très récents, dans lesquels il s'agissait ou de questions secondaires de la politique nationale ou même de questions relatives à l'influence politique des partis. Celui qui se tient un peu au delà des menées et des limites des partis, ne comprend souvent pas pourquoi nos partis ne peuvent se réunir pour l'expédition de questions législatives de nulle importance en elles-mêmes, pourquoi, à propos de légères différences d'opinion sur des détails de politique financière, sociale ou économique, ils discutent avec une âpreté telle qu'on dirait qu'il s'agit du salut de l'Empire. Sans doute interviennent là les habitudes consciencieuses de l'Allemand même dans les petites choses, mais ces habitudes ne mènent pas à une décision. Ce qui est décisif, c'est que, dans les différents partis, l'aversion pour le parti voisin a plus d'importance que le problème législatif en discussion, dont on s'empresse de profiter comme d'une occasion de souligner avec force le différend politique qui sépare les partis.

Esprit de parti, fidélité au parti chez les Allemands.

En rapport causal avec l'irréconciliabilité des partis entre eux, se trouve l'inébranlable fidélité au parti. C'est précisément parce que l'homme de parti, en Allemagne, reste attaché à son parti avec tant d'amour et de fermeté, qu'il se montre capable d'une si intense aversion pour les autres partis, et qu'il a tant de peine à oublier les vexations et les défaites subies de leur part. Ici encore, nous avons sous un déguisement moderne un retour des vieilles habitudes allemandes. De même que les peuples, les Etats, maintenaient leur cohésion intérieure et ne pouvaient pas se souffrir les uns les autres, ainsi en va-t-il aujourd'hui des partis. La proverbiale fidélité allemande profite en première ligne au petit cercle politique, en seconde ligne seulement à la grande communauté de la nation. Un gouvernement allemand briguera généralement en vain les multiples amitiés qui affluent d'elles-mêmes aux partis. Bismarck lui-même n'a pas échappé à cette constatation. Le dompteur du particularisme politique n'a pu se rendre maître du particularisme des partis. Bien qu'il se fût concilié comme pas un la confiance et l'affection du peuple allemand, le prince de Bismarck n'a que rarement ou jamais réussi à concurrencer l'attachement inspiré par le chef de parti. Treitschke dit quelque part que les cœurs des Allemands ont toujours appartenu aux poètes et aux généraux, non aux politiciens. C'est exact, sauf pour les chefs de parti. L'Allemand, il est vrai, les oublie assez vite après leur mort ou leur retraite, mais tant qu'ils agissent, ils possèdent le dévouement et les bonnes grâces de tous ceux de leur parti. Depuis que nous avons des partis, les hommes populaires ont été des hommes ou des chefs de parti; les partis les ont suivis, même contre Bismarck. Raison et tort, succès et insuccès jouent là un rôle singulièrement réduit. La fidélité de l'Allemand à son chef de parti est désintéressée, sans idée préconçue ni critique, comme doit l'être la vraie fidélité, qui dérive de l'affection. Peu importe que le chef de parti remporte des succès ou non, qu'il ait dans son passé des triomphes ou des défaites. Il n'est presque jamais arrivé en Allemagne qu'un parti ait refusé d'entrer en campagne avec son chef, quand bien même il était palpable que celui-ci le conduisait dans une impasse, à plus forte raison quand il apparaissait que la tactique du chef de parti ne répondait pas aux visées de l'Etat. Il n'a jamais été très difficile en Allemagne d'organiser une opposition au gouvernement, mais il a toujours été très difficile de faire aboutir des mouvements d'opposition au sein d'un parti. Presque toujours a été déçue chez nous l'espérance qu'un parti d'opposition se désagrégerait au moment décisif. Après que notre vie de parti eût passé par les premières fermentations qui se produisent toujours à l'aube de tous les partis, après qu'elle se fût clarifiée à la suite de ses précoces agitations, les partis ont conservé une solidité intérieure des plus remarquables. Que de fois n'a-t-on pas prédit à quelques partis une scission entre une direction soi-disant plus moderne et une direction ancienne ! De telles prophéties ne se sont presque jamais accomplies. Nulle part dans notre vie politique, nous ne trouvons l'esprit conservateur aussi inébranlable que dans nos partis. Même les partis les plus radicaux sont archi-conservateurs dans leurs déclarations et leurs allures radicales. Cette constance politique des partis va si loin que les partis maintiennent encore leurs anciennes prétentions, quand l'évolution générale de la situation publique n'offre plus du tout la possibilité de les réaliser jamais.

L'imperturbable dévouement des Allemands à la cause et au chef du parti est en lui-même beau et touchant, respectable au point de vue moral comme n'importe quel dévouement. Sous ce rapport, la politique présente même chez nous un facteur moral, alors qu'une phrase souvent citée refuse purement et simplement toute moralité à la politique. Mais du moment qu'il s'agit de morale en politique, on peut se demander si, en fin de compte, il n'existe pas une forme supérieure de morale politique. Le dévouement au parti, la fidélité aux principes et le loyalisme méritent tous nos respects, mais au-dessus du service du parti il y a le service de la patrie. Les partis n'existent pas pour eux-mêmes, mais pour le bien général de la nation. La plus haute morale politique, c'est le patriotisme. Le sacrifice d'une partie de ses convictions politiques, une infidélité au programme de son parti dans l'intérêt de l'Etat, de l'Empire, méritent de passer avant un dévouement à son parti qui se met au-dessus des considérations de bien public. Moins d'esprit de parti, moins de dévouement à son parti, plus de sentiment national et de dispositions en faveur de l'Etat, voilà ce qu'il faut nous souhaiter à nous Allemands.

Intérêt de parti, intérêt d'Etat.

Par bonheur, l'histoire prouve qu'un parti ne peut pas longtemps s'opposer impunément à l'intérêt de la nation. La courte histoire de nos partis connaît, elle aussi, des exemples de ce genre. Depuis la défaite accablante que le prince de Bismarck a infligée, il y a bientôt cinquante ans, au parti progressiste, resté attaché aux idées et aux principes de 1848, le libéralisme radical n'a pas encore pu se relever, malgré le changement de front qu'il a exécuté depuis dans les questions nationales. Mais des époques qui bouleversent jusque dans ses profondeurs l'âme populaire, comme celle de 1866 à 1871, et proclament sans pitié, d'une façon perceptible à tous, un jugement sur l'erreur politique, de pareilles époques sont aussi rares qu'elles sont grandes. La marche habituelle de l'évolution politique ne fait apparaître que lentement au grand jour les conséquences d'une politique de parti erronée. Il faut que la critique personnelle, la réflexion personnelle remplacent l'expérience. Dans d'autres Etats, les partis ont un travail plus facile. La tâche pénible, quoique noble, de s'instruire eux-mêmes, qui est imposée à nos partis, est épargnée aux partis dans les Etats où règne le système parlementaire. Dans de tels pays, la faute politique d'un parti est suivie sans délai de l'insuccès, c'est-à-dire d'une cruelle leçon. Je ne veux pas par là faire l'éloge du parlementarisme comme on le comprend dans l'Europe occidentale. La valeur d'une Constitution ne dépend pas seulement de la façon dont elle agit sur la vie de parti. Les Constitutions ne sont pas existantes pour les partis, mais pour l'Etat. Pour le genre spécial de notre vie politique allemande, le système parlementaire ne serait pas une forme constitutionnelle appropriée. Là où le parlementarisme a fait ses preuves, et ce n'est pas le cas partout, la force de la vie politique réside dans la force et l'importance, dans la souplesse politique et l'habileté gouvernementale des partis. Là, ce sont les partis qui ont formé l'Etat suivant leur évolution et leur fondation propres, par exemple en Angleterre, dans un certain sens aussi dans la France républicaine. En Allemagne, les gouvernements monarchiques sont les soutiens et les créateurs de la vie politique. Les partis sont des formations secondaires qui ne pouvaient croître que sur le terrain de l'Etat constitué. Ce qui nous manque pour un système parlementaire, ce sont les antécédents naturels, les antécédents historiques.

Mais cette connaissance ne doit pas nous empêcher de voir les avantages que ce système apporte à d'autres Etats. De même qu'il n'y a pas de Constitution d'une perfection absolue, de même il n'y en a pas de tout à fait imparfaite. L'expérience souvent tentée, en France notamment, de réunir dans une seule Constitution tous les avantages de toutes les Constitutions possibles, a toujours échoué jusqu'à ce jour. Tout en ne l'oubliant pas, nous n'avons pas besoin de fermer les yeux devant maints avantages de la vie constitutionnelle à l'étranger. Dans les pays gouvernés par un Parlement, les grands partis et les groupes de partis acquièrent une éducation politique, parce qu'ils sont forcés de gouverner. Quand un parti a obtenu la majorité, et fourni les hommes d'Etat dirigeants, il a l'occasion d'appliquer ses idées politiques dans la pratique de la vie de l'Etat. S'il procède doctrinairement ou en poussant les choses à l'extrême, s'il place l'intérêt général après l'intérêt de parti et les principes du parti, s'il fait la folie de vouloir exécuter son programme de parti sans restriction et sans mettre de l'eau dans son vin, le parti adverse, lors des élections nouvelles, l'évincera bientôt de la majorité, et par conséquent du gouvernement. Le parti forcé de gouverner est responsable non seulement de sa propre santé, mais dans une plus large mesure de la prospérité de la nation et de l'Etat. Les intérêts du parti et de l'Etat se confondent. Mais comme il n'est pas possible, à la longue, de gouverner un Etat d'une façon exclusive d'après un programme donné, le parti qui est au pouvoir modérera ses exigences, pour ne pas perdre l'autorité voulue dans l'Etat. Dans la perspective de pouvoir et de devoir gouverner soi-même, il y a pour les partis d'un pays régi par un Parlement un correctif salutaire qui nous manque. Dans les Etats non régis par un Parlement, les partis se sentent appelés en première ligne à critiquer. Ils ne sentent point d'obligation sérieuse à se modérer dans leurs exigences, ni une part importante de responsabilité dans la direction des affaires publiques. Comme ils n'ont jamais à montrer *urbi et orbi* l'utilisation pratique de leurs idées, ils se contentent en général de manifester l'immuabilité de leurs convictions. « Beaucoup de conviction et peu de sentiment de responsabilité », voilà comment un spirituel journaliste me définissait un jour notre vie de parti, et il ajoutait : « Nos partis ne se sentent pas du tout les acteurs qui jouent la pièce, mais plutôt les critiques qui assistent à la représentation. Ils distribuent l'éloge, ils distribuent le blâme, mais ne se sentent pas directement engagés dans l'action. L'essentiel, c'est de fournir pour les électeurs de sa circonscription un jugement vigoureux et capable de plaire. »

Une fois, pendant la guerre des Boërs, comme je faisais, dans le couloir du Reichstag, des observations à un député à cause de ses sorties contre l'Angleterre, sorties qui n'étaient pas précisément propres à alléger notre situation à une époque assez difficile par elle-même, cet excellent homme me répondit avec la suffisance de la conviction : « En ma qualité de député, j'ai le droit et le devoir d'exprimer les sentiments du peuple allemand. Vous, ministre, j'espère que vous prendrez vos précautions pour que mes sentiments ne fassent pas de mal à l'étranger. » Je ne crois pas qu'une pareille déclaration, dont la naïveté me désarma, serait possible ailleurs que chez nous.

Intelligence politique, sentimentalité politique.

Lorsqu'on s'arrête à temps devant les intérêts de l'Etat, il n'y a rien à objecter contre les manifestations sentimentales en politique. Elles font partie des impondérables dans la vie politique, impondérables qu'un Bismarck appréciait hautement. Le sentiment populaire a précisément en Allemagne corrigé souvent d'une façon très salutaire les idées politiques préconçues. Dans la politique étrangère, les sentiments, les sympathies et les antipathies sont des guides insuffisants, et nous ne serions pas allés loin, si nos hommes d'Etat, pour nouer nos relations extérieures, avaient consulté leur cœur au lieu de leur bon sens. Dans le domaine de la politique intérieure, il en est autrement. Et c'est précisément le cas pour nous autres Allemands. Là, on pourrait être tenté de souhaiter pour le sentiment, pour la saine impression politique une influence plus grande, pour l'intelligence politique une influence moindre. Car si notre intelligence politique à nous Allemands a une action, ce n'est pas par la mesure que les partis gardent dans leur désir, ce n'est pas par la subordination des exigences politiques aux faits donnés. Notre intelligence politique nous pousse à réduire en système, à schématiser les réalités concrètes de la vie politique; elle nous pousse non pas à une adaptation réfléchie aux faits et aux situations politiques donnés, mais à cataloguer ceux-ci dans une classification de pensées construite avec une correction logique.

C'est que nous, Allemands, nous sommes, d'une part, un peuple sentimental, plein d'âme, toujours disposé, peut-être trop disposé à agir par bonté de cœur, contrairement aux conseils de la sagesse. Mais, d'autre part, nous sommes extraordinairement épris de logique, et, dès qu'il s'est trouvé pour une chose une formule intellectuelle, un système, nous nous empressons, avec une imperturbable ténacité, d'adapter la réalité au système. Ces deux faces de ses tendances d'esprit, l'Allemand pris comme individu les montre dans sa vie privée, le peuple allemand dans la vie publique, et maints phénomènes singuliers du présent et du passé s'expliquent par ce dualisme de notre tempérament. La politique extérieure, qui lie entre eux une longue série d'événements heureux ou malheureux pour la nation, nous aimons y prendre part avec le sentiment. Les incidents de politique intérieure, nettement compris par la nation dans un temps relativement court, sont devenus pour nous un domaine classique de constructions intellectuelles, d'examen et de classification systématiques. L'Allemand applique rarement à la politique la méthode du naturaliste moderne; il applique presque toujours celle de l'ancien philosophe spéculatif. Il se préoccupe peu d'aborder la nature les yeux ouverts, de voir ce qui s'est passé, ce qui se passe et peut nécessairement arriver et arrivera plus tard. Il songe plutôt à la façon dont les choses auraient dû évoluer d'une autre manière, et comment elles auraient dû se modifier, afin que tout concorde logiquement, afin que le système soit respecté. Les programmes ne s'adaptent pas à la réalité, mais la réalité doit se régler sur les programmes, non dans les détails, mais dans l'ensemble. Considérés au point de vue de leur logique intérieure, de leur perfection systématique, la plupart des programmes des partis allemands méritent les plus grands éloges et font honneur à la profondeur, à la conscience scrupuleuse et logique des Allemands. Si on les mesure à l'échelle de l'application pratique, aucun ne peut exister.

Programmes de parti.

La politique, c'est de la vie; comme toute manifestation de la vie, elle nargue toute règle. Les conditions de la politique moderne se trouvent souvent dans les périodes lointaines de notre histoire, où les causes dernières, celles dont les effets persistent encore, se perdent généralement dans l'Invisible, dans l'Insondable. Mais la connaissance de toutes les causes déterminantes serait d'un maigre secours pour la pratique politique. Nous n'apprendrions par là que la façon dont mainte chose s'est produite, mais non ce qui se produira aujourd'hui ou demain. Presque chaque jour crée de nouveaux faits, pose de nouveaux problèmes qui demandent de nouvelles résolutions. Il en est en cette matière absolument comme dans la vie de l'individu. On n'en a pas terminé d'ailleurs lorsqu'on s'est adapté aux nécessités du jour et de l'heure. Il faut aussi s'occuper de l'avenir dans la mesure de sa perspicacité et de ses capacités. Que peuvent alors les règles d'un programme établi à un certain moment, quel que soit l'enchaînement unitaire de ses articles et leur fondement logique ? L'existence complexe d'un peuple, avec ses perpétuels changements, ses complications de jour en jour plus inextricables, ne se laisse pas attacher sur le lit de Procuste d'un programme, d'un principe politique. Evidemment les partis ont besoin d'établir un programme qui donne au pays, surtout en vue de la lutte électorale, un clair aperçu du but particulier que chacun poursuit. Un parti sans programme aucun resterait une entité inconnue. Ce qui est mauvais, c'est la pétrification du programme de parti en un système à appliquer à l'ensemble de la politique. Il y a dans le peuple des intérêts multiples, souvent opposés entre eux, et les représentants d'un même intérêt feront bien de s'unir et de formuler leurs demandes. Ce formulaire, c'est le programme. Il y a différentes façons de voir, au sujet de l'Etat, du droit et de la société, du règlement de la vie de l'Etat, surtout au sujet de la répartition des droits politiques entre le peuple et le gouvernement. Ceux-là aussi, qui représentent des opinions identiques ou analogues, se grouperont et résumeront leurs vues en quelques articles significatifs, destinés à la propagande. Ces articles, voilà leur programme.

L'union intime de la vie politique et économique fait aussi que les représentants d'intérêts identiques représentent souvent des vues politiques pareilles ou semblables. Leur programme s'en élargira d'autant. On accordera aussi que les conceptions politiques et sociales des conservateurs et des libéraux, basées sur l'étude concrète de l'histoire, ainsi que les conceptions, toutes deux d'un dogmatisme abstrait, de l'ultramontanisme et de la démocratie sociale, comprennent un grand nombre de faits appartenant à la vie politique. Les programmes respectifs de ces quatre partis pourront donc pénétrer dans les détails. Mais là aussi, il y a une limite. Une innombrable quantité d'événements politiques reste hors de portée, même pour ces programmes relativement vastes, et ne peut guère être vue d'un œil différent par les conservateurs d'une part et les libéraux de l'autre. En général, il y a une majorité de problèmes législatifs où il s'agit de simples solutions utilitaires, à trouver par le bon sens pratique, et non à peser avec la balance politique des partis. Mais on ne concède que rarement cette indépendance vis-à-vis des programmes de parti pour les détails de la législature. Il ne nous suffit pas, à nous Allemands, de fixer la politique de parti sur un certain nombre de demandes pratiques et de vues politiques. Chaque parti voudrait embrasser toute la politique avec ses vues particulières et s'insinuer jusque dans les moindres détails.

Et cela n'est pas vrai seulement en politique.

Les partis voudraient aussi se distinguer par leur

conception de la vie intellectuelle et de la vie pratique. Conception de parti devient ainsi synonyme de « conception du monde ». C'est évaluer trop haut la vie politique, déprécier la vie intellectuelle. C'est précisément le peuple allemand qui a pris le plus au sérieux les grands problèmes universels, et s'est attaqué à eux le plus à fond. Souvent, trop souvent peut-être pour ses *intérêts pratiques*, il a subordonné les questions prosaïques de la politique à la lutte en faveur des idées universelles. D'autre part, il a été le premier peuple qui ait délivré la vie intellectuelle de la tutelle politique. S'il subordonne maintenant les idées mondiales à la politique de parti, s'il veut consentir à regarder tous les événements du monde et de la vie par les lunettes brouillées des principes de parti, il se deviendra infidèle à lui-même. La tentative d'approfondir ainsi la politique, surtout la politique de parti, conduira forcément à une dépression intellectuelle, si ce n'est pas déjà fait. Les manières universelles de voir en politique constituent un non-sens, car le monde, par bonheur, n'est pas politique en tout et pour tout. Et la manière universelle de voir que possède un parti politique ne peut même pas embrasser complètement le monde politique, parce qu'il y a trop de choses et de questions de la vie politique qui se trouvent en dehors des programmes et des principes de parti.

Un Anglais de mes amis me disait un jour qu'il était frappé de ce que, dans les discours prononcés devant les Parlements allemands, le mot de « *Weltanschauung* » revenait à chaque instant; que sans cesse on y disait : « Au point de vue de ma « conception du » monde », je ne puis pas approuver ceci et je suis forcé de demander cela. » Il se fit expliquer par moi ce que nos politiciens entendaient par ce mot de « *Weltanschauung* », et il me répondit en hochant la tête : « Les politiciens et parlementaires anglais ignorent tout ou presque tout d'une pareille notion. Ils ont des opinions diverses, représentent des intérêts divers, poursuivent des buts différents, mais ne font entrer dans le débat que des considérations pratiques, très rarement des objets aussi sublimes que la *Weltanschauung.* » Nous, Allemands, nous nous distinguons en effet des Anglais terre à terre, non par plus de profondeur et de pénétration, mais par une appréciation erronée des conceptions politiques. En élargissant en système les principes de la politique de parti pour juger toute la vie politique et non politique, nous nous nuisons au point de vue politique comme dans le domaine intellectuel. Au point de vue politique, nous outrons les antagonismes, que nous ressentons d'ailleurs avec une force particulière, en leur attribuant une valeur intellectuelle spéciale, et nous réduisons de plus en plus le nombre des problèmes de la vie politique qui, au fond, se laissent résoudre mieux et de façon plus salutaire sans les préventions des partis. Mais à mêler ainsi les questions de la vie intellectuelle à la politique de parti, il s'ensuit pour nous la perte de l'universalité et de la générosité de notre esprit, qui ont assuré à la culture de l'Allemagne la première place dans le monde civilisé.

En Allemagne, on est toujours prêt à lancer ce reproche : absence de principes, quand un homme politique ou un homme d'Etat, sous la pression d'une situation modifiée, change son opinion précédemment exprimée ou fait valoir la justesse des idées de plus d'un parti. Or, l'évolution s'accomplit sans souci des programmes et des principes. Mis dans la nécessité de choisir entre le sacrifice de son opinion ou le risque d'une folie, l'homme pratique fera bien de prendre le premier parti. En tout cas, un ministre responsable de ses résolutions devant la nation ne pourra pas s'offrir le luxe d'une opinion préconçue, quand il s'agira pour lui de répondre à une juste exigence de l'actualité. Et si on lui reprochait ensuite une contradiction entre sa façon de voir présente et ses professions de foi antérieures, on ne peut que lui recommander la peau de rhinocéros, indispensable dans la vie publique moderne, pour se rendre insensible aux reproches d'inconséquence, de louvoiement, de chavirement, et autres termes plaisants de la polémique vulgaire. C'est un fait corroboré par toutes les expériences, que le véritable intérêt national n'a jamais pu être trouvé dans la seule voie d'un parti. Cet intérêt se trouvait toujours entre les voies de plusieurs partis. Il faut tirer la bissectrice des forces. Elle conduira tantôt vers un parti, tantôt vers un autre. Un ministre, quel que soit le parti de ses préférences personnelles, cherchera le véritable compromis entre toutes les justes demandes des partis. Au cours de fonctions assez longues et dans la suite de ses tâches changeantes, il sera naturellement attaqué tour à tour par tous les partis. Il n'y a pas de mal à cela, pourvu que l'Etat prospère. Quant à moi, je n'ai jamais pris au tragique le reproche de manquer de principes politiques; je l'ai même, à l'occasion, considéré comme un éloge, car j'y reconnaissais l'aveu que la raison d'Etat était ma boussole. Les principes politiques que peut appliquer un ministre sont, dans leur essence, tout différents de ceux qui ont de la valeur pour un homme de parti; ils appartiennent à la politique d'Etat, et non à la politique de parti. Il faut que le ministre reste fidèle à l'intérêt général de l'Etat et du peuple confiés à sa direction, sans égard pour les programmes des partis, et, au besoin, en entrant en lutte contre tous les partis, peut-être même contre celui dont il se rapproche le plus par l'ensemble de ses idées politiques. Fermeté dans les principes, pas d'attache de parti : voilà la règle qui convient, qui s'impose même à un ministre. Bismarck avait des principes inflexibles, et, en les suivant, il a conduit notre patrie à l'unité, à la gloire et à la grandeur. Comme député, il a été homme de parti; comme ministre, il a dû entendre de la part de son ancien parti le reproche d'avoir fait une volte-face politique. Dix ans plus tard, on l'accusa d'avoir de nouveau changé d'opinion. En réalité, il n'a jamais dévié de la route qui menait à son but, et il n'avait qu'un but, celui de conquérir pour l'Empire et le peuple toutes les prospérités, tous les avantages possibles. Ce but, il ne pouvait l'atteindre dans l'ornière d'un parti, car l'intérêt de la généralité ne correspond que rarement ou jamais avec l'intérêt d'un parti pris à part.

On ne saurait poser des maximes générales pour la meilleure politique à suivre. Les buts et les moyens de la politique varient avec les circonstances et il n'est pas permis de s'attacher servilement à un modèle, serait-il même le plus grand. En tant que la diversité d'une vie ondoyante se peut résumer en une courte formule, la formule de la politique pourrait s'exprimer ainsi : « Du fanatisme, quand la prospérité et l'intérêt du pays, la raison d'Etat sont en jeu; de l'idéalisme dans les buts à fixer; du réalisme dans la pratique politique; du scepticisme, dès qu'il s'agit des hommes, de la confiance à avoir en eux, et de leur reconnaissance. »

II. — LA PENSÉE NATIONALE ET LES PARTIS.

Je n'ai jamais fait mystère, même pas vis-à-vis des libéraux, que je partage les idées des conservateurs dans beaucoup de grandes questions de la vie politique. J'ai tout aussi peu nié le fait que je ne suis pas un homme du parti conservateur. Comme ministre responsable, je ne pouvais pas l'être : la nature de mes fonctions et l'ordre des choses en Allemagne le voulaient ainsi. Pourquoi je ne le suis pas personnellement et me considère tout de même comme conservateur dans certaines choses essentielles, je vais l'expliquer uniquement pour la raison que cette étude mène aux questions concrètes de notre politique allemande dans un passé récent et à l'heure actuelle.

Conservatisme.

Il faut bien distinguer entre un conservatisme d'Etat, que le gouvernement peut suivre, et un conservatisme de parti, que nul gouvernement en Allemagne ne peut suivre sans tomber dans une partialité fatale à tous égards. En d'autres termes : la politique gouvernementale peut marcher du même pas que la politique conservatrice tant que celle-ci correspond à l'intérêt bien compris de l'Etat. Le cas a existé et se présente assez souvent. Les voies gouvernementales s'écarteront de celles du parti conservateur quand la politique du parti ne correspondra pas à l'intérêt général, dont le gouvernement a la garde. Cela n'empêchera pas le gouvernement de pouvoir être plus conservateur contre le parti que le parti contre le gouvernement. Plus conservateur en ce sens qu'il remplira mieux les tâches proprement dites de conservation de l'Etat. Dans de pareilles situations, le prince de Bismarck, qui était un homme d'Etat conservateur par conviction et en connaissance de cause, tomba aussi dans le plus vif désaccord avec ses anciens amis de parti. On sait qu'il s'est expliqué en détail précisément sur ces incidents de sa politique, aussi bien dans son livre *Pensées et Souvenirs*, que dans les entretiens que Poschinger nous a légués.

La tâche d'une politique conservatrice a été incidemment fort bien définie par le comte de Posadowsky : il faut qu'une politique conservatrice conserve l'Etat de façon à ce que les citoyens s'y trouvent à leur aise. Cette conservation de l'Etat n'est souvent pas possible sans changement dans les institutions existantes. Il faut que l'Etat s'adapte aux conditions de la vie moderne pour rester habitable, partant viable. Ce serait un grave tort de vouloir contester que le parti conservateur ait souvent prêté la main aux innovations, parfois même avec plus de complaisance que les partis qui ont inscrit le progrès sur leur bannière. Ainsi en 1878, lorsque la situation économique exigeait une grande réforme de la politique douanière et économique. Ainsi à l'inauguration de la politique sociale qui fit entrer en ligne de compte le changement de situation du prolétariat salarié. Mais parfois les intérêts représentés par le parti conservateur étaient en opposition avec les intérêts que représentait le gouvernement, pour conserver à l'Etat les bonnes grâces des citoyens en général. Comme tous les partis, le parti conservateur, à cause de l'âpreté croissante des antagonismes économiques, est devenu dans un certain sens le représentant d'intérêts. Je ne veux pas rechercher s'il l'est devenu plus qu'il n'est bon pour lui. Mais nul ne contestera qu'il l'est plus que de raison pour la marche des affaires gouvernementales, pour peu qu'il ait été assis sur le banc ministériel dans ces dernières vingt années. Je dus m'éloigner du parti conservateur dans la mesure où il se montra représentant d'intérêts, et où je ne trouvai pas moi-même les intérêts défendus par lui compatibles avec ceux de la généralité. Dans les discussions sur le tarif douanier, l'intérêt général se confondit avec celui du parti conservateur, mais non dans celles sur la réforme financière. Les incidents postérieurs l'ont prouvé dans les deux cas. Quant aux vues fondamentales du conservatisme sur l'ordre social, économique et avant tout politique, rien ne m'en a jamais séparé, rien ne m'en sépare encore aujourd'hui.

L'élément conservateur
dans l'histoire prusso-allemande.

Ce que l'élément conservateur est et a été pour notre vie politique prusso-allemande ne doit jamais être méconnu. Ce serait une perte grave pour la nation, si les idées conservatrices cessaient de vivre et d'agir parmi le peuple allemand, si le parti conservateur cessait d'occuper dans la vie parlementaire et politique la place dont son passé le rend digne. Les forces agissantes du parti conservateur, ce sont les forces qui ont fait grandes la Prusse et l'Allemagne, forces que notre patrie doit se conserver pour rester grande et grandir encore, forces qui ne peuvent pas devenir antimodernes. L'idéal du meilleur conservatisme, le loyalisme exempt de servilité vis-à-vis du roi et de la dynastie ainsi que le tenace amour de la terre natale, ne doivent pas se perdre chez nous autres Allemands. Si, aujourd'hui, les adversaires du parti conservateur ne se contentent pas de la lutte contre la politique conservatrice basée sur l'antagonisme de parti, mais exhibent une haine de classes, toujours désagréable dans la vie politique, contre les classes de la nation représentées surtout dans le parti conservateur, on ne devrait pourtant pas oublier ce que précisément ces classes ont fait pour la Prusse et pour l'Allemagne. Ce sont surtout les hobereaux et les paysans à l'est de l'Elbe qui ont édifié à la pointe de l'épée, sous les Hohenzollern, la grandeur du Brandebourg et de la Prusse. Le trône royal de Prusse est cimenté avec le sang de la noblesse prussienne. Le grand roi a plus d'une fois vanté ce que ses gentilshommes ont été pour lui. Les éloges auxquels la noblesse de Prusse a des droits incontestables ne diminuent pas les services et les mérites des autres classes de la nation. Sans le dévouement absolu de la bourgeoisie, des paysans et des simples individus, la noblesse aurait peu fait. Il est également exact que la noblesse a pu jadis se distinguer d'une façon spéciale, parce que les circonstances à cette époque lui en offraient particulièrement l'occasion. Mais placée dans le service de l'Etat prussien aux postes périlleux et où sa responsabilité était engagée, elle a fait les plus grandes choses, des choses plus grandes que l'aristocratie de n'importe quel autre Etat moderne. L'injustice seule peut ne pas le reconnaître. Il est d'ailleurs absurde d'opposer encore à notre époque la noblesse et la bourgeoisie; la vie professionnelle comme la vie sociale ont si bien amalgamé les classes d'autrefois, qu'elles sont devenues inséparables. Mais si l'on apprécie l'action des classes d'autrefois dans le passé, on doit être équitable et accorder à chacune le mérite qui lui revient. La noblesse prussienne a le droit d'être fière de son passé. Elle mérite des remerciements, si elle maintient vivantes aujourd'hui dans l'idéal des conservateurs les idées ancestrales. Et l'on ne doit pas oublier que ces idées des vieux Prussiens ont dirigé la politique du parti conservateur dans les années critiques pour notre vieil Empereur et son grand ministre, dans les années de conflit. Dans la mesure où l'on peut parler de gratitude en politique — et, à vrai dire, on devrait pouvoir en parler — il faut en accorder aux conservateurs pour l'appui que Bismarck a trouvé auprès d'eux en l'an 1862. J'y insiste à dessein, précisément parce qu'à la fin de ma carrière de fonctionnaire je dus me mettre en opposition avec les conservateurs, et parce que j'ai l'inébranlable conviction que la fraction conservatrice s'égara en 1909. Je voudrais distinguer et savoir que l'on distingue entre mon attitude générale vis-à-vis des opinions conservatrices, ma pensée à l'égard du parti conservateur et mon jugement sur quelques phases de la politique conservatrice du parti. Même celui qui place aussi haut que moi les idées conservatrices fondamentales, qui désire favoriser et qui a, comme moi, souvent favorisé pour les saines conceptions conservatrices une influence très étendue sur la législature, même celui-là considérera comme un événement fatal par ses conséquences que les ponts aient été rompus en 1909 entre la droite et la gauche. Les périodes les plus fécondes de notre politique intérieure furent toujours celles de la coopération entre la droite et la gauche. Je songe, en disant cela, non seulement à l'époque de ce qu'on a appelé la politique du bloc, mais rétrospectivement à des phases connues et importantes de la période bismarckienne.

Conservatisme et libéralisme.

Le conservatisme et le libéralisme n'ont pas seulement le droit de vivre tous deux, mais ils sont encore indispensables à notre vie politique. La difficulté de gouverner chez nous ressort déjà de cette constatation qu'on ne saurait le faire longtemps en Prusse sans les conservateurs, et dans l'Empire sans les libéraux. Les conceptions libérales aussi ne doivent jamais disparaître dans la nation. De fortes constitutions de partis libéraux nous sont également indispensables. Si le conservatisme a ses racines principalement dans le vieil esprit gouvernemental prussien, le libéralisme a les siennes dans les habitudes intellectuelles spéciales au peuple allemand. Les meilleures choses dans son idéal ont aussi leur impérissable valeur. Nous Allemands, nous ne nous passerions pas de l'énergique défense de la liberté individuelle en face des entraves d'Etat, telle que le libéralisme l'a toujours représentée. Le libéralisme aussi a un droit historique et ses titres à la reconnaissance. Les libéraux ont exprimé les premiers l'idée de l'unité allemande et l'ont répandue dans la nation. Ils ont fait l'indispensable travail préparatoire. Le but ne pouvait être atteint par leurs moyens. Il fallut l'intervention de la politique conservatrice pour réaliser, selon l'expression de Bismarck, l'idée libérale au moyen de l'action conservatrice. On peut à bon droit considérer l'Empire allemand lui-même comme la partie la plus grande et la plus réussie du travail commun du conservatisme et du libéralisme.

Actuellement, il est d'usage dans les deux camps de considérer le conservatisme et le libéralisme comme deux conceptions politiques radicalement différentes, et d'affirmer que chacune vit de son opposition à l'autre. C'est mal connaître le rapport entre les conservateurs et les libéraux allemands. S'il en était ainsi, les deux partis et les fractions adjacentes seraient d'autant plus forts que leur antagonisme, leur hostilité seraient plus prononcés. Or, c'est juste le contraire qui est vrai. Abstraction faite de quelques situations anormales, conservateurs et libéraux ont toujours eu le plus de force comme partis, le plus d'influence au Parlement, quand ils marchaient de concert. C'est dans le cartel et dans le bloc que tous deux ont eu le plus de puissance. Et les temps où ils marchaient de concert ont toujours été ceux où la satisfaction et la confiance régnaient le plus dans l'opinion de la généralité. Assurément, on ne peut attendre de la collaboration conservatrice et libérale le salut politique intégral et la solution de tout problème législatif. Le cas ne cessera de se représenter, où, dans quelques questions, même importantes, les voies conservatrices et libérales bifurqueront. Car les oppositions existeront toujours et avec raison. Ce serait aussi un très faux calcul de vouloir inscrire au compte de la collaboration des conservateurs et des libéraux tous les grands résultats acquis sur le terrain de la politique intérieure. Le Centre a pris une part prépondérante et parfois décisive à notre législation sociale, à nombre de nos projets de loi militaires, surtout à faire admettre l'opportunité de la flotte. Mais les démêlés entre conservateurs et libéraux ont jusqu'ici toujours été nuisibles : aux deux partis eux-mêmes, à la marche de notre politique intérieure, et, *last not least*, à l'opinion publique.

Les antagonismes entre conservateurs et libéraux ne disparaîtront jamais. Ils ont leur sens historique et leur sens pratique. Leurs froissements font partie de notre vie politique. Mais on ne doit pas enfler inutilement ces antagonismes et pousser les choses jusqu'à en faire d'irréconciliables courants d'idées. Ce faisant, on s'éloigne de la prosaïque réalité politique. Même l'antagonisme confessionnel, qui partage la nation depuis quatre siècles, et que la nation, d'après ses dispositions natives, a toujours pris au sérieux, cède la place aux exigences du moment dans la vie politique pratique. Dans le socialisme, nous avons en fait un ensemble d'idées qui diffère de notre conception bourgeoise du droit et des mœurs, de la religion, de la société et de l'Etat, et que l'on peut appeler une autre façon de concevoir le monde. J'ai parlé une fois d'une opposition dans la conception du monde, qui existe dans ce groupe même. Mais personne ne croira sérieusement que telle et telle façon de voir les choses puisse séparer un citoyen libéral d'un citoyen conservateur. Pour cela, il y a trop d'idées et d'idéal communs, surtout au point de vue de la nation, et le vaste empire de la vie intellectuelle des Allemands dans les sciences et les arts appartient aux deux en commun. Que de libéraux penchent absolument pour certaines façons de voir conservatrices ! Que de conservateurs ne sont nullement hostiles à toutes les pensées et à toutes les demandes des libéraux ! Cependant, tous ces hommes ne se considèrent nullement comme neutres en politique, et ils ne le sont pas. Quant aux ministres, les journaux de parti se disputent à intervalles réguliers sur la question de savoir si tel ou tel d'entre eux doit porter le sceau du conservatisme ou du libéralisme, et chaque parti cherche d'ordinaire à rattacher la plupart des ministres au parti adverse. La vérité est que la plupart des ministres seraient embarrassés pour donner une réponse précise à cette question : à quel programme de parti vous ralliez-vous ?

Pousser à l'extrême les antagonismes de parti est non seulement injuste, mais aussi peu pratique. Les partis ne marchent pas trop longtemps bras dessus, bras dessous, et l'alliance qu'ils trament entre eux n'est pas éternelle. Par conséquent, dès qu'ils rompent avec leurs amis de la veille pour se réconcilier avec leurs ennemis de la veille, ils finissent par se trouver dans la gênante obligation de démolir à nouveau le systématique édifice de leurs antagonismes avec la même peine qu'ils ont prise pour le construire. Cela est arrivé à peu près chaque fois que la composition des majorités s'est modifiée.

Si les antagonismes des partis étaient réellement si profonds et les moindres détails de la vie politique si importants qu'on les dépeint dans les querelles des partis, il serait impossible de mener à bien le travail législatif, tant il y a chez nous de partis, dont aucun jusqu'ici n'a eu la majorité absolue. Or, en réalité, pendant les vingt dernières années, dans presque tous les domaines de la politique intérieure, on a achevé des tâches multiples et précieuses. Les partis se sont adaptés à tour de rôle, et ils ont pu annihiler, souvent avec une prodigieuse soudaineté, leurs antagonismes auparavant nettement accusés. Sans doute, d'autres antagonismes s'accentuent alors avec d'autant plus de vivacité. Ceux-ci également ne tiennent que jusqu'à la prochaine modification de la majorité, de sorte qu'en fait on n'a aucune raison de prendre très au tragique les oppositions entre les partis.

Le gouvernement et les partis.

Le gouvernement aussi devra prendre les antagonismes des partis pour une grandeur variable. Sans doute non seulement pour une grandeur variable en elle-même, mais aussi pour une grandeur sur la modification de laquelle on peut agir; sur laquelle il faut agir, quand l'intérêt de l'Empire et de l'Etat l'exige. Il ne suffit pas de prendre des majorités où on les trouve et telles qu'elles se présentent. Il faut que le gouvernement essaie de se procurer des majorités en vue des tâches qu'il doit accomplir.

Gouverner avec des majorités de rechange, suivant

les cas, cela présente certainement des avantages et des agréments, mais aussi de grands dangers. En tout cas, ce n'est pas une panacée pour toutes les crises politiques. On a coutume de s'en référer à Bismarck qui prenait ses majorités où il les trouvait. Toujours, quand on invoque ainsi des événements de l'ère bismarckienne, on oublie que l'essentiel manque, c'est-à-dire Bismarck lui-même à la tête du gouvernement. Il tenait la direction d'une main de fer, de sorte que jamais elle ne courait le risque de passer même en minime partie à la disposition du Parlement, grâce à l'influence que Bismarck accordait à la majorité du moment. Avant tout, il ne songeait nullement à se prêter aux volontés d'une majorité, quand ces volontés lui paraissaient incompatibles avec la sienne. Il utilisait les majorités existantes, sans se laisser exploiter par elles. Bismarck précisément savait se débarrasser magistralement de majorités d'opposition et créer à son usage des majorités propices à sa politique. Placé dans l'alternative de laisser abîmer une loi importante par une majorité de raccroc, ou d'engager un combat gênant pour obtenir une meilleure répartition des voix, il n'a jamais hésité à prendre le second parti. Il tirait avantage de la possibilité de choisir ses majorités suivant les cas, mais il était le dernier à se soumettre à des majorités groupées occasionnellement. Sous ce rapport, on ne doit pas non plus abuser du nom de Bismarck. Ce nom ne peut être invoqué que si l'on fait allusion à une direction des affaires forte, résolue, inflexible, et non point si l'on veut parler d'un gouvernement souple, accommodant, qui accorde aux partis plus de droits qu'il ne leur en revient.

Il est indubitablement plus commode de voir comment l'on trouverera telle ou telle majorité pour une loi, au lieu de se demander comment on fera passer une loi de la façon dont le gouvernement le juge convenable et profitable. Le procédé qui consiste à mettre une loi pour ainsi dire à l'encan et à la donner au plus offrant, n'est praticable que quand un gouvernement est aussi fort et en même temps aussi expert que l'était celui de Bismarck. Surtout cela ne doit se faire que quand la loi est acceptée par la majorité dans la forme désirée et proposée par le gouvernement, que quand le gouvernement dirige. S'il se laisse diriger, il verra bien vite sa loi rendue complètement méconnaissable dans la querelle des partis et les marchandages des partis de la majorité, devenue tout autre, sinon tout le contraire de ce qu'il désirait en réalité. De cette façon, les majorités ne se mettent pas à la disposition du gouvernement pour les lois qu'il propose, mais le gouvernement remet ses lois aux mains des majorités pour leur en laisser la libre application et la libre transformation. Tout en faisant semblant d'être au-dessus des partis, le gouvernement, à vrai dire, glisse sous les pieds des partis.

Précisément cette nécessité de changer de majorité suivant la situation des partis, exige une main vigoureuse dans la direction des affaires gouvernementales. Aucun gouvernement ne peut travailler éternellement avec la même majorité. Ce qui s'y oppose, ce sont les rapports réciproques des partis, le doctrinarisme de la plupart d'entre eux, leur tendance à entrer de temps en temps dans l'opposition pour cause de popularité, enfin la multiple diversité des tâches gouvernementales qui ne peuvent être accomplies qu'en partie avec une majorité déterminée. Dans l'intérêt d'une politique satisfaisant autant que possible la nation entière, il n'est pas bon non plus qu'un des partis avec lesquels on peut travailler utilement et dans l'intérêt de l'Etat, se tienne à l'écart de toute collaboration. Pour tous les partis, il est salutaire de participer au travail législatif. Ceux qui persistent longuement dans l'opposition et dans un rôle négatif, et que le gouvernement laisse dans cette posture, s'ankylosent finalement dans les articles de leur programme, et retirent, tant qu'ils ne se meurent pas, des forces précieuses au corps vivant de notre vie politique. Voilà dans quelle impasse s'était fourvoyée, au cours des dernières décades d'années, en face d'importantes questions vitales pour la nation, l'aile gauche de notre libéralisme. Il fallait, dans l'intérêt de la nation, tenter de ramener le libéralisme radical dans le rang. Ce résultat fut obtenu par la politique du bloc; il survit à cette politique, puisque, ces jours-ci, le libéralisme radical ne s'est pas abstenu et a voté l'augmentation très sensible de notre armée.

La politique du bloc.

Le groupement de partis, désigné sous le nom peut-être pas très heureusement choisi de *bloc*, terme emprunté au vocabulaire des parlementaires français, fut un événement non seulement d'une importance particulièrement typique, mais aussi d'une valeur instructive. Cette question : l'ère du bloc a-t-elle été plus qu'un épisode, je ne tiens pas à la discuter à fond ici, déjà parce que je n'aime pas faire le prophète. Il est incontestable que les événements pourront toujours ramener une situation sinon identique, du moins analogue. Cela ne veut pas dire que la politique du bloc se recommande comme une panacée pour n'importe quelle situation de politique intérieure. Je savais d'avance que cette combinaison serait d'une durée très restreinte, parce que je n'avais jamais admis dans mes calculs une durable exclusion du Centre. Mais cette époque par trop courte me paraît jeter une lumière particulière sur les problèmes les plus importants de notre politique intérieure. Ces problèmes si importants sont pour moi et la grande majorité de mes concitoyens : les questions nationales et la lutte contre la démocratie sociale. A côté de cela, il y a certes encore une masse d'autres problèmes. Mais leur solution ne remplacera jamais la solution de ces grands problèmes. Examinée à fond et bien comprise, notre politique intérieure est finalement subordonnée à ces deux grandes questions.

Il faut distinguer entre la cause occasionnelle directe et les raisons profondes qui ont conduit à la combinaison de 1907. Les événements qui rendirent nécessaire la dissolution du Reichstag, en décembre 1906, sont encore dans toutes les mémoires. L'attitude du Centre avait créé une situation intenable et rendu nécessaire une résolution du gouvernement d'une portée plus que passagère. Les tentatives d'immixtion du Centre dans l'administration coloniale avaient peu à peu atteint un degré intolérable dans l'intérêt même de la discipline. Le Centre et les démocrates socialistes avaient repoussé une demande en faveur des troupes combattant héroïquement, au milieu de grandes privations, un ennemi cruel, dans le pays même des révoltés. Vint enfin la tentative d'empiéter sur les droits de commandement de l'Empereur. Il s'agissait de principes d'Etat, qu'on ne pouvait sacrifier. Un gouvernement qui, en pareil cas, ne sait pas appliquer les mesures extrêmes pour sa protection, ne mérite pas le nom de gouvernement. Dès l'abord, je savais parfaitement que je me préparais de grandes difficultés en rompant, par la dissolution du Reichstag, avec un parti aussi puissant, aussi tenace que le Centre. Ma vie politique aurait pris une allure plus agréable, si j'avais consenti à un compromis plus ou moins boiteux. Mais il s'agissait d'un de ces motifs où le combat s'impose dans l'intérêt du pays. Un gouvernement qui, en pareille occurence, recule devant la lutte, pour ne pas se rendre la vie plus difficile, met sa propre cause au-dessus de celle de la patrie. Là s'applique l'adage militaire, que l'offensive passe avant la défensive. Le gouvernement est là pour l'intérêt de la nation, et non l'intérêt national pour le gouvernement. J'avais prévenu à temps le Centre des conséquences de son attitude. Si on a affirmé après coup que le Centre ignorait ce dont il s'agissait en fin de compte, je n'ai qu'à rappeler mes discours au Reichstag et mes déclarations dans ces jours d'agitation, pour réfuter plus qu'il n'est nécessaire de pareilles affirmations. Si, après mes discours du 28 novembre et du 4 décembre 1906, je n'avais pas prononcé la dissolution ou si j'avais renoncé à mes fonctions, je n'aurais plus pu me montrer dans la rue. Le Reichstag fut dissous, lorsque sa majorité, composée du Centre, des démocrates socialistes, des Polonais et des Alsaciens, prétendit réduire le crédit supplémentaire pour l'Afrique du Sud-Ouest de 29 à 20 millions et diminuer le nombre des troupes coloniales dans le territoire africain en révolte et qu'on venait à peine de pacifier. Il fallait, dans les nouvelles élections, conquérir la majorité aux conservateurs et libéraux de toutes nuances qui avaient appuyé le gouvernement.

L'attitude du Centre et de la Social-Démocratie dans la politique coloniale, surtout la tentative de porter atteinte au droit de l'Empereur de fixer, en vertu de ses pouvoirs constitutionnels, l'effectif des troupes nécessaires à l'époque dans l'Afrique du Sud-Ouest, étaient par elles-mêmes des raisons suffisantes pour rendre nécessaire une modification de la majorité. Mais, abstraction faite de cette raison immédiate, un changement dans le groupement et la puissance des partis me parut absolument désirable, à moi et à un nombre imposant de mes concitoyens patriotes.

On a dit qu'en 1907 nous étions partis en campagne contre le Centre et que nous avions pour ainsi dire par hasard battu les démocrates-socialistes. C'est évidemment une idée qui ne tient pas debout. Quand le gouvernement provoque de nouvelles élections, il ne part pas en guerre contre un parti isolé, il veut obtenir une modification de la majorité. Les élections du cartel en 1887 ne prirent pas un autre cours que les élections du bloc vingt ans après. Le Centre sortit indemne de ces deux élections. Mais toutes deux remplirent leur but en démolissant l'autre parti d'opposition allié au Centre, les libéraux en 1887, les démocrates-socialistes en 1907. La lutte était dirigée contre la majorité hostile. En face de cette tâche primordiale, la question de savoir quels partis d'opposition il importait d'affaiblir pour arriver à décimer la majorité était d'une importance secondaire. Dans les élections du bloc, l'affaiblissement de la Social-Démocratie me fut plus agréable qu'une diminution équivalente du nombre des mandats du Centre. A cette époque, j'ai, de ma propre initiative, lors des ballottages, donné le mot d'ordre en faveur du Centre contre la Social-Démocratie. Sur mon intervention directe, l'ex-bourgmestre de Cologne, Becker, a invité les électeurs à soutenir le Centre contre la

Social-Démocratie. Depuis ce temps, j'ai entendu souvent dire que c'était une faute, que j'avais ainsi prêté la main à la formation d'une majorité de conservateurs et de centristes unis pour me mettre des bâtons dans les roues. Or, c'est encore aujourd'hui mon idée que j'avais alors agi comme il le fallait. D'une part, je n'avais pas l'intention d'évincer le Centre d'une façon durable; d'autre part, je ne songeais pas pour moi à l'appui de la Social-Démocratie.

Le Centre.

Le Centre, c'est la forte bastille que s'est créée la partie catholique du peuple allemand, pour se garantir contre les empiétements de la majorité protestante. L'histoire lointaine du Centre remonte jusqu'à l'époque où, dans l'ancien Empire, en face du *Corpus evangelicorum*, se dressait le *Corpus catholicorum*. Mais tandis que, dans l'ancien Empire, le catholicisme et le protestantisme se contrebalançaient à peu près, dans le nouvel Empire, le catholicisme est en minorité : à l'ancien Empire catholique a succédé un Empire protestant. Certes, la minorité catholique d'à présent a sur la majorité protestante le grand avantage d'une compacte unité. Bon protestant moi-même, je ne conteste pourtant pas que, si les protestants ont souvent raison de se plaindre de ne pas être bien compris par les catholiques, ces mêmes protestants, de leur côté, ne se montrent pas toujours d'une tolérance suffisante à l'égard des catholiques. Les deux confessions ont toutes sortes de raisons pour prendre en considération cette belle parole de Gœrres : « Nous tous, catholiques et protestants, avons péché en nos pères, et nous continuons à tisser la toile de l'humaine erreur, d'une façon ou de l'autre. Aucun n'a le droit de se mettre orgueilleusement au-dessus de l'autre, et Dieu ne le permet à personne, surtout à ceux qui se disent ses amis. » Mon vieux colonel, plus tard maréchal baron de Loë, bon Prussien et bon catholique, me dit un jour que, sous ce rapport, les choses ne s'amélioreraient pas tant que le principe bien connu du droit français : *la recherche de la paternité est interdite* (1), ne deviendrait nôtre sous cette variante : *la recherche de la confession est interdite* (1). C'est dans ce sens qu'il répondit à la question d'une princesse étrangère, qui lui demandait quel était le pourcentage des officiers protestants et catholiques de son corps d'armée: « Je sais combien de bataillons, d'escadrons et de batteries je commande, mais je ne m'inquiète pas de savoir à quelle Église appartiennent mes officiers. » Voilà comment on pense dans l'armée, dans la diplomatie, et cette façon de penser devrait être de règle partout. Le sentiment de l'humiliation, qui règne encore fréquemment dans les milieux catholiques, ne peut être surmonté que par une politique vraiment égalitaire, par une politique pour laquelle, ainsi que je l'ai dit une fois à la Chambre des dépu-

---

(1) En français dans le texte.

tés, il n'y a ni Allemagne catholique, ni Allemagne protestante, mais rien que la nation une et indivisible, indivisible au point de vue matériel, indivisible au point de vue de l'idéal.

Mais, d'un autre côté, on trouve de graves inconvénients à ce qu'un parti confessionnel exerce dans la politique une influence si extraordinaire et si prépondérante, comme ce fut de longues années le cas chez nous. Le Centre est et reste un parti maintenu par la confession, quoiqu'on puisse ergoter à Berlin et à Cologne sur l'idée de parti confessionnel. Le Centre est la représentation de la minorité confessionnelle. Il se justifie comme tel, mais qu'il ne prétende pas à une position privilégiée. Certainement, tout parti qui, grâce à la majorité ou à son propre effectif, se sent une puissance parlementaire de premier ordre, se montre disposé à en abuser. C'est ce qui est arrivé aux progressistes pendant les années de conflit, aux nationaux-libéraux entre 1872 et 1875, aux conservateurs dans la Chambre des députés prussienne, lorsqu'ils firent opposition aux projets de canal, si bien motivés et qui tenaient un compte si juste de l'avenir (1); c'est ce qui est arrivé aussi au Centre. Tous mes prédécesseurs ont été forcés de se défendre contre les prétentions autoritaires du Centre. Nombre de conflits de politique intérieure sont issus, dans les dernières années, de cette nécessité

---

(1) Il s'agit du grand canal projeté à travers l'Allemagne qui devait joindre le Rhin avec l'Elbe et l'Oder, et par conséquent avec la Vistule. (*N. du Trad.*)

gouvernementale, le conflit de 1887 comme celui de 1893, et enfin aussi la collision de 1906.

Pour un parti dans une position presque inébranlable comme le Centre, la tentation est naturellement fort grande de faire de la politique autoritaire pure. La séduction est double, quand le Centre est en mesure de former la majorité avec la Social-Démocratie et d'empêcher avec son aide l'aboutissement de la première loi venue. Une majorité composée du Centre et de la Social-Démocratie, qui fait résistance aux desiderata de la nation, constitue non seulement un inconvénient, mais encore un grave danger pour notre vie nationale. Avant 1906, le Centre s'est, à différentes reprises, laissé entraîner à utiliser l'attitude systématiquement hostile de la Social-Démocratie vis-à-vis des désirs de la nation, quand il pouvait avoir la majorité avec ce parti et jugeait conforme à sa politique autoritaire de gêner le gouvernement précisément en s'opposant aux desiderata nationaux. De même, avant la tempête purificatrice de 1906, le cas s'est présenté plusieurs fois que le Centre, pour donner son assentiment aux demandes nationales, ne posa que des conditions difficiles ou irréalisables, sachant bien que, sans son aide, la formation d'une majorité nationale était impossible. Depuis la défaite du cartel dans les élections de février 1890, jusqu'aux élections du bloc en 1907, après lesquelles le Centre ne s'opposa plus à aucune demande concernant l'armée, la marine et les colonies, le gouvernement n'a cessé de vivre sous la menace d'une coalition du Centre et de la Social-Démocratie, formant une majorité d'opposition. Certes, pendant les dix-sept années qui s'écoulèrent entre le cartel et le bloc, le Centre a fort bien collaboré aux tâches nationales, avant tout aux lois sur la flotte, aux tarifs douaniers, et, d'une façon éminente, à la continuation de la politique sociale. Les incidents survenus sur le terrain de la politique coloniale pendant l'hiver de 1906 prouvèrent cependant que le Centre, après comme avant, voyait dans son opposition aux demandes nationales, et dans l'appui qu'il cherchait dans la Social-Démocratie, un moyen plausible et commode de pratiquer sa politique tyrannique.

La tâche de 1907.

On ne pouvait pas se contenter d'éliminer pour un instant le conflit provoqué par le Centre flanqué des démocrates-socialistes, des Polonais et des Alsaciens; il fallait le résoudre en songeant au passé et en ayant égard à l'avenir. La nécessité de former sans le Centre une majorité pour les questions nationales existait au fond depuis la rupture du cartel bismarckien; elle était née des conclusions que le Centre avait tirées de l'impossibilité où l'on était de se passer de lui pour mener à bien les tâches nationales. C'était donc un problème ancien qu'on avait à résoudre en 1907, problème redevenu actuel par les votes précédents, mais qui n'avait pas été posé par eux : une majorité nationale sans le Centre. Non pas une majorité contre le

Centre, non pas une majorité nationale d'où le Centre devait rester exclu, mais une majorité nationale, forte et assez solide en soi pour satisfaire aux exigences nationales même sans l'aide du Centre. La réussite de ce plan détruisait pour le Centre la conviction corruptrice qu'il avait d'être indispensable, et elle atténuait le danger de voir se former une majorité composée du Centre et de la Social-Démocratie. Lorsque le parti du peuple, dans les votes sur les lois coloniales, s'associa aux conservateurs et aux libéraux nationaux, j'entrevis la possibilité de constituer une nouvelle majorité nationale. J'étais déjà convaincu de la possibilité d'un accommodement entre conservateurs et libéraux, je prévoyais les bienfaits et la valeur éducative d'une coopération entre conservateurs et libéraux; mais, même sans cela, j'aurais mis à profit cette possibilité ! Je remplis mon devoir en le faisant. La majorité du bloc fut constituée non contre le Centre en lui-même, mais contre le Centre parti d'opposition marchant d'accord avec la Social-Démocratie. Les élections du bloc furent comprises par la nation comme une affaire purement nationale. L'état d'âme de la nation, lorsque le coup réussit, ce ne fut pas la joie de voir triompher un parti, mais une patriotique satisfaction. Le bloc avait mûri dans les événements de politique intérieure au cours de près de vingt années. C'était une promesse pour les décades d'années suivantes, que cette conquête du dernier des partis bourgeois en faveur des tâches nationales de l'Empire.

L'idée qui inspira ce qu'on appela le bloc fut analogue à celle qui présida à la création du cartel. Je serais tenté de dire : le bloc fut la réalisation d'une vieille idée dans des conditions plus modernes, avec adaptation au changement de situation amené par le temps. Il ne fallait plus songer à un renouvellement du cartel composé de conservateurs et de nationaux-libéraux. Les anciens partis du cartel avaient été si bien pulvérisés entre les deux meules du Centre et de la Social-Démocratie qu'il n'y avait plus d'espoir de recréer en un temps donné la majorité du cartel. Afin de pouvoir, le cas échéant, se passer de l'aide du Centre pour former une majorité nationale, il fallait se rattacher le parti libéral radical. Lorsque ce parti nous tendit la main en 1906 pour coopérer au bien de la nation, le gouvernement dut prendre cette main — et la garder. Il ne s'agissait pas d'attacher un parti au gouvernement, mais de gagner un nouveau morceau de terrain pour l'idée nationale. Depuis la fondation de l'Empire, c'était la première fois que le vieux parti libéral se rangeait dans la ligne nationale. La façon dont il le fit laissait à peine un doute que ce changement de front n'était pas prévu pour un moment, mais pour longtemps. Ce qu'Eugène Richter m'avait prédit peu de temps avant de quitter l'arène politique s'était réalisé. La vraie signification du mouvement de 1906 fut parfaitement sentie et comprise dans les milieux les plus étendus du peuple, jusqu'à ce que, plus tard, la netteté des faits fût obscurcie de nouveau, comme cela se produit souvent, par des gens à cheval sur les principes du programme de leur parti.

Les années du bloc nous ont apporté un grand résultat et une importante leçon. Le front national a été élargi et la preuve fournie que la Social-Démocratie peut être refoulée. Ici comme là, gain considérable pour la solution des problèmes les plus importants de notre politique intérieure.

Depuis 1907, les libéraux radicaux sont incorporés dans le parti national. Les petites propositions de loi pour l'armée et la marine, du printemps de 1912, ont été acceptées par eux comme la grande augmentation de l'armée en 1913, avec les demandes pour les colonies. Pour apprécier l'aide des libéraux radicaux, il ne faut pas seulement se baser sur la question de savoir si les lois militaires et navales eussent trouvé une majorité au Reichstag même sans leur collaboration. Le bénéfice consiste en ceci : autrefois, il y avait bien une majorité en faveur des demandes nationales de l'Empire, mais il fallait généralement la recruter avec peine; maintenant, au contraire, tous les partis bourgeois sont groupés en face de la Social-Démocratie, des partis nationalistes et des fragments de partis. Les questions nationales de l'Empire ont cessé d'être un sujet de souci pour la politique intérieure. Et la force rigide avec laquelle s'exprime dans toute la bourgeoisie allemande l'idée nationale à propos des intérêts défensifs de l'Empire s'inscrira aussi comme un élément précieux à l'actif du prestige de l'Allemagne à l'étranger.

Contribution à l'histoire de la politique défensive de l'Allemagne.

On n'a qu'à jeter un coup d'œil rétrospectif sur le sort des grandes propositions regardant l'armée et la marine pendant les dernières décades d'années, pour mesurer le progrès acquis. Cela est d'autant plus significatif que l'idée nationale doit faire sentir aujourd'hui son action non seulement dans la direction de l'ancienne et glorieuse politique continentale prusso-allemande, mais encore dans la direction de notre nouvelle politique mondiale qui, jusqu'à nouvel ordre, signifie plutôt l'avenir que le passé. Il s'agit aujourd'hui non seulement de l'armée, mais aussi de la flotte. Les partis bourgeois au Reichstag ont à présenter au pays des sacrifices matériels plus considérables pour les travaux nationaux, et voilà pourquoi ils doivent accorder plus de place à l'idée nationale.

Sans doute, c'est un fait étrange que, chez le peuple d'Europe qui connaît et apprécie le plus le métier des armes, les partis se soient si difficilement résignés aux demandes nouvelles pour la défense de l'Empire, qu'après plus de trente-cinq ans seulement on ait pu parvenir à ce sujet à l'unanimité des partis bourgeois tout au moins. La faute en est moins à un manque de patriotisme qu'à cette politique de parti, à cette fidélité obstinée au programme de son parti, dont il a déjà été question. Au gouvernement incomba la tâche d'éveiller les sentiments patriotiques de tous les partis bourgeois, de les vivifier, de les fixer, dès qu'ils paraissaient assez forts pour collaborer pratiquement aux tâches nationales de l'Empire. Un gouvernement allemand qui, sous l'influence d'idées de parti préconçues, repousserait un parti empressé à servir les intérêts nationaux, qui trouverait moins précieux les sacrifices nationaux d'un parti, parce que la direction générale de sa politique ne lui agrée pas, ce gouvernement agirait contre le bien de la nation. Pour le gouvernement, ce qui a de beaucoup le plus d'importance, c'est l'intensité des bonnes dispositions nationales d'un parti. Avec un parti foncièrement sûr au point de vue national, on pourra et on devra travailler. En effet, malgré la difficulté qu'on a si souvent, en Allemagne, à choisir entre l'intérêt de la généralité et celui du parti, un parti de ce genre, dans les grandes questions, finira tout de même par se laisser influencer dans le sens national. C'est là un vigoureux optimisme, que nul ministre allemand ne doit se laisser enlever, quel que soit le scepticisme que lui inspirent les partis pour le cours habituel de la politique. La ferme croyance au triomphe final de l'idée nationale est la première condition préalable d'une politique véritablement nationale. Le mot superbe, lancé par Schleiermacher dans la sombre année 1807 : « L'Allemagne est encore là, et sa force occulte reste intacte », devrait demeurer jour et nuit sous les yeux de tout homme politique chez nous. Cette croyance ne doit pas nous faire défaut, à nous Allemands, surtout dans les égarements et les imbroglios de nos querelles de partis, qui laissent elles-mêmes toujours encore transparaître spontanément, par échappées, leur sentiment national, comme une rare disposition de jour de fête.

Un coup d'œil rétrospectif sur les destinées des projets de loi militaires et navals est en même temps un coup d'œil sur les transformations de l'idée nationale au sein des partis. Les conservateurs ont pleinement droit à la gloire de n'avoir jamais encore refusé un homme à la patrie; les nationaux-libéraux également n'ont jamais mis en question le sort d'une loi de défense. A ce point de vue national, la première place revient aux anciens partis du cartel, et ce fut une perte non seulement pour eux, mais aussi pour l'Empire, que les élections aient détruit leur majorité et, en même temps, la perspective de retrouver cette majorité. Le prince de Bismarck avait légué au nouveau Reichstag de 1890 un projet militaire, qui fut présenté alors avec des proportions plus réduites que ne les avait prévues le premier chancelier de l'Empire avant son départ. Le comte de Caprivi demanda 18.000 hommes et 70 batteries. Bien que le vénérable Moltke parlât en faveur du projet, son sort resta longtemps indécis. Eugène Richter vota contre au nom de tout le parti du peuple. Le projet fut adopté par les partis du cartel avec l'aide du Centre, mais le Centre rattacha à son adhésion la demande du service de deux ans pour plus tard.

Déjà le grand projet militaire de 1893, bientôt devenu nécessaire à raison de l'insuffisance des demandes du projet antérieur, montra combien était vacillante la majorité nationale des partis bourgeois. Le Centre manifesta sa mauvaise humeur, provoquée par l'échec de ses espérances de politique scolaire en Prusse, à l'occasion de ce projet. Bien que sa demande relative au service de deux ans fût accordée par le nouveau projet, il ne put se résoudre à le voter. Dans le parti du peuple (radical), l'idée nationale cherchait alors à se dégager. Cependant, six députés radicaux seulement se trouvèrent prêts à émettre un vote favorable. En 1893 se dessina un instant, seize années avant qu'il se réalisât, l'espoir d'une coopération des conservateurs et des libéraux. Le moment n'était pas encore propice. Le rejet de la proposition de loi par le Centre, les libéraux et la Social-Démocratie, fut suivi de la dissolution du Reichstag. Dans la lutte électorale, les radicaux amis de l'armée se séparèrent des progressistes, mais les élections n'amenèrent pas une majorité hors du Centre. La Social-Démocratie gagna des sièges. La plupart des radicaux persistèrent dans l'opposition. La majorité — 201 contre 185 — ne se forma qu'avec l'aide du parti polonais grossi de 16 à 19 membres. L'idée nationale avait sans doute gagné du terrain dans le parti radical, mais n'y avait pas obtenu la victoire et n'avait pas réussi à prendre le pas sur l'intérêt de parti dans le Centre.

Six années plus tard, le gouvernement dut subir de sérieuses réductions à son projet, et, malgré cela, il n'aboutit qu'après de vifs combats contre l'opposition des radicaux et des démocrates-socialistes avec le Centre. Il ne fut pas question de l'adopter avec joie ou enthousiasme, et un conflit de politique intérieure faillit éclater. Pour renforcer l'armée de 10.000 hommes au printemps de 1905, je trouvai la majorité du tarif douanier prête, mais les radicaux boudèrent encore dans leur coin. Les choses se passèrent à peu près de la même façon pour les projets navals. De furieuses discussions étaient de règle, et le vote favorable sortait généralement de longs pourparlers entre le gouvernement et les partis. Après 1897, où pas même deux croiseurs ne furent accordés, on réussit à gagner l'année suivante, dans le même Reichstag, une majorité en faveur du premier grand projet de loi sur la flotte. Dans l'intervalle, il est vrai, un vaste travail explicatif avait été fourni. L'empereur Guillaume II avait engagé toute sa personnalité en faveur de cette grande cause nationale. De grands savants comme Adolphe Wagner, Schmoller, Sering, Lamprecht, Eric Marcks et beaucoup d'autres, firent alors et par la suite un précieux travail de propagande en faveur de la flotte, avant tout parmi les gens instruits. Le projet de 1898 fut accepté par une majorité de 212 contre 139 voix. Vingt membres du Centre, tous les radicaux et, naturellement, les démocrates-socialistes, se dérobèrent. L'importante proposition de loi sur la flotte en 1900 trouva les radicaux encore en rangs compacts du côté des adversaires. Cette fois-là, le Centre tout entier vota pour, après la réduction du nombre des croiseurs de 64 à 51. En 1906, la majorité du tarif douanier accorda ces constructions nouvelles supprimées. De même fut autorisé l'agrandissement des dimensions des vaisseaux de ligne, agrandissement rendu nécessaire par l'exemple des Anglais.

Sans doute, on a fini par réussir à obtenir des majorités bourgeoises pour tous ces projets. Mais le vote favorable était presque toujours le produit de débats difficiles, assez souvent de compromis gênants. Nous étions loin de pouvoir compter de prime abord sur l'existence d'une grande et sûre majorité nationale en faveur de projets défensifs justes et bien fondés. Plus d'une fois la décision ne tint qu'à un fil. Et quand il ne nous arrivait pas un secours inattendu, comme en 1893, de la part des Polonais, le succès et l'insuccès avaient régulièrement dépendu des bonnes ou mauvaises dispositions du Centre. Ce fait devait donner à ce parti non seulement une grande idée de sa puissance, mais aussi une très grande puissance effective. Le mot de « Centre tout-puissant », souvent entendu avant 1907, ne laissait pas que de se justifier. Un parti, de la bonne volonté duquel dépendaient toutes les questions vitales de l'Empire, n'était pas loin de posséder l'hégémonie, du moins dans les domaines ouverts par la Constitution à l'influence des partis et des représentants du peuple. Lorsque les débats sur les colonies, pendant l'hiver de 1906, finirent de montrer qu'on ne pouvait compter avec pleine certitude sur le Centre dans toutes les questions nationales, on vit nettement que le problème qui consistait à mettre ces questions à l'abri des luttes des partis n'était pas encore résolu. La rentrée dans le rang du parti progressiste, la victoire électorale de la nouvelle majorité, du bloc, mit fin à cette domination du Centre. Celui-ci apprit que le sort des questions nationales ne dépendait plus de lui seul, et aussi que l'attitude négative dans de telles questions pouvait devenir fatale à son autorité dans le Parlement. Bien que le bloc n'ait pu être maintenu en groupement que peu d'années, la possibilité existe toujours que ce groupement se reconstitue, si le Centre se dérobait dans une question vitale, et s'il devait, allié à la Social-Démocratie, faire échouer une loi d'utilité nationale. Le Centre ne s'avisera plus de sitôt, comme il l'a fait plusieurs fois dans les années précédentes, de tirer, d'une contrariété à propos d'incidents de la politique intérieure, des conséquences qui déterminent son attitude dans des questions d'intérêt national. Les radicaux, eux, considèrent comme durable leur changement de front de 1906; ils l'ont prouvé au printemps de 1912 et dans l'été de 1913.

Ce développement de l'idée nationale, une pareille modification dans l'attitude des partis à l'égard des questions d'armement, doivent remplir les cœurs patriotes de joie et de confiance. Il y a cinquante ans, le roi Guillaume se vit seul avec son ministère et une petite minorité de conservateurs dans sa lutte pour la réorganisation de l'armée prussienne. La moindre demande militaire obligea un Bismarck à lutter avec acharnement contre les partis, après la fondation de l'Empire. L'année 1893 vit un nouveau et grave conflit de politique intérieure provoqué par une demande de crédits pour l'armée. En octobre 1899, l'empereur Guillaume II dut se plaindre que le renforcement de la flotte lui avait été obstinément refusé pendant les huit premières années de son règne, « malgré ses instantes prières et ses avertissements répétés ». Lorsque l'idée de la flotte se fût enfin implantée dans le peuple, aucune loi navale ne put passer sans luttes graves au Parlement.

Les propositions de loi sur l'armée et la marine en 1912 furent adoptées par l'ensemble des partis bourgeois du Reichstag. Celle de 1913 trouva les partis mieux disposés qu'ils ne l'avaient encore jamais été en faveur des armements sur terre et sur mer. La proposition en elle-même provoqua à peine une discussion sérieuse. Si la lutte s'engagea autour de la question relative à la couverture financière, c'est que, sur cette question, entraient en jeu des motifs de politique générale des partis et des considérations financières de nature grave. Aucun des partis bourgeois, depuis l'extrême droite jusqu'aux radicaux, n'a songé à faire dépendre son vote en faveur de la proposition elle-même des difficultés et des divergences d'opinion sur la question de la couverture financière. L'idée nationale a pris solidement racine dans tous les partis bourgeois. Une proposition de loi sur les armées de terre et de mer, devenue nécessaire et dûment motivée, pourra toujours, selon toute prévision humaine, compter avec certitude sur une majorité au Parlement. L'ère du bloc a eu une part très essentielle à ce résultat.

Lutte électorale contre le socialisme.

Si le renforcement du front national peut être considéré comme le fruit durable des luttes parlementaires de l'hiver 1906 et de la combinaison de 1906-1909, la grande victoire électorale remportée en 1907 sur la Social-Démocratie n'a malheureusement pas donné les fruits durables qu'elle aurait pu et dû donner. Malgré cela, le résultat de ces élections a été d'une importance de premier ordre. Le fait que le socialisme fut chassé de 81 sièges et put être ramené à 43 sièges, a une portée qui dépasse de loin chaque lutte électorale. L'expression de « victoire de hasard » est le fait de l'absence de sincérité chez les partis ou d'une déplorable irréflexion. De pareils hasards, il y en a aussi peu en politique que dans la vie. Dans la politique aussi, tout effet considérable a sa cause. Sans raison suffisante, un parti aussi solidement organisé que la Social-Démocratie ne perd pas 44 circonscriptions électorales et son compte de mandats ne se réduit pas de 36 sièges. En face de ses 44 pertes, le parti n'eut que 8 gains. Ce résultat ne pouvait être attribué exclusivement au mot d'ordre national. C'est avec le même mot d'ordre qu'eurent lieu aussi en 1893 les nouvelles élections après la dissolution, et elles donnèrent malgré cela à l'extrême gauche un sensible gain non seulement en voix, mais aussi en mandats, ce qui seul a une importance pratique pour le travail législatif. Les raisons des pertes du socialisme dans les élections de 1907 se trouvaient dans le travail préalable du Parlement et de la presse, des discours et des exposés, dans le choix du bon moment pour la dissolution du Reichstag, dans le maniement et l'appréciation exacts des impondérables, ainsi que dans la façon de tenir les rênes pendant la lutte électorale.

Il est faux de considérer comme faible une victoire électorale remportée sur le socialisme, parce qu'à la perte du mandat ne correspond pas une perte équivalente de voix socialistes. Certes, cela vaudrait encore mieux, si on réussissait non seulement à gagner du terrain sur le socialisme dans le Parlement, mais encore à entraîner dans le camp national une partie de ses partisans et des moutons de Panurge qui y courent. Mais ce double résultat est difficile à atteindre jusqu'à nouvel ordre, et ce serait seulement dans des circonstances politiques qui, jusqu'ici, ne se sont pas encore présentées. Depuis 1884, le nombre des voix socialistes émises aux élections du Reichstag n'a cessé de croître. En voici le tableau :

1884	550.000
1887	763.000
1890	1.427.000
1893	1.787.000
1898	2.107.000
1903	3.011.000
1907	3.539.000
1912	4.250.000

Ces chiffres sont instructifs à un double point de

vue. Ils montrent l'inquiétant accroissement du parti socialiste et la disparition, dans les milieux bourgeois, de la crainte de prêter une aide directe au socialisme dans les élections. Ces chiffres montrent aussi qu'un affaiblissement parlementaire du socialisme peut être atteint malgré la force de propagande de ce parti. Cela se voit dans le nombre des mandats obtenus par le socialisme de 1884 à 1912 :

1884	22
1887	11
1890	35
1893	44
1898	56
1903	81
1907	43
1912	110

Ces deux tableaux prouvent qu'une réduction du nombre des voix socialistes n'a pas été possible jusqu'à ce jour, mais le refoulement du socialisme au Reichstag peut parfaitement s'obtenir par une manœuvre habile. Une politique pratique raisonnable vise à obtenir le bien accessible, quand le mieux est inaccessible pour l'instant.

L'accroissement du nombre des voix socialistes est un phénomène très grave. Mais les bulletins de vote n'ayant d'autre but immédiat que celui de conquérir un mandat, l'accumulation des masses énormes d'adhérents et de partisans du socialisme n'ayant de l'influence sur la marche du travail législatif pratique

que si la position du socialisme au Reichstag se renforce dans les mêmes proportions, le premier devoir du gouvernement est de rendre inefficace sur les résultats des élections l'apport en masse de bulletins de vote socialistes. Si, grâce à la direction du gouvernement, pareil résultat s'obtient non pas une fois, mais à différentes reprises et sans cesse à nouveau, le contre-coup ne manquera pas de se faire sentir à la longue sur le travail d'embauchage et d'agitation du socialisme. Car ce qui est vrai de toute activité humaine, s'applique tout particulièrement au travail fourni dans le domaine politique : rien ne paralyse plus que de constater l'insuccès perpétuel d'efforts durables et obstinés. Le prestige du socialisme se fonde en grande partie sur la croyance en l'accroissement irrésistible de sa puissance. En ce sens également, le résultat des élections de 1907 contient une grande et durable leçon.

L'alliance des conservateurs et des libéraux, au premier tour et dans les ballottages, produisit en 1907 une très sensible diminution des mandats socialistes, malgré l'accroissement du nombre des voix socialistes. Les élections du bloc eurent sous ce rapport un succès plus considérable encore que les élections du cartel en 1887. Le cartel ramena la fraction socialiste de 24 à 11 mandats, malgré l'augmentation de près d'un tiers des voix socialistes. Le bloc décima le nombre des mandats socialistes pour le ramener du nombre de 81, atteint en 1903, au nombre de 43, tandis que les voix socialistes s'augmentaient en même temps de près d'un sixième. Grâce à quoi le cartel comme le bloc obtinrent la majorité au Reichstag. La perte subie par les socialistes s'inscrivit à l'actif des conservateurs et des libéraux. La raison extrinsèque de ce phénomène est que, dans presque toutes les circonscriptions qui peuvent être disputées avec succès au socialisme, le libéralisme et le conservatisme sont si fortement représentés que, par leur union, ils peuvent mettre le socialisme en déroute, tandis que, séparés, ils sont obligés de lui céder la place. Il importe évidemment de disposer et de conduire le combat électoral de façon que libéraux et conservateurs soient en mesure de marcher de concert. Des 69 circonscriptions conquises par le socialisme aux élections de janvier 1912, les élections de 1907 n'en avaient pas mis moins de 66 aux mains des conservateurs et des libéraux, 29 pour les partis conservateurs et leurs voisins, 37 pour les partis libéraux. Depuis que le Reichstag existe, c'étaient les élections de 1907 qui avaient infligé au socialisme la plus grande perte, et ce sont celles de 1912 qui lui ont apporté le gain le plus considérable. Les partis de droite tombèrent de 113 mandats, conquis en 1907, à 69 mandats aux élections de 1912. C'est l'étiage le plus bas des droites depuis 1874. Les élections de 1912 donnèrent au parti libéral la représentation au Reichstag la plus faible de toutes celles qu'il a eues jusqu'à ce jour. Pour les élections de 1907, les conservateurs et les libéraux de toutes les nuances avaient été, pour la première fois, mis sous le même bonnet. Les élections de 1912 virent pour la première fois une étroite coalition des éléments de gauche. En 1907, la droite sortit des élections comme le groupe le plus important avec 113 mandats contre 106 aux libéraux, 105 aux centristes et 43 aux socialistes. En 1912, le socialisme devint le parti le plus fort du Reichstag avec 110 mandats contre 90 aux centristes, 85 aux libéraux et 69 aux conservateurs de toutes les nuances. La comparaison entre 1907 et 1912 fait venir sur les lèvres la question : à qui la faute ? Je n'y répondrai pas. Mais cette comparaison fournit d'intéressants enseignements. Elle montre que le conservatisme appuyé sur le Centre ne saurait trouver de dédommagement à la perte qu'il subit par défaut de contact du côté gauche. Elle montre que le socialisme a les chances les plus défavorables dans le combat électoral quand on réussit à écarter de lui le libéralisme, mais que le socialisme peut obtenir les plus grands succès lorsque le libéralisme bourgeois se range ou qu'on le pousse à ses côtés.

Moyens de combattre le socialisme sans violence.

Depuis le premier jusqu'au dernier jour de mon passage aux affaires, j'ai vu un très grand et très sérieux danger dans le mouvement socialiste. La lutte contre le socialisme est le devoir de tout gouvernement allemand, jusqu'à ce que le socialisme soit écrasé ou modifié. La tâche en elle-même ne soulève pas de doute, mais pour les voies et moyens à choisir, c'est différent.

Depuis l'échec de la loi contre les socialistes, l'écrasement par la violence n'est plus une voie praticable. La dernière possibilité de procéder dans ce sens existait à l'époque où se trouvait à la tête du gouvernement un homme ayant à son actif d'incomparables succès et un incommensurable prestige, je veux dire Bismarck. Il aurait pu entreprendre et mener à bonne fin des choses extraordinaires dans la politique intérieure, tout aussi bien qu'il le pouvait en politique extérieure en s'appuyant sur son autorité internationale. Sous la direction de Bismarck, mainte chose était accessible et possible, qu'il faut aujourd'hui rayer sans bruit du domaine des possibilités. Bismarck était lui-même un antécédent politique. Il est déraisonnable de demander à tout bout de champ des procédés et des entreprises pour lesquels cet antécédent fait défaut. Il faut que nous prenions d'autres chemins, et que nous trouvions l'énergie et la volonté d'arriver par là au but, sans avoir Bismarck pour guide. Cette observation s'applique aussi à la lutte contre le socialisme.

Evidemment, toute atteinte à l'ordre public doit être réprimée avec la dernière énergie. C'est le premier devoir de tout gouvernement, dans tout Etat bien ordonné, qu'il soit républicain ou monarchique, que le gouvernement soit dirigé par des tendances conservatrices, libérales ou démocratiques. La résolution et la promptitude avec lesquelles, en France, des ministres issus du parti radical ont réprimé les tentatives de troubler l'ordre public, peuvent servir de modèles à tout ministre des autres pays. Des ménagements erronés en pareille matière constituent un manque d'égards pour la grande majorité des citoyens, qui a le droit de prétendre à travailler sous la protection de l'ordre. Gœthe, qui n'était pas si indifférent qu'on le croit aux choses de la politique, a désigné le maintien de l'ordre public comme le premier devoir de tout gouvernement. Inspiré par ce sentiment, Schopenhauer, certainement un esprit indépendant, légua tous ses biens au fonds organisé à Berlin « pour secourir les soldats prussiens devenus invalides dans les luttes soutenues contre les révoltés et rebelles de 1848 et 1849 en vue du maintien et du rétablissement de l'ordre légal en Allemagne ». Mais autre chose est que le gouvernement procède par la force contre des perturbateurs ou qu'il intervienne lui-même dans une évolution pacifique, pour prévenir l'explosion éventuelle d'un mouvement révolutionnaire dans le peuple. Dans ce dernier cas, il court le risque de susciter par la violence une violence qui, sans cela, eût pu ne pas se manifester. Chaque coup amène un contre-coup de force équivalente. Une agitation politique dans le peuple, quand elle est forte, bien organisée, appuyée sur des sympathies sûres et étendues, gagne en puissance offensive dès lors qu'elle se sent exposée au danger de répression violente. Rien ne donne à une cause plus de force de propagande qu'un excès de zèle de son adversaire qui lui procure la chance d'exhiber des martyrs de sa conviction. Nous ne rappellerons à ce sujet que le résultat à peu près négatif des fameuses persécutions de démagogues dans les années 1815-1845. En mettant hors la loi une quantité de porte-parole plus ou moins inoffensifs de la démocratie, on fournit à la démocratie de l'époque un droit aux sympathies du peuple, qu'elle n'aurait pas acquises par la seule vertu de ses idées. Le résultat fut l'explosion de 1848. On ne peut naturellement pas dire quelle tournure prendraient les événements si le gouvernement employait la force contre le socialisme. La situation est tout à fait autre que dans le premier tiers du XIXe siècle. D'un côté, le socialisme moderne est de moins bonne composition, moins idéaliste que la démocratie bourgeoise antérieure à la révolution de 1848, il lui manque l'ardent patriotisme des vieux démocrates allemands, tandis que les ambitions économiques socialistes lui donnent plus de poids et d'âpreté. D'un autre côté, il manquait à l'absolutisme prussien les soupapes utiles, et maintenant indispensables, de la vie parlementaire, de la liberté de la presse, du droit d'association et de réunion. Des lois d'exception contre le socialisme obtureraient précisément ces soupapes. Elles obligeraient le socialisme à devenir une puissante société secrète, après avoir été une forte agitation de parti. Quelque chose comme une conjuration permanente, avec tout le venin, toute l'exaspération, tout le fanatisme propres aux agitations à qui l'Etat a imprimé le sceau de l'illégalité.

Les partisans du socialisme serreraient les rangs avec d'autant plus de fermeté. Mais, pour le gouvernement et la bourgeoisie, l'adversaire déclaré, contrôlable dans ses moyens, deviendrait un adversaire secret, dont les voies ne pourraient pas toujours être aperçues dans leur ensemble. Dès que le gouvernement se résout au combat par les moyens violents, il se prive lui-même de la possibilité de procéder par les moyens pacifiques souvent plus efficaces. La force, en tout cas, ne peut être que la ressource extrême, suprême. Son emploi vient en question, quand tous les moyens pacifiques ont échoué d'une manière évidente. Ce n'est pas encore le cas. Une fois qu'on a inauguré la violence, faire volte-face, cela veut dire avouer sa défaite. Quand les moyens fournis par le droit et la loi échouent, il vous reste toujours le moyen suprême. Un bon général n'engagera pas ses dernières réserves au début de l'engagement; il les garde dans sa main, pour ne pas rester sans défense au cas où le combat prend une tournure dangereuse. Cette bonne loi de guerre s'applique aussi aux luttes politiques. Les meilleurs succès politiques sont ceux remportés avec les moindres sacrifices. Au moment critique, les moyens les plus forts sont les meilleurs. Sans besoin pressant, et avant tout sans la certitude de la victoire, on ne doit pas les employer. Bismarck pouvait bien enfreindre toutes les règles, et attendre un prompt résultat d'une résolution des plus audacieuses. Nous, nous ne pouvons pas nous permettre cela aujourd'hui, et nous sommes forcés de recourir à un travail incessant et raisonné. Dans le cadre d'un pareil travail entre naturellement l'application sans crainte des lois relatives au maintien de l'ordre, de la sécurité et de la liberté, ainsi que leur perfectionnement, si elles apparaissent insuffisantes en quelque point.

L'emploi de la force contre le socialisme s'impose sans plus, quand il est provoqué par une explosion violente de l'agitation socialiste. Mais ce moyen est à peine admissible et il a peu de chance d'être nécessaire si le gouvernement met du doigté dans ses rapports avec le mouvement socialiste, et s'acquitte de sa tâche avec énergie. A entendre certains politiciens, ce ne serait pas un malheur si une violente explosion se produisait, parce qu'alors s'offrirait l'occasion de trancher avec l'épée le nœud gordien de la question socialiste et d'amener ainsi une solution définitive. Si le socialisme devait être assez mal avisé et en même temps assez criminel pour passer à la révolte ouverte, il faudrait naturellement imposer silence à toutes les considérations, à tous les scrupules, devant la nécessité de défendre les fondements de notre vie politique et religieuse. Les gens à courtes vues souhaitent de pareils dénouements. J'ai dit un jour mon avis à ce sujet au Reichstag, et ce qu'il faut penser d'une politique qui souhaite ou même favorise une explosion violente dans le pays, dans l'espoir d'obtenir une amélioration par une répression de vive force. *Politique de la mer Rouge* (1),

---

(1) En français dans le texte.

disait-on en France au sujet de cette politique il y a quarante ans. Il fallait traverser la mer Rouge pour arriver à la Terre promise. Malheureusement, on s'expose au danger de se noyer dans la mer Rouge et de ne jamais atteindre la Terre promise. Une grande partie des monarchistes français opéra d'après cette recette, lorsque les prodromes de la grande Révolution se multiplièrent. Au lieu de s'entendre avec les modérés, ils les persécutèrent avec une violente aversion et préférèrent favoriser sous main les éléments extrêmes, dans l'espoir d'amener le déluge, après lequel ils feraient leur moisson. Le déluge vint, mais non la moisson. On a rarement réussi, en politique, à exorciser le diable à l'aide de Belzébuth.

L'Allemagne n'est pas un pays de coups d'Etat. Pas un peuple de la terre ne possède autant que les Allemands la conscience du droit. Nulle part une violation du droit, du droit commun comme du droit public, ne soulève une indignation aussi passionnée et ne s'oublie aussi malaisément que chez nous. L'aversion de la plupart des partis allemands pour les lois et les mesures d'exception doit être ramenée aussi à leur crainte innée de violer le droit. Sous ce rapport, le Français est moins susceptible. Le terrorisme de la grande Révolution est encore aujourd'hui pour elle un titre de gloire aux yeux de ses partisans. Quand Thiers, dans le 7ᵉ volume de son *Histoire de la Révolution française*, jette un regard en arrière sur la Terreur, il conclut en ces termes : « *Le souvenir de la Convention nationale est resté*

Bülow.

terrible; mais pour elle il n'y a qu'un fait à alléguer, un seul, et tous les reproches tombent devant ce fait immense : elle nous a sauvés de l'invasion étrangère. » M. Clemenceau disait qu'il fallait prendre en *bloc* la Révolution avec tous ses excès et ses abus de pouvoir, et la juger dans son ensemble. Le coup d'Etat du premier Napoléon entra dans l'oubli, lorsque le soleil d'Austerlitz se leva sur l'Empire. De même on ne rappela le 2 décembre à Napoléon III que quand il eut commis de grosses fautes de politique étrangère, et la rue du 2-Décembre ne devint la rue du 4-Septembre qu'après la journée de Sedan. Par contre, on lit à toutes les pages de l'histoire de l'Allemagne avec quelle ténacité l'Allemand défend son bon vieux droit et quelle est sa rancune obstinée quand les vieilles lois sont mises au rancart pour céder la place à un progrès salutaire et indispensable. Le droit ne doit certainement pas être mis au-dessus des nécessités politiques; le *Fiat justitia pereat mundus* n'est pas applicable à la politique. Mais aussi longtemps qu'on peut satisfaire aux nécessités politiques sur le terrain du droit, il faut s'y appliquer. Même dans la lutte contre le socialisme. Si ce-celui-ci viole ouvertement le droit, il faut évidemment lui rendre la monnaie de sa pièce. Ce dénouement, nous pouvons le faire entrer dans nos calculs, mais nous ne devons pas l'appeler de nos vœux, ni l'amener de force. Les remèdes violents sans guérison intérieure n'ont jamais produit de résultats durables.

Pas de politique de réconciliation.

D'autre part, dans la situation de l'Allemagne et surtout dans l'ordre des choses établi en Prusse, le parti socialiste, avec son programme actuel et les buts qu'il poursuit en ce moment, ne saurait être placé sur la même ligne que les partis qui se tiennent sur le terrain de l'ordre politique existant. La comparaison avec d'autres pays, où l'on a réussi, ou bien où l'on semble réussir peu à peu à faire entrer le parti socialiste dans le gouvernement, ne tient pas debout en face des institutions allemandes. Nous avons une autre vie politique, nous avons surtout une autre démocratie socialiste. Ici encore s'applique cet avertissement de Bismarck : ne pas chercher nos modèles à l'extérieur, du moment que nous ne possédons pas les antécédents et les qualités nécessaires pour imiter l'étranger. En France, des socialistes sont devenus ministres et de bons ministres, et ils ont montré la justesse de ce dicton français qu'*un jacobin ministre n'est pas toujours un ministre jacobin*. Aristide Briand, jadis radical-socialiste, s'est montré gardien résolu de l'ordre public; le socialiste Millerand a été un excellent ministre de la guerre. En Italie aussi a réussi la tentative d'appeler les socialistes à prendre part au gouvernement. En Hollande et au Danemark, des essais de ce genre n'ont été sans doute suspendus que provisoirement. Dans toute une autre série de pays, il est à prévoir que bientôt on imitera l'exemple des Français et des Italiens, et qu'on se réconciliera petit à petit avec les éléments socialistes. Pour notre part, nous ne devons pas nous laisser tromper par les résultats en apparence favorables de telles expériences. De même que notre passé historique, notre évolution gouvernementale, nos habitudes politiques spéciales diffèrent de ce qu'on trouve dans cet ordre d'idées chez les autres peuples, de même le problème socialiste présente un tout autre aspect chez nous. Il nous faut étudier notre propre situation, le caractère spécial du socialisme allemand qui attaque les bases de notre vie gouvernementale, le caractère particulier de notre vie politique que nous avons à défendre contre le socialisme.

Les forces et les faiblesses de notre tempérament national se révèlent aussi dans le socialisme allemand. Tel qu'il est, il n'est possible qu'en Allemagne. Il est si dangereux pour nous, parce qu'il est si foncièrement allemand. Pas un peuple n'a des capacités d'organisation pareilles aux nôtres, aucun n'a une pareille disposition de la volonté pour la discipline, aucun n'est prêt comme lui à se soumettre aux lois d'une discipline rigide. C'est à ce don que nous devons nos meilleurs succès, nos institutions publiques les plus utiles. L'Etat prussien est une création de la discipline, comme notre armée et notre fonctionnarisme. Ce que d'autres sont arrivés à faire dans le feu de l'enthousiasme national, nous l'avons souvent réalisé grâce à la force de la discipline. Après la guerre de 1866, qui n'était pas populaire, dans laquelle les troupes n'étaient pas poussées en avant, comme elles l'avaient été un demi-siècle plus tôt, par un enthousiasme patriotique, mais où elles commencèrent la marche vers la Bohême dans une silencieuse subordination aux ordres du Grand Etat-Major et où elles remportèrent la victoire sous la loi de la discipline d'une façon aussi glorieuse que leurs ancêtres avec l'élan de l'enthousiasme, un Français écrivait avec admiration : « La guerre de Bohême a montré ce que peuvent faire les forces de la discipline seule. C'est une des plus grandes vertus politiques de l'Allemand d'avoir la discipline dans le sang. » Sans doute le socialisme aussi tire parti de cette vertu. Une organisation de parti aussi considérable et aussi compacte que celle du socialisme allemand ne pouvait naître que dans un Etat dont les citoyens sont faits à la discipline, ont appris à l'armée l'obéissance passive, et sentent chaque jour et à toute heure l'ordre rigide de l'administration publique. Les 4.216 associations locales se soumettent aux 48 circonscriptions territoriales, celles-ci à l'union centrale; les cotisations énormes se paient comme s'il s'agissait de contributions légales, les réunions s'organisent, les démonstrations en masse se règlent comme des opérations militaires : or, tout cela n'est pas la résultante seulement de l'enthousiasme de parti, mais aussi du sentiment de la discipline que les Allemands ont dans le sang. Aucun peuple de la terre ne connaît et n'a jamais connu une organisation de parti semblable ou équivalente. Les clubs des Jacobins, qui s'étendaient comme un filet sur la France, n'étaient qu'un pâle prototype de l'organisation de notre socialisme. Les clubs de province n'obéirent au club central de Paris que tant que celui-ci détint le pouvoir dans l'Etat, et, plus tard, ils se fermèrent sans difficulté sur un signe du Directoire. La trame solide du parti socialiste allemand ne se laisserait pas ainsi déchirer sans cérémonie.

Le défunt ambassadeur à Saint-Pétersbourg, général de Schweinitz, me dit un jour : « Il n'y a que deux organisations parfaites sur la terre : l'armée prussienne et l'Eglise catholique. » En ce qui concerne l'organisation seulement, le socialisme allemand mériterait aussi cet éloge. Dans l'un de mes discours au Reichstag, en décembre 1903, je disais dans le même ordre d'idées : « Si j'avais un bulletin scolaire à délivrer au socialisme, je dirais : critique, agitation, discipline et esprit de sacrifice, 1 a (1); résultats positifs, clarté du programme, Vb (1). » Cette organisation socialiste se pose en ennemie de notre vie gouvernementale actuelle; son ciment est dans cette hostilité. Il ne faut pas songer à la réconcilier avec l'Etat et à la dissoudre ainsi du même coup, en l'attelant pour un temps au char gouvernemental ou en faisant participer tel ou tel de ses membres aux affaires. Elle se sent beaucoup trop forte

---

(1) 1 a = parfaitement bien; V b = à peu près nul. (*N. du Trad.*)

pour se laisser traîner pour ainsi dire comme un wagon par la locomotive gouvernementale sur la voie normale; elle voudrait être elle-même la locomotive et tenter de tirer dans le sens opposé. Un homme sorti de ses rangs et qui entrerait comme ministre au service de l'état de choses existant, le socialisme ne le suivrait pas plus que d'autres partis allemands n'ont jamais suivi un de leurs membres dans un cas pareil.

Ajoutez à cela que l'esprit doctrinaire habituel au peuple allemand exerce aussi sa puissance dans notre Social-Démocratie. Le socialiste allemand se cramponne aux articles du programme de son parti sans songer à les critiquer, sans souci des contradictions qu'ils contiennent. Ce programme étant inconciliable avec l'Etat existant, le socialisme allemand est irréconciliable. Les ouvriers allemands, plus que ceux de n'importe quel pays, sont portés à accorder une foi entière aux apophtegmes socialistes, aux ingénieux sophismes de Lassalle, au système de Marx construit avec une force de pensée, une pénétration d'esprit rares, à l'aide d'une extraordinaire érudition et d'une dialectique plus merveilleuse encore, mais réfuté et ébranlé sur sa base par l'évolution historique. Lorsque M. Giolitti cria aux socialistes italiens qu'il y avait belle lurette que les aphorismes de Marx avaient été jetés par eux à la ferraille, un rire d'intelligence lui répondit. Chez nous, pareille apostrophe provoquerait des protestations indignées. Notre socialisme, sorti de la direction d'Eisenach (1), orienté, non par Lassalle et Rodbertus (2), mais par Marx et Engels, Bebel et Liebknecht, se montre bien plus intransigeant vis-à-vis de l'Etat que les partis socialistes de la France et de l'Italie, qui attribuent aux théories socialistes une valeur plutôt théorique, et qui sont fondés non seulement sur les idées socialistes, mais aussi sur des souvenirs nationaux. Le socialisme français a ses racines dans la grande Révolution, le socialisme italien dans le Risorgimento. Ces souvenirs n'ont du moins pas été rejetés et la Révolution comme le Risorgimento étaient animés d'un esprit passionnément patriotique. Cette base nationale manque à notre démocratie socialiste. Celle-ci entend ignorer les souvenirs patriotiques allemands, qui ont le caractère monarchique et militaire. Elle n'est pas, comme le socialisme français et italien, un sédiment dans l'évolution historique de la nation, mais depuis son origine elle est l'ennemie voulue de notre histoire et de notre passé national. Elle s'est mise elle-même en dehors de notre vie nationale. Les résultats obtenus dans cet Etat durant sa formation et son existence ne l'intéressent qu'en tant qu'ils peuvent servir à disloquer les institutions et à fournir un travail préparatoire à la réalisation d'idées purement socialistes. Dans le calendrier que le *Vorwærts* édite chaque an-

---

(1) Le 6 et le 7 octobre 1872, le parti socialiste allemand fut fondé à Eisenach en Thuringe.
(2) **Fondateur du socialisme allemand, 1805-1875.** (*N. du Trad.*)

née, on ne nomme pas Bismarck et Moltke, Blücher et Scharnhorst, Ziethen et Seidlitz; on passe sous silence Leipzig et Waterloo, Kœniggraetz et Sedan, mais on énumère une série de nihilistes russes et d'anarchistes italiens, ainsi que leurs attentats.

De même qu'une des meilleures vertus allemandes, le sentiment de la discipline, se manifeste d'une façon particulière et inquiétante dans notre Social-Démocratie, de même s'y montre aussi notre vieux défaut, l'envie, que Tacite remarquait déjà chez nos aïeux. C'est *propter invidiam*, dit-il, que les Germains ont mis à mal le Chérusque, leur libérateur (1). L'envie est une des racines profondes de notre agitation socialiste. Les antagonismes économiques ont été, dans les temps modernes, aggravés également dans d'autres pays que chez nous. L'exaspération passionnée qu'ils ont fait naître en Allemagne, on la cherchera en vain ailleurs, bien que l'Allemagne ait précédé tous les autres pays par sa sollicitude sociale et n'ait jamais été égalée dans ce domaine par aucun autre pays jusqu'à ce jour. La lutte des classes ouvrières pour de meilleures conditions d'existence, lutte inaugurée lors de la fondation de la Social-Démocratie, s'est transformée en Allemagne en une haine parfois fanatique contre la propriété et l'instruction, la naissance et la situation. Cette envie n'a guère été calmée par les salutaires institutions destinées à améliorer le sort des travailleurs. Cette

---

(1) Armin le Chérusque. (*N. du Trad.*)

même envie, tous les jours attisée de nouveau par la vue de la différence entre pauvres et riches, ne disparaîtrait pas, si tel ou tel meneur s'asseyait au banc ministériel. Notre agitation socialiste en est devenue le bassin collecteur. Précisément la fin dernière de la Social-Démocratie, l'anéantissement des différences de possession par la suppression de la propriété privée et l'accaparement par l'Etat des moyens de production, est conservée jalousement et avec une prédilection marquée par la Social-Démocratie allemande. C'est aussi *propter invidiam* que le socialisme ne se laissera pas gagner à une politique de réconciliation. Et enfin notre misérable esprit de caste, qui fait obstacle à la simplification des rapports sociaux, qui exerce une fâcheuse influence sur toute notre vie politique, trouve sa suprême expression, et la plus âpre, dans l'esprit de classe socialiste. Les anciennes classes étaient nées de l'histoire; elles avaient été tracées par le droit public. Le prolétariat socialiste, pénétré de l'esprit de classe, s'est formé lui-même et a élevé un mur de démarcation entre lui et le reste des citoyens. Il ne veut rien avoir de commun avec les autres états. Et, particularité de chaque caste, le prolétariat socialiste ne se croit pas seulement meilleur, plus utile, plus fondé en droit que les autres classes, mais il poursuit aussi la prépondérance sur tous les autres états. Si on essayait chez nous d'incorporer le parti socialiste dans les partis bourgeois, la question se poserait de savoir si notre Social-Démocratie se prêterait à pareille incorporation. Elle se sent appelée à régner seule dans l'Etat, et ne se contentera guère d'une domination légale partagée.

L'Etat prussien et la Social-Démocratie.

Dans l'empire d'Allemagne, la Prusse est l'Etat dirigeant. Le socialisme est l'antithèse de l'Etat prussien. Une maxime de Hegel bien connue dit que tout concept porte en lui-même le concept opposé. Il y a un sens profond dans cette circonstance que les prémisses logiques aient été fournies aux conclusions de Marx par le philosophe qui a nommé l'Etat le Dieu présent, dont la philosophie du droit fut une glorification de l'Etat prussien et qui possédait la protection des plus hauts personnages de la Prusse.

La nature spéciale de l'Etat prussien, dont la perte briserait la colonne vertébrale de la vie politique de l'Allemagne, rend particulièrement difficile pour nous la solution du problème socialiste. Le *modus vivendi* pratique que l'on paraît avoir trouvé par ci par là dans l'Allemagne du Sud avec le socialisme, ne semble pas possible pour la Prusse. Celle-ci est devenue grande par son armée et ses fonctionnaires, grâce auxquels elle a pu accomplir l'œuvre de l'unification allemande. La forte cohésion en Prusse, qui part d'en haut, a de tout temps produit un mouvement en sens inverse d'une vigueur particulière. La manie des Berlinois, de tout censurer et de murmurer à propos de tout, était déjà connue à l'époque de l'absolutisme des rois, lorsque Frédéric le Grand rabattait à l'occasion le caquet des pamphlétaires. Seuls des fonctionnaires, aussi habitués que les Prussiens à être menés en bride, pouvaient perdre la tête aussi complètement qu'ils le firent, lorsque, dans l'année fatale de 1806, le gouvernement lâcha les rênes. En Prusse, même après le passage de l'Etat à des formes constitutionnelles, la démocratie bourgeoise s'obstina dans une opposition plus inflexible que dans l'Allemagne du Sud et maintint ses exigences. Aussi le contre-coup réactionnaire aux environs de 1850 fut-il en Prusse d'une violence particulière. La Social-Démocratie qui, dans l'Allemagne du Sud, prend souvent des allures conciliatrices et se montre disposée à renoncer à maint article de son programme en faveur de la politique pratique du jour, est en Prusse aussi intransigeante dans ses allures que dans ses réclamations. Par une opposition naturelle, la Prusse a un conservatisme qui est inconnu dans les autres Etats de la Confédération, et dont ils n'ont pas non plus besoin. La Prusse, comme Etat, est un être viril, un homme, et, comme tout homme méritant ce nom, présente une foule de contrastes brutaux, et n'est capable de grands services, que si une forte volonté règne en elle. Au dehors comme au dedans, cet Etat a traversé des alternatives d'extrême puissance ou d'extrême faiblesse. Des actes de la plus grande force et de la plus grande faiblesse s'y rencontrent tout près les uns des autres. Iéna et Leipzig ne sont séparés que par sept années. A la triste évacuation de Berlin par les troupes, le 19 mars 1848, et à la politique débile qui nous ramena par Bronzell et Olmütz (1) à la vieille Diète, succédèrent, vingt ans plus tard, Sadowa et Sedan. Sous une autorité vigoureuse, la Prusse s'est montrée plus solide, a trouvé plus d'abnégation et de discipline dans sa population que n'importe quel autre Etat. Quand le souverain devenait faible et timide, hésitant et neutre dans la manifestation de sa volonté, la Prusse a souffert d'une paralysie de toute la machine gouvernementale, plus que tout autre Etat. Comme en 1806, où le ministre de l'Intérieur d'un pays ouvert à l'ennemi déclarait que le premier devoir du citoyen était de se tenir tranquille, où les grands dignitaires de Berlin s'en vinrent dévotieusement recevoir le vainqueur à la porte de Brandebourg, les autorités perdirent la tête pendant l'année révolutionnaire de 1848, où le premier président de la province de Saxe proclamait superbement qu'il prenait position au-dessus des partis, tandis qu'un puissant mouvement de ces partis ébranlait les colonnes de la monarchie. Si le gouvernement prussien voulait reconnaître l'utilité d'une entente avec le socialisme, parti qui, depuis des années, s'attaque aux bases monarchiques et militaires de l'Etat prussien, la classe moyenne, les ruraux à l'est de l'Elbe, et finalement l'armée elle-

---

(1) Bronzell, village près de Cassel, où il y eut une collision entre les troupes prussiennes et l'armée d'exécution austro-bavaroise en 1850. Dans les conférences d'Olmütz, ville de la Moravie, la Prusse céda le pas à l'Autriche (1850). (*N. du Trad.*)

même ne sauraient plus que penser de l'Etat et du souverain. La renonciation du gouvernement à la lutte contre la Social-Démocratie serait comprise en Prusse comme la capitulation du souverain devant la Révolution. Et cela à juste titre, si, après un demi-siècle de combats, le gouvernement ne voyait pas d'autre issue qu'une paix boiteuse avec son adversaire. Aujourd'hui, les suites d'une faiblesse à l'égard du socialisme seraient plus fatales à la Prusse que ne l'a été la faiblesse vis-à-vis de la révolution de mars. On peut se demander encore si on retrouverait un Bismarck capable de rétablir l'autorité de la Couronne affaiblie non par des défaites, mais d'abord par l'irrésolution et une condescendance exagérée, puis par une stupide et absurde reculade. Le fonctionnaire prussien, le militaire prussien, le citoyen prussien, dont les idées sont enracinées dans les traditions prussiennes, ont besoin de confiance en la force du gouvernement pour garder un dévouement absolu au gouvernement monarchique. Une entente avec la Social-Démocratie, que l'Allemagne méridionale comprendrait peut-être comme un acte de sagesse politique, serait en Prusse le triomphe du socialisme sur le gouvernement et la Couronne. Première conséquence : l'afflux des adhérents au socialisme prendrait des proportions énormes. En Prusse, l'atavique fidélité au roi retient encore aujourd'hui une foule de gens loin du socialisme. Une Social-Démocratie, quasiment dotée d'un privilège du roi, verrait des centaines de milliers d'individus lui obéir sans scrupule. Au lieu de rattacher le socialisme à l'Etat existant, on pousserait dans ses bras un nombre incalculable de bons citoyens déconcertés dans leurs idées politiques. La Social-Démocratie ne sortirait pas affaiblie, mais fortifiée, de cet accord, et elle ne songerait pas du tout à se rapprocher sérieusement de l'Etat et à se modifier par complaisance pour l'Etat, si celui-ci lui faisait des avances. En Prusse, l'expérience de l'entente ne serait concevable qu'après que la Social-Démocratie aurait fait franchement et dans toutes ses formes sa paix avec la monarchie. Hors de là, le gouvernement prussien ne peut pas essayer une politique de réconciliation avec la Social-Démocratie, sans avoir à craindre de détruire l'organisme gouvernemental de la Prusse. Le socialisme déteste la monarchie de l'aigle, « qui plonge une aile dans le Niémen et l'autre dans le Rhin », elle déteste, dans la Prusse, l'Etat de l'ordre, le cœur et le noyau de l'Empire allemand, l'Etat sans lequel il n'y aurait pas d'Empire allemand, dont les rois ont unifié l'Allemagne, avec lequel, dans l'avenir, l'Empire restera debout et tombera. Le mot de Bebel, que le socialisme aura cause gagnée quand il aura conquis la Prusse, est vrai. Mais il est vrai aussi, qu'en lutte avec un gouvernement fort, le socialisme aura de la peine à conquérir la Prusse ou ne la conquerra pas, tandis que si le socialisme marche de pair avec le gouvernement, nul Etat allemand ne sera pour lui aussi aisé à conquérir que la Prusse.

Le caractère spécial des institutions prussiennes

doit évidemment exercer une action sur l'Empire. Il n'est pas possible, à la longue, de s'entendre dans l'Empire sur d'importantes questions législatives avec le socialisme, en maintenant en Prusse l'opposition la plus aiguë vis-à-vis de lui. Les élections au Reichstag ne peuvent être dirigées par des considérations tout à fait autres que les élections à la Chambre des députés prussienne. La Social-Démocratie ne se prêtera guère à une entente dans l'Empire, tant qu'on la combattra en Prusse. D'autre part, l'essai d'une entente, entrepris par le gouvernement de l'Empire, exercerait la même influence déconcertante et destructrice qu'un essai du même genre dans la Prusse même. Si l'on gouverne dans l'Empire sans égards pour la Prusse, on fait naître dans celle-ci le mécontentement contre l'Empire. Si l'on gouverne en Prusse sans égards pour l'Empire, on court le danger de voir s'étendre dans l'Allemagne non prussienne la méfiance et l'aversion vis-à-vis de l'Etat dirigeant. La Prusse s'est toujours mal trouvée de ne pas faire les réformes nécessaires en temps opportun, c'est-à-dire tant qu'elles étaient possibles sous une forme modérée, de leur opposer au contraire un refus obstinément borné, jusqu'au moment où, finalement imposées par les circonstances, elles devaient être accomplies sous une forme plus radicale. L'art de gouverner aura toujours à s'affirmer le plus chez nous par le maintien de l'harmonie entre la Prusse et l'Allemagne, non seulement en parole, mais aussi en **intention.**

La nature spéciale de nos institutions politiques, ainsi que la forme de notre socialisme, s'opposent également à une politique de réconciliation. Extirper le socialisme par la manière violente, il n'y faut pas songer. Ce n'est point par ces deux moyens directs que nous arriverons à résoudre le problème socialiste, à conjurer ce danger qui nous menace. Il ne nous reste donc que l'espoir de vaincre par des voies indirectes, en attaquant le socialisme dans ses causes et dans ses forces motrices.

Isolement de la Social-Démocratie.

Le mouvement socialiste est de caractère révolutionnaire. Passons sur la question de savoir si elle procédera à des actes révolutionnaires. Son but est révolutionnaire *sans phrase* (1), car, pour qu'il fût atteint, il faudrait bouleverser de fond en comble notre vie publique. Pour cette agitation, il conviendrait donc de mettre à profit les expériences faites à chaque mouvement révolutionnaire. L'histoire montre qu'un courant radical est rarement devenu plus mesuré sans poussée extérieure, que les nouveaux adhérents gagnés par un parti radical exercent rarement à la longue un effet modérateur, qu'ils sont plutôt propres à augmenter la force d'impulsion et disposés à se soumettre de plus en plus à la direction radicale. Dans le socialisme, comme dans tout

---

(1) En français dans le texte.
Bülow.

parti, les éléments radicaux ont jusqu'ici gardé la direction dans les moments décisifs, parce que la masse des membres du parti les trouvait les plus logiques de tous. On exprime souvent cette idée que le socialisme deviendra moins dangereux et plus pondéré à mesure que des gens instruits se rallieront à lui. Cette idée est réfutée par l'expérience. Les gens instruits dans le socialisme ne constituent pas le pont par lequel les masses du prolétariat se rapprocheront des représentants de l'ordre établi, mais elles forment un pont par lequel l'intelligence va rejoindre les masses. Or, l'adhésion des gens instruits fait d'un mouvement révolutionnaire un sérieux danger. L'histoire nous apprend que les mouvements révolutionnaires peuvent être victorieux quand les tendances des intellectuels, de l'intelligence bourgeoise s'allient à la poussée des masses. Il en fut ainsi dans la grande Révolution. Tant que la perspicacité supérieure, la forte volonté d'un Mirabeau attachèrent la bourgeoisie libérale à la monarchie et la retinrent loin des Jacobins, le passage relativement paisible de la France aux formes de la royauté constitutionnelle resta dans le domaine des possibilités. Lorsque, après sa mort, les Girondins se rapprochèrent des Montagnards, et que la bourgeoisie se coalisa avec les foules des villes contre les partisans de l'ancien régime et les monarchistes constitutionnels, la ruine de la monarchie et de la vieille France était scellée, et scellée à jamais. Une coalition semblable entre la tête et le bras fit succomber, en 1830, après une existence d'à peine quinze ans, la Restauration de la monarchie légitime. Dans les orages de mars 1848, la révolution triompha parce que les masses trouvèrent appui et direction dans les couches cultivées. Chaque fois que le prolétariat a combattu isolément, comme dans les journées de Juin à Paris et pendant la Commune, il a succombé. Un prolétariat isolé, quel qu'en soit le nombre, est toujours une minorité dans le peuple. Aux quatre millions d'électeurs socialistes de 1912 s'opposent toujours huit millions d'électeurs non socialistes. Réduit à lui-même, le prolétariat ne peut pas atteindre la supériorité numérique dans le peuple. Cela ne lui est possible que lorsqu'il lui vient du secours de la bourgeoisie. Voilà ce qu'il s'agit d'empêcher en première ligne. La Social-Démocratie ne peut être isolée que quand le libéralisme est maintenu loin d'elle et rallié au gouvernement et à la droite. Mais on n'y arrive point par d'onctueuses exhortations au libéralisme : qu'il évite à tout prix ses voisins rouges. La séparation du libéralisme et du socialisme ne peut être obtenue au cours d'une politique pratique que par un groupement correspondant des partis. La tâche de séparer le socialisme de l'intelligence bourgeoise constitue l'un des motifs pour lesquels des ministres, conservateurs au fond, doivent gouverner de façon à ne pas repousser le libéralisme.

Socialisme et ouvriers.

Les rêves socialistes doivent avoir je ne sais quoi de corrupteur pour l'ouvrier, généralement encore dans la misère et luttant péniblement pour sa propre existence et pour celle de sa famille. Mon prédécesseur, le prince de Hohenlohe, appelait le socialisme le rêve du pauvre. Le jugement peu exercé de l'homme simple ne succombera que trop aisément aux sophismes ensorceleurs des doctrines socialistes. Ce sont de grandes espérances, que celles que le socialisme fait luire aux yeux des ouvriers, des promesses éblouissantes que celles qu'il leur fait. Et c'est une vérité vieille comme le monde que les hommes n'aiment rien tant que leurs espérances, que placés entre une grande espérance et une petite réalisation, ils choisissent l'espérance. Nous ne devons pas cesser de montrer la vérité à nos concitoyens salariés, de leur dire que les promesses socialistes sont décevantes, que le socialisme n'accomplira pas le grand prodige de supprimer la misère, les soucis, la bataille économique, que la tangible sollicitude sociale de l'Etat existant, de la société existante, a plus de valeur que les promesses irréalisables de la Social-Démocratie. Il faut que nous luttions sans trêve pour conquérir les âmes de nos ouvriers, il faut que nous cherchions à ramener le travailleur socialiste à l'Etat, à la monarchie, à retenir l'ouvrier non socialiste loin du socialisme. Il y a encore un grand nombre d'ouvriers qui n'ont pas succombé à l'embauchage socialiste. En face des 2.530.390 ouvriers organisés en soi-disant libres syndicats socialistes, nous trouvons encore 1.314.799 travailleurs organisés en syndicats et associations non socialistes :

Associations ouvrières catholiques. . . . 545.574
Associations ouvrières protestantes. . . . 180.000
Syndicats chrétiens. 360.000
Ouvriers de l'Etat et ligue des employés. 120.000
Syndicats ouvriers Hirsch-Duncker. . . 109.225

A ces chiffres s'ajoutent les associations catholiques et protestantes de compagnons et de jeunes gens qui comptent 408.223 membres, et avant tout le grand nombre des ouvriers industriels et agricoles non syndiqués. Dans l'œuvre des cadets volontaires, de la ligue de la Jeune-Allemagne, on a eu recours à des attractions précieuses en vue de soustraire les jeunes gens aux racoleurs socialistes. Si l'organisation socialiste est solide et forte, on est en train de lui opposer d'autres organisations qui, adroitement utilisées, serviront de base à une campagne heureuse contre le socialisme. Il y aura moyen de créer encore d'autres organisations. Je disais, le 20 janvier 1903, au Reichstag : La monarchie a trouvé au début du siècle dernier, sans violence et sans secousse, la transition entre l'ancien et le nouveau régime de gouvernement; elle est aujourd'hui encore assez perspicace et assez forte pour adoucir et supprimer, autant qu'il est possible sur cette terre imparfaite, les maux qui, dans l'évolution moderne, accompagnent tant de radieux bienfaits, maux qui apparaissent dans tous les pays de progrès, et que nous résumons sous le nom de « question sociale ». Nous devons garder cette croyance, en dépit ou justement à cause de la puissance du socialisme, et de la force d'attraction qu'il exerce sur le monde ouvrier en Allemagne. Nous faisons la guerre au socialisme, non pour frapper l'ouvrier, mais pour soustraire le travailleur aux filets socialistes et le familiariser avec l'idée de l'Etat. A la haine du socialisme contre les classes possédantes et instruites, nous ne devons pas répondre par la haine contre les masses ouvrières ensorcelées par la propagande socialiste. Nous voyons aussi dans l'ouvrier le concitoyen. Nous honorons aussi dans l'ouvrier la face de Dieu. Et ce que nous faisons pour alléger sa pénible situation économique, nous ne le faisons pas seulement dans un intérêt politique, mais aussi par sentiment du devoir et d'après les commandements de Dieu. Depuis le commencement du nouveau siècle, nous avons continué le grandiose édifice de notre législation sociale, nous l'avons achevé en partie, non parce que nous avons une Social-Démocratie si forte, mais malgré que nous l'ayons. Plus nous avons la conscience nette vis-à-vis des ouvriers, parce que, dans notre politique sociale de grande envergure, nous faisons ce qui est humainement possible pour l'amélioration de leur situation économique, plus nous pouvons à bon droit mener le combat imposé par la raison d'État contre une Social-Démocratie acharnée à la poursuite de buts exclusivement politiques.

Les milieux catholiques ont eu le grand mérite de retenir une grande partie des ouvriers catholiques loin du mouvement socialiste. Mais le cléricalisme, lui non plus, ne possède pas de remède secret contre les agitations révolutionnaires, comme le prouve l'histoire des Français, des Italiens, des Portugais et des Espagnols. Chez nous, les éléments conservateurs ne peuvent pas s'appuyer exclusivement sur les cléricaux, parce que, dans notre Allemagne, où prédominent le protestantisme ainsi que l'esprit protestant, une majorité composée seulement de conservateurs et de centristes n'aurait qu'une base étroite et nous exposerait à une coalition de tous les éléments de gauche. Or, ce serait là le vrai moyen d'aboutir au résultat qu'il faut éviter : au rapprochement du socialisme et de certains éléments de la bourgeoisie intelligente.

Une politique nationale vivante est le vrai remède au socialisme.

Le vrai moyen de détourner la majorité de la nation des visées révolutionnaires de la Social-Démocratie, des croyances séductrices du socialisme, pour l'amener à un autre avenir infiniment meilleur, c'est une politique vaillante et de grande allure, qui sache conserver l'amour pour l'existence de la vie politique nationale. Une politique qui tende les meilleures forces de la nation, qui attire, entretienne et fortifie la nombreuse, de plus en plus nombreuse classe moyenne, appui solide de la monarchie et de l'Etat par son écrasante majorité, une politique qui, sans idées bureaucratiques préconçues, ouvre la voie au talent même dans la vie de l'Etat, une politique qui en appelle aux meilleurs sentiments nationaux. Le point de vue national doit sans cesse être mis en avant par des entreprises nationales, afin que l'idée nationale ne cesse pas de remuer les partis, de les unir et de les séparer. Rien ne décourage, ne paralyse et n'aigrit plus un peuple d'une activité intellectuelle, d'une vitalité, d'un développement pareils à ceux du peuple allemand, qu'une politique monotone, sans vie, qui, pour éviter le combat, craint de soulever les passions par de fortes résolutions. Mon prédécesseur, le prince Clovis de Hohenlohe, fut pour moi pendant de longues années, en sa qualité d'ambassadeur à Paris, un chef bienveillant, qui aimait à s'entretenir avec moi en dehors des heures de service. Un jour qu'il me faisait l'éloge d'un homme d'Etat bavarois alors connu, qu'il me vantait ses capacités, son zèle et sa conscience au travail, je lui demandai pourquoi, étant ministre-président en Bavière, il n'avait pas proposé l'homme en question pour un poste de ministre: « Pour devenir ministre, il n'était pas assez frivole. » Je ne pus cacher ma surprise de ce qu'un homme aussi réfléchi, aussi calme et aussi prudent que le prince de Hohenlohe, pût dire pareille chose, mais le sage prince me répondit : « Il ne faut pas prendre mon observation pour une invite à la frivolité de la conduite, à laquelle la jeunesse est d'ailleurs portée. Ce que je voulais dire s'appliquait à la politique. Un ministre doit posséder une sérieuse part d'initiative et d'énergie. Il faut aussi qu'à l'occasion il sache risquer la forte mise, et sauter une haute barrière, faute de quoi il ne fait rien qui vaille. » A cette remarque du prince de Hohenlohe, on pourrait ajouter mainte observation semblable du prince de Bismarck. Les gouvernements et les ministres ne doivent pas reculer devant le combat. Un peuple vigoureux a besoin de se heurter au gouvernement, les froissements réciproques des partis ont même moins d'utilité pour lui. Mais ces frottements produisent la vivifiante chaleur sans laquelle la vie politique de la nation finirait par être insipide. L'Allemand a eu de tout temps le profond besoin de se heurter de temps à autre à l'autorité. Rien ne le dépite plus, que de sentir qu'on ne résiste pas au heurt et qu'on l'évite. Et l'on pourra toujours trouver que les partis accentuent le plus leurs antagonismes, quand le gouvernement se montre peu disposé à se battre en duel avec eux. Le vieil amour de la bataille chez les Allemands, que l'histoire et la légende nous apprennent, continue à se manifester dans notre vie politique. Pour l'Allemand, la meilleure politique n'est pas celle qui le laisse tranquille, mais celle qui le tient en haleine, sur le qui-vive, et lui permet de montrer à l'occasion sa force : bref, une politique qui, par sa propre intensité de vie, sait éveiller la vie.

Sans doute, il y a une différence entre la bataille

politique et l'exaspération politique. La première vivifie, la seconde empoisonne. Le peuple sait bien reconnaître si le gouvernement essaie sa force dans les grandes choses, ou bien en abuse dans les petites. Il en est du maître dans l'Etat comme du maître dans la maison. Les tyrans domestiques sont généralement des faiblards; les hommes à volonté forte sont chez eux généreux et indulgents dans les petites choses, parce qu'ils emploient leur force aux grandes. Par une politique de coups d'épingle, un gouvernement se rend impopulaire, sans acquérir d'autorité. Rien n'engendre plus aisément le mécontentement au sujet de ce qui existe, rien ne produit un effet plus radical sur l'opinion que l'étroitesse d'esprit de la bureaucratie, la maladresse policière, et avant tout des interventions et des empiétements dans le domaine intellectuel, où un peuple civilisé tient à bon droit à n'être pas tracassé par la politique. Ce n'est pas une spécialité du peuple allemand, mais une particularité commune à tous les hommes, que les injustices subies, les ennuis personnels supportés par suite des abus de pouvoir des organes administratifs, restent plus longtemps et plus profondément gravés dans la mémoire que la plus fondée et la meilleure des convictions politiques. Ils sont légion, ceux qui, pour de pareils motifs, vont faire des démonstrations hostiles à l'Etat et à l'autorité, le bulletin de vote socialiste à la main. C'est dans la floraison de la bureaucratie que le socialisme puise son meilleur miel.

Il faut avoir vécu à l'étranger pour apprécier complètement ce que l'Allemagne, et en particulier la Prusse, possède dans le corps de ses fonctionnaires : ce corps, formé par de grands souverains et d'éminents ministres avec la précieuse matière de dévouement, de conscience, de goût du travail et de force de labeur que l'on trouve chez nous, a rendu d'incomparables services dans tous les domaines. Si le pays entre les Alpes et la Baltique, la Meuse et Memel, s'étend aujourd'hui comme un jardin bien tenu sous les yeux de l'Allemand rentrant dans sa patrie, nous le devons en grande partie à notre corps de fonctionnaires. Ce corps fera aussi dans l'avenir des choses d'autant plus grandes que, tout en conservant ses qualités traditionnelles, il se dégagera davantage de nos défauts héréditaires de pédantisme et d'esprit de caste, que son coup d'œil sera plus libre, que son attitude deviendra plus humaine dans ses relations avec toutes les classes de la population, que sa pensée s'éclairera davantage. La condescendance, l'absence de préventions dans les petites choses se concilient absolument dans les grandes avec une énergie qu'aucune considération n'arrête. C'est précisément en ayant égard à la force et au danger que présente notre socialisme, qu'il est nécessaire que les gouvernants sachent distinguer entre le terrain de la liberté civile, qu'il faut administrer avec ménagement, et celui de la souveraineté de l'État, qui doit se régir avec énergie et fermeté. Quelque décevante que soit en général une comparaison entre ce qui existe en Allemagne et à l'étranger, c'est là un domaine où l'Angleterre peut servir de modèle et de type à imiter. On y réprime sans pitié toute perturbation de l'ordre public, mais on y évite avec un soin minutieux les mesquines chicanes qui gênent la liberté et les aises de l'individu. La rancune contre l'Etat, coutumière en Allemagne, est presque inconnue en Angleterre. Une des principales raisons pour lesquelles l'Anglais est si bon citoyen, c'est qu'il peut être dans l'Etat un aussi libre particulier. Les limites, parfois encore chancelantes chez nous, de l'action gouvernementale, sont bien fixées en Angleterre.

Aujourd'hui, personne ne croira que le socialisme cessera, dans un temps donné, d'être une puissance et un grand danger dans notre vie publique. Mais la lutte contre lui n'est nullement condamnée à rester sans résultat. Le socialisme est fort bien vulnérable dans sa puissance au Parlement. Les élections de 1907 ont montré de quelle façon sérieuse on peut le toucher. L'agitation socialiste peut être restreinte au prolétariat, et, d'après toutes les données de l'histoire, être privée de la perspective du triomphe final, si on réussit à en séparer la bourgeoisie. Que l'Etat traite l'ouvrier sans préventions et avec justice, l'aide à se sentir citoyen complet et remplisse son devoir de politique sociale, et il réussira forcément à résoudre la question ouvrière dans le sens national. Par le moyen, faible en apparence, mais important dans ses effets, d'une administration adroite et large d'idées, il est possible de barrer le torrent des adhérents qui courent au socialisme. Enfin, une impitoyable énergie dans la répression de toute tentative de troubler l'ordre public peut persuader le socialisme de l'inutilité de tentatives de ce genre, projetées peut-être sur une vaste échelle. Tant que le socialisme ne remplira pas les conditions que je lui indiquais, il y a bientôt onze ans, comme condition préliminaire *sine qua non* pour l'atténuation des antagonismes qui nous séparent, tant qu'il ne se placera pas sur le terrain de la raison, de la légalité, qu'il ne fera pas sa paix avec l'ordre monarchique, qu'il ne renoncera pas à léser des sentiments sacrés pour la grande majorité du peuple allemand, et qu'il restera tel qu'il est actuellement, le combattre sera l'inéluctable devoir du gouvernement. Le gouvernement ne doit pas abandonner ce combat aux partis, il faut qu'il le livre lui-même. Car l'agitation socialiste ne menace pas seulement tel ou tel parti dans son existence, elle est un danger pour le pays tout entier et pour la monarchie. Il faut tenir tête à ce péril par une politique nationale à vues larges et variées, sous la ferme direction de gouvernements vaillants qui sachent ce qu'ils veulent, et qui soient capables de faire plier, bon gré mal gré, tous les partis sous la force de l'idée nationale.

III. — ÉCONOMIE POLITIQUE

Essor économique et développement de l'industrie.

Rarement ou jamais un pays n'a pris en si peu de temps un essor économique aussi puissant que l'Empire allemand dans la période qui s'étend de la paix de Francfort jusqu'à nos jours. D'une part, la consolidation de notre position de grande puissance en Europe, couronnant la réalisation de l'unité de l'Allemagne et assurant la sécurité de nos frontières; d'autre part, notre entrée dans la politique mondiale concurremment avec la création d'une forte flotte : ces deux événements politiques de notre histoire contemporaine, les plus féconds en résultats, ont profité de la façon la plus directe au développement de notre vie économique. Pendant quarante et quelques années d'une paix profonde, l'esprit d'entreprise des Allemands, pour la première fois réveillé depuis la fin du moyen âge, put utiliser le rapide essor des moyens de communication, les conquêtes des sciences et des arts techniques, l'extrême extension des opérations financières, pour travailler à l'augmentation de la prospérité de l'Allemagne. Le pauvre pays allemand est devenu un pays riche. Le peuple de penseurs, de poètes et de soldats s'est changé en un peuple commerçant de premier ordre et dispute aujourd'hui la palme sur le marché mondial à l'Angleterre, qui était la première puissance commerciale du monde, à une époque déjà où l'Allemagne ne possédait encore qu'une population de paysans et d'artisans. Où sont les temps où notre Schiller ne voyait que deux puissantes nations se disputer la possession du monde : le Franc, qui jette son épée d'airain dans la balance de la justice, et l'Anglais, qui étend avidement ses flottes comme les tentacules d'un poulpe? Où sont les temps où l'Allemand, qui était resté dans le pays des rêves tandis qu'on se partageait la terre, était placé par lui avec le pauvre poète dans le ciel de l'idéal désintéressement ?

Aujourd'hui, l'industrie allemande a des clients jusque dans les régions les plus lointaines du monde. Le pavillon de notre marine marchande est une vision familière dans les ports étrangers, et il se sait en sûreté sous la protection de nos vaisseaux de guerre. Les capitaux allemands travaillent à l'étranger concurremment avec ceux des vieilles puissances financières, l'Angleterre et la France, et ils contribuent à affermir des relations d'intérêts économiques entre nous et les autres peuples. C'est sur le terrain du travail mondial que les conséquences de notre renaissance nationale se sont jusqu'ici fait sentir de la façon la plus tangible. Dans les chiffres des statistiques internationales du trafic et du commerce, la montée de l'Empire allemand à côté des vieilles puissances s'exprime de la façon la plus plastique.

Nous avons des raisons d'être fiers de nos énormes

succès économiques. Et la satisfaction du patriote allemand est justifiée, quand il souligne le temps extraordinairement court qu'il nous a fallu pour parcourir dans notre évolution économique la grande distance qui nous séparait encore, il y a cinquante ans, de peuples que nous avons dépassés aujourd'hui. Seule pouvait y réussir la débordante vitalité d'un peuple foncièrement sain, énergique et ambitieux. Mais nous ne pouvons nous dissimuler que l'allure presque vertigineuse de notre ascension économique a souvent troublé notre calme développement organique et créé des dissonances, qui appelaient une contre-partie. Devant les succès qui sautent aux yeux et qu'il doit à un talent spécial, l'homme est porté à négliger le développement harmonieux de ses autres capacités et facultés. Il lui faudra de temps en temps expier cet exclusivisme par de cruels contre-coups, quand le changement de la situation exigera d'autres facultés et d'autres productions. En Allemagne, le rapide essor économique fut une brusque floraison de l'industrie et du commerce favorisée par le soleil des circonstances du moment. La perfection des moyens modernes de communication nous ouvrit mieux qu'autrefois les marchés de pays également lointains. Les trésors de notre sol natal étaient encore inexploités; les incomparables progrès du machinisme et de l'électrotechnique mirent à la disposition de l'industrie de nouveaux moyens d'exploitation, et le rapide accroissement de notre population fournit les foules ouvrières pour la fondation et l'agrandissement de grandes entreprises industrielles. De plus, quarante années de paix donnèrent la possibilité d'exploiter le marché mondial sous tous les rapports. Les capacités commerciales et industrielles du peuple allemand, qui avaient déjà fait de nous, il y a des siècles, le premier des peuples commerçants et industriels, et qui avaient été paralysées jusque dans le dernier tiers du XIXe siècle par notre étiolement politique et par de pénibles luttes pour l'existence nationale, ces capacités furent tout particulièrement favorisées par les circonstances. Lorsque se trouvèrent, pour profiter de ces temps propices, des chefs d'entreprise et des négociants de premier ordre, des hommes tels que Stumm et Krupp, Ballin et Rathenau, Kirdorf et Borsig, Gwinner et Siemens, ce fut forcément à l'industrie et au commerce qu'appartinrent les succès de l'avenir immédiat. La nation se tourna de plus en plus vers les perspectives nouvellement ouvertes. Les classes inférieures affluèrent de la plaine dans les établissements industriels. Dans les couches moyennes et supérieures de la bourgeoisie se forma une classe nombreuse d'employés industriels capables. L'industrialisme, qui s'était annoncé vers le milieu du XIXe siècle, s'accomplit en Allemagne après la fondation de l'Empire, et surtout depuis 1890, avec une impétuosité dont on ne trouve l'équivalent qu'aux Etats-Unis. En 1882 encore, l'agriculture allemande nourrissait presque autant de bouches que le commerce et l'industrie réunis; en 1895, elle cédait déjà le pas, rien qu'à l'industrie, pour environ 2.000.000 de ressortissants professionnels. Dans l'espace de treize ans s'était accompli un renversement complet de la situation.

Industrie et agriculture.

La législation économique de l'Empire avait deux moyens de tenir compte de ce bouleversement. Elle pouvait accorder toute son aide à l'industrie et au commerce, déjà favorisés par les circonstances, et qui grandissaient avec force et aisance; elle pouvait fortifier ce qui paraissait avoir le plus de vigueur, pousser l'Allemagne à sa transformation en Etat exclusivement industriel et commercial, et abandonner à son sort l'agriculture allemande. Le comte de Caprivi et ses collaborateurs crurent devoir choisir cette voie. Ou bien on pouvait, par la législation, créer pour l'agriculture une compensation à la rigueur des temps, combattre la transformation de l'Allemagne en un Etat exclusivement industriel, et conserver une agriculture vigoureuse et viable à côté d'une puissante industrie. C'est ce chemin que j'ai pris, en toute connaissance de cause et par intime conviction, avec les lois douanières de 1902, car j'étais pénétré de cette idée qu'une agriculture prospère nous est indispensable au point de vue économique, avant tout au point de vue national et social, précisément parce que l'industrialisation de l'Allemagne marche sans cesse de l'avant. J'ai toujours été d'avis que l'on apprend plus par les relations personnelles et par la vie que par les compendiums les plus approfondis. Je suis porté à croire que c'est en s'entretenant avec des hommes d'un avis contraire au sien et qui savent défendre leur opinion, que l'on apprend le plus. *Du choc des opinions jaillit la vérité* (1). Je m'entretenais, il y a un certain nombre d'années, avec un parlementaire de la gauche libérale sur des problèmes économiques. Je lui demandai à la fin : « Et si les mauvais jours survenaient, une guerre acharnée ou une révolution sérieuse, pensez-vous qu'à l'heure du danger les forces qui ont fait la grandeur de la Prusse puissent être complètement remplacées par nos nouvelles couches sociales, commerçantes et industrielles, quelles que soient leurs qualités et leurs capacités ? » Mon antagoniste politique et ami personnel réfléchit un instant et dit : « Vous avez raison, gardez-nous l'agriculture et même le hobereau. »

Nous devons beaucoup à l'industrie et au commerce. Ils ont fait de nous un pays riche et nous permettent en première ligne de supporter financièrement nos armements considérables sur terre et sur mer. Un homme qui occupe une place éminente dans notre vie économique, le prince Guido Henckel, disait volontiers que c'est à l'agriculture à nous fournir nos soldats, à l'industrie de les payer. L'industrie et le commerce, ces deux sources modernes de la richesse, nourrissent et occupent le grand surcroît de population que nous perdions jadis par l'émigration.

---

(1) En français dans le texte.

C'est sur les épaules de l'industrie et du commerce que nous nous sommes haussés jusqu'à la puissance mondiale. Mais les profits réalisés dans un sens par notre évolution nationale ont toutefois été souvent achetés par des pertes dans l'autre sens. Afin de pouvoir mesurer le véritable gain résultant pour la nation de son industrialisation, il faut placer en regard les pertes et les dommages causés par cette dernière. On ne tarde pas à voir que l'évolution de la vie économique moderne nous impose encore d'autres devoirs, des devoirs plus lourds que la tâche de développer de plus en plus, de toutes nos forces, l'industrie et le commerce. L'évolution moderne recèle de graves dangers pour la vie nationale, et ce n'est que si l'on réussissait à les écarter, que nous pourrions nous réjouir sans remords des conquêtes nouvelles. Il s'agissait de procéder comme un prudent médecin, qui s'inquiète de maintenir l'organisme sain et vigoureux dans toutes ses parties et dans toutes ses fonctions, et qui intervient en temps opportun, quand il s'aperçoit que le développement exagéré d'un seul organe retire des forces aux autres. L'industrie allemande s'est, en réalité, fortifiée aux dépens de l'agriculture dans les premières dizaines d'années de son développement. Si on n'y avait pas mis le holà, l'agriculture risquait de tomber sous les marteaux de l'industrie et d'être écrasée. C'était non seulement un préjudice pour l'agriculture, mais encore une perte pour la nation. Les forces qui émanent de l'agriculture pour agir sur notre vie nationale sont trop précieuses et trop indispensables pour que nous puissions cesser de nous inquiéter, avec toute énergie, du bien et du mal de l'agriculture allemande. La vie économique d'un peuple ne ressemble pas à une maison de commerce aux multiples ramifications, pour laquelle chaque branche spéciale mérite un intérêt plus ou moins grand selon les chances de gain du moment.

Richesse et santé d'une nation.

Abstraction faite de cette considération que l'agriculture, en tant qu'elle produit et qu'elle consomme, marche de pair avec l'industrie, des considérations autres que les considérations économiques entrent en ligne de compte si l'on veut faire une juste estimation des forces économiques d'un peuple. L'économie nationale d'un peuple a une importance non seulement économique, mais aussi nationale. Il ne s'agit pas uniquement des profits matériels tirés des différentes manières d'acquérir. Il faut aussi s'inquiéter de la façon dont ces manières d'acquérir agissent sur le maintien et le développement des forces physiques et intellectuelles du peuple. Certes, un peuple a besoin d'augmenter sa prospérité, sa productivité financière. Les Etats actuels en ont encore plus besoin que ceux des époques antérieures. L'administration de l'Etat moderne, avec son immense cercle d'action, et avant tout les armements modernes, exigent de tout autres ressources matérielles que celles dont on avait besoin auparavant. Mais avec les seuls moyens matériels, un peuple ne peut ni maintenir, ni agrandir sa place dans le monde. La santé physique, morale et intellectuelle est encore aujourd'hui la plus grande richesse pour un peuple. Ce qu'un peuple pauvre, mais sain de corps et d'esprit, est capable de faire, la Prusse l'a glorieusement montré dans la guerre de Sept Ans et dans la guerre d'Indépendance, tandis que la supériorité de la richesse n'a jamais pu empêcher les fatales conséquences d'une santé nationale en décadence. Un Etat n'est pas une société commerciale. Pour la lutte entre les peuples de la terre, la force économique prend une importance considérable, mais les résultats décisifs dépendent finalement d'autres forces, et ne se remportent pas sur le champ de bataille économique. Cette vérité de La Palice, que l'argent seul ne fait pas le bonheur, s'applique aussi aux nations. Elles aussi ne peuvent se réjouir de l'augmentation de leur prospérité, que quand un esprit sain anime chez elles un corps sain. Dans ses résolutions économiques, le gouvernement ne peut pas, à l'instar d'un négociant adroit spéculateur, se régler sur les conjonctures favorables qui ouvrent de brillantes perspectives à l'un ou à l'autre domaine économique; il faut qu'il subordonne sa politique économique à l'ensemble de la politique nationale et qu'il prenne ses résolutions de façon à ce que non seulement la prospérité actuelle du peuple soit augmentée, mais encore de façon à ce qu'avant tout un sain développement de la nation se trouve garanti dans l'avenir. La question que s'est souvent posée l'économie nationale : « Comment un peuple devient-il riche pour pouvoir bien vivre ? » doit être élargie par la politique économique au moyen de la suivante : « Comment un peuple restera-t-il sain, afin de vivre longtemps ? » L'industrie et le commerce augmentent notre aisance nationale à un degré plus élevé et à une allure plus vive que ne le pourrait jamais faire l'agriculture. Mais sans une grande et florissante agriculture à ses côtés, l'industrie userait bientôt les meilleures forces du peuple, sans pouvoir les remplacer. L'agriculture est la productrice de la force du peuple, que l'industrie use, le vaste terrain à racines où les arbres de haute futaie, l'industrie et le commerce, trouvent leur base, et d'où elles tirent leur alimentation.

Nous admirons à bon droit dans les centres industriels du Pays Rhénan, de la Westphalie et de la Saxe, l'élan, l'énergie et le talent d'organisation des chefs d'entreprise; dans l'achèvement des établissements industriels, le génie inventif et la hardiesse de nos techniciens et ingénieurs; dans la qualité de nos produits industriels, le travail et la conscience de l'ouvrier allemand. Nous sommes à bon droit fiers de l'extension de nos villes grandes et moyennes, qui doivent leur rapide essor à la prospérité de l'industrie et du commerce. Depuis la fin du moyen âge, nous n'avons pas vu un développement urbain d'une pareille envergure. Et de même qu'à l'issue du moyen âge, les villes de l'âge moderne, beaucoup plus étendues et plus populeuses, sont aussi les centres d'un vif mouvement intellectuel et artistique. Il est injuste de condamner en gros et en détail la culture moderne des grandes villes. Parmi les influences civilisatrices, qui, des grandes villes, se répandent sur la campagne, il y en a certainement quelques-unes qui nuisent aux habitudes primitives des campagnards. Mais ces inconvénients sont largement compensés par le renouvellement, l'affinement des formes extérieures de civilisation, qui émanent aujourd'hui encore, comme de tout temps, des grandes villes. Celui qui précisément ne ferme pas les yeux sur les graves dangers que présente, dans notre patrie, une excessive absorption des campagnes par les villes, ne méconnaîtra pas les services éminents rendus par nos villes allemandes dans le domaine intellectuel et civilisateur, et séparera l'ivraie du bon grain. Il n'est pas exact non plus de chercher d'une façon trop exclusive dans le domaine moral les inconvénients du développement des grandes villes. On commet des péchés *intra* et *extra muros*. Il y a des justes et des méchants à la campagne comme à la ville. N'oublions pas d'ailleurs que, précisément dans le domaine de la charité, les villes ont donné l'exemple des institutions modèles, et que, dans la sollicitude pour les basses classes, les princes de l'industrie ont pris l'initiative.

Les dangers de l'industrialisme et, par conséquent, de l'excessif développement des villes en Allemagne se trouvent plutôt dans le domaine physique que sur le terrain difficile à mesurer, comme quantité et comme qualité, de la vie intellectuelle et morale. La santé des hommes et la fécondité des femmes souffrent beaucoup de l'influence de la vie urbaine, surtout dans les grandes villes. De 1876 à 1880, dans le royaume de Prusse, pour 1.000 femmes âgées de moins de 45 ans, il y eut en moyenne par année, dans les villes, 160, à la campagne, 182 naissances d'enfants vivants. De 1906 à 1910, ces chiffres s'abaissèrent, dans les villes, à 117; dans les campagnes, à 168. C'est pour les villes un déficit de 43 naissances pour 1.000 femmes. Dans la circonscription de Berlin seule, les chiffres tombèrent dans le même temps de 149 à 84, accusant par conséquent une diminution de 65. Le rapide accroissement de la population urbaine ne signifie pas une augmentation, mais une constante diminution du peuple; en effet, les femmes émigrant de la campagne à la ville, les femmes grandissant dans les villes contribuent à la réduction du nombre des naissances dans l'Empire. La situation est la même pour la santé des hommes, dont témoigne le plus ou moins grand nombre d'aptitudes au service militaire. D'après les statistiques provenant des délibérations d'une commission nommée par moi en 1906, les campagnes, c'est-à-dire les communes au-dessous de 2.000 habitants, présentèrent 114 conscrits bons pour le service; les grandes villes au-dessus de 100.000 habitants, 65; les villes moyennes de 20 à 100.000 habitants, 83, pour un contingent dû de 100 hommes bons pour le service, déterminé proportionnellement au chiffre de la population. Parmi les père et mère de ces hommes bons pour le service, 74,97 p. 100 provenaient de la campagne, 1,68 p. 100 des grandes villes. En outre, l'Allemagne compte 48 villes de plus de 100.000 habitants; la France, 15 seulement; l'Italie, 13; l'Autriche-Hongrie, 9. Les deux tiers environ de notre population vivent dans des villes et des centres industriels. L'agriculture représentait : en 1850, 65 p. 100; en 1870, 47 p. 100; en 1899, 32 p. 100, et, en 1912, 28,6 p. 100 seulement de la population totale. Ces chiffres parlent un langage très alarmant. Ils ne disent ni plus ni moins que ceci : tout affaiblissement de l'agriculture est un affaiblissement de notre force défensive, une diminution de notre puissance et de notre sécurité nationales. Le commerce et l'industrie n'ont pu se développer avec tant d'éclat que parce que la paix nous a été conservée grâce à la force de notre armement, et ils ne pourront désormais continuer à prospérer que si la protection de notre force armée ne subit pas de réduction. Mais il faut, à cet effet, une population d'agriculteurs vigoureuse et nombreuse, qui trouve du travail et de la nourriture en suffisance dans une agriculture très développée. L'industrie et le commerce sont, pour leur propre bien, les premiers intéressés à la prospérité de l'agriculture en Allemagne. Comme l'indique la statistique, c'est à la population des campagnes que reviendra dans l'avenir, encore plus que ce n'est déjà le cas depuis 1890, la tâche de protéger la richesse et la propriété dans l'Empire allemand.

Protection de l'agriculture.

Un savant libéral, avec lequel je suis lié d'amitié depuis des années, me disait jadis à Norderney, en voyant les navires qui passaient devant ma demeure, qu'il ne comprenait pas comment un homme comme moi, éclairé d'ailleurs pour les autres questions, avait pu donner à notre politique économique, par le tarif douanier, une direction aussi agrarienne. Lui montrant un navire qui passait, je lui dis : « Un bateau sans lest suffisant, à mâts trop élevés et à gréement trop lourd, chavire. L'agriculture est et reste notre lest. Que l'industrie et le commerce soient la mâture et la voilure. Sans eux, le bateau n'avance pas. Mais sans lest, il fait la culbute. » Le capitaine d'un navire doit certainement chercher à naviguer rapidement. Mais il ne doit pas vouloir acheter la rapidité de la course en sacrifiant la sécurité. Si notre vaisseau impérial doit continuer avec vitesse et sûreté son fier voyage, son conducteur doit, pour cela, veiller à ce que l'agriculture constitue un lest suffisamment lourd dans la cale.

La protection de l'agriculture est un devoir national de premier ordre. Devoir qu'il faudrait remplir, même si, au point de vue économique pur, l'agriculture avait moins d'importance que ce n'est, en réalité, le cas. Bien que l'agriculture n'ait plus son ancienne importance prédominante dans l'ensemble de notre vie économique, elle reste quand même encore sur le même plan que les autres professions. Sans doute, d'après le recensement de celles-ci, établi en 1907, elle n'a plus à son actif que 17,68 millions de la population contre 26,38 millions qui vivent de l'industrie, mais la valeur de sa production contrebalance celle de l'industrie, ou la dépasse même. La statistique des produits ne contient pas de données suffisantes, et la question de productivité de l'agriculture ou de l'industrie ne saurait être tranchée d'une manière concluante en faveur de l'une ou de l'autre de ces deux branches d'activité. Maint citadin sera cependant surpris d'apprendre que la valeur d'un seul produit agricole, le lait, s'éleva, en 1906, à 2 milliards 600 millions de marks, tandis que la valeur de tous les produits miniers réunis n'atteignait dans la même année que le chiffre de 1 milliard 600 millions de marks. Il y a contradiction entre les estimations entreprises par les agrariens et les industriels sur la valeur respective de leurs produits. Mais qu'au point de vue de la valeur de la production ce soit l'agriculture ou l'industrie qui occupe la première place, cela ne signifie au fond absolument rien ni pour ni contre l'une ou l'autre de ces deux grandes branches d'activité. Nous avons besoin des deux et le déclin de l'une ne pourrait jamais être compensé complètement par l'ascension de l'autre. Pour calculer la véritable valeur économique des productions, il faudrait, en outre, déterminer encore de quelle façon la production agricole et la production industrielle agissent sur l'activité commerciale et les chiffres d'affaires qui en résultent.

Et, même dans ce cas, il faudrait encore faire entrer en ligne de compte ce fait que la valeur de la production est influencée par les oscillations de prix sur le marché mondial. Ces questions ont plus d'intérêt pour une étude scientifique de la vie économique que pour le maniement politique pratique des forces économiques.

Marché extérieur et marché intérieur.

L'industrie dispose comme débouchés du marché extérieur, c'est-à-dire des pays étrangers du continent et des pays situés au delà des mers, et du marché intérieur, c'est-à-dire du territoire national. Le développement de notre réseau ferré, nos voies fluviales naturelles, nos canaux et le trafic d'outre-mer florissant sous la protection de la flotte allemande ont, à notre époque, quasiment rapproché de plus en plus le marché extérieur. L'industrie a besoin du débouché à l'étranger, afin de pouvoir maintenir ses exploitations dans leurs proportions actuelles, les étendre, et accorder à des millions d'ouvriers une occupation suffisamment rémunératrice. Voilà pourquoi la politique économique a le devoir de tenir ouvert le marché extérieur au moyen de traités de commerce avantageux et à longue échéance. Mais à côté de cela, le marché intérieur conserve sa grande importance. Il serait appelé aussi à remplacer le marché extérieur si, en temps de guerre, nos frontières devaient se fermer en totalité ou en partie. Or, sur le marché intérieur, l'agriculture est le premier et le plus gros client de l'industrie. Ce n'est que quand l'agriculture reste capable d'acheter, quand elle gagne assez elle-même pour faire gagner autrui, qu'elle peut, dans les temps critiques, prendre à l'industrie une partie au moins de sa production, devenue impossible à placer à l'étranger. Le vieux dicton : « Quand le paysan a de l'argent, tout le monde en a », devient absolument vrai, dès que l'industrie en est réduite à chercher sa clientèle sur le territoire national dans une plus large mesure qu'au cours des calmes périodes de paix.

Une politique qui ne sert que les exigences, les opinions et les chances momentanées, qui ne fait que ce qui se peut faire avec le plus d'aisance sur le moment même, qui ne travaille qu'*ad hoc*, sans égard pour les conséquences futures, une semblable politique n'est pas un art. La politique même la plus réfléchie ne peut pas faire entrer toutes les possibilités dans ses calculs. Mais chacune de nos actions, chacune de nos résolutions est cause d'effets à venir, et l'on a le droit d'exiger de l'homme politique qu'il soit en état de prévoir une partie des effets possibles. Mais, avant tout, il existe des éventualités qui doivent être présupposées, parce que ce sont des incidents qui ne cessent de se reproduire dans l'histoire à intervalles plus ou moins rapprochés, des événements qui font partie du fonds inaliénable de l'histoire mondiale. Un événement de ce genre, qu'il faut faire entrer dans tout calcul politique, c'est la guerre. Nul homme sensé ne la désire. **Tout gouvernement consciencieux cherche de** toutes ses forces à l'empêcher, aussi longtemps que l'honneur et les intérêts vitaux de la nation le permettent. Mais tout État doit être dirigé dans toutes ses parties comme si, demain, il devait avoir une guerre à soutenir. Ce principe s'applique aussi à la conduite de la politique économique.

Importance de l'agriculture en cas de guerre.

C'est justement dans la vie économique que, séduits par une longue et productive période de paix, nous sommes portés plus que de raison à prendre nos dispositions comme si cette paix devait durer éternellement. Même si, dans les dernières dizaines d'années, le danger de guerre ne nous avait pas de temps en temps effleurés, il faut que nous sachions qu'il n'y a pas de paix éternelle et que nous ayons présent à l'esprit ce mot de Moltke : « La paix perpétuelle est un rêve, et n'est pas même un beau rêve. Mais la guerre est un chaînon dans le système divin de l'univers. » Il n'y a pas une partie de la vie publique et de la vie privée qui ne soit touchée par la guerre. Mais nulle part les effets de la guerre ne sont plus directs, plus profonds que dans la vie économique. Les conséquences d'une guerre, qu'elle soit heureuse ou non, rejettent dans l'ombre les conséquences d'une crise économique quelconque, fût-elle la plus grave. La politique économique doit servir le développement pacifique, mais il ne faut pas qu'elle perde de vue la possibilité d'une complication guerrière, et ce ne doit pas être là son dernier motif pour être agrarienne au bon sens du mot.

De même qu'en cas de guerre l'industrie est obligée de s'en tenir à la capacité d'achat de l'agriculture, de même la productivité de l'agriculture est une question vitale pour la nation entière. Les partis et les groupements d'intérêts économiques qui demandent au gouvernement que les produits agricoles de l'étranger, et en première ligne les plus importants d'entre eux, les céréales et la viande, soient chargés d'un droit aussi faible que possible, ou même aient l'entrée libre, afin que, sous la pression de la concurrence étrangère, les prix des subsistances restent bas et que les ménages ouvriers de l'industrie soient ainsi soulagés d'autant, tous ces partis et ces groupements veulent orienter la politique économique d'après la vision d'une paix perpétuelle imaginaire. Notre agriculture, dont les salaires rivalisent en élévation avec ceux de l'industrie, et qui, sur un vieux sol épuisé par des siècles de culture, ne peut faire un travail intensif qu'à l'aide des moyens d'exploitation les plus coûteux et les plus modernes, n'est nullement capable de produire aux mêmes prix que les grands et jeunes pays agricoles qui travaillent à bas salaires sur un sol vierge. Notre agriculture a besoin de la protection d'un tarif douanier. L'importation des produits agricoles étrangers doit être imposée de façon à ce que l'offre étrangère ne puisse pas descendre au-dessous d'un prix qui se trouve être suffisamment rémunérateur pour l'agriculture du pays. La seule réduction des droits agraires, à l'époque de la politique commerciale de Caprivi, amena pour notre agriculture une crise qu'elle n'a pu traverser que grâce à sa tenace énergie de travail et dans l'espoir qu'une orientation nouvelle et plus favorable de la politique douanière ne tarderait pas à intervenir. Si nous renoncions à une protection suffisante de la production agricole, pour peser sur les prix des vivres à l'aide d'une importation bon marché, il se produirait ce danger, que l'exploitation agricole deviendrait de moins en moins lucrative et finirait par s'arrêter dans des proportions croissantes. Nous passerions par où a passé l'Angleterre.

Lorsque, à une époque de tension entre l'Allemagne et l'Angleterre, j'exposai à un homme d'Etat anglais que le souci anglais d'une attaque allemande, surtout d'une invasion allemande, n'avait pas de raison d'être et touchait à l'absurdité, il me répliqua : « Tout ce que vous me dites est exact, et, en ce qui me concerne personnellement, vous enfoncez une porte ouverte. Quant à l'opinion publique en Angleterre, à celle de l'homme de la rue, n'oubliez pas que notre pays se trouve dans une autre situation que les puissances continentales. La France a subi une défaite terrible, mais peu d'années après Gravelotte et Sedan, elle s'était si bien refaite qu'il pouvait être question d'une « guerre en perspective ». L'Autriche s'est relevée presque aussi vite des suites de 1859 et 1866. Malgré de graves échecs sur mer et sur terre et une fâcheuse révolution, la Russie n'a pas cessé, après la guerre du Japon, d'être une puissance mondiale courtisée de plus d'un côté. Il en est autrement pour l'Angleterre. 80 p. 100 de notre population vit dans les villes. Notre agriculture ne peut plus produire qu'un cinquième du blé consommé en Angleterre et qu'une moitié de la viande qui nous est nécessaire. Si notre flotte était vaincue et l'Angleterre coupée du commerce extérieur, nous aurions en peu de semaines le choix entre la famine et l'anarchie ou une paix à tout prix. » Les pays à agriculture florissante, les pays où une assez grande partie au moins de la population travaille aux champs, où l'agriculture pourvoit au moins partiellement le marché intérieur et fournit une grande partie des vivres nécessaires, sont plus capables de résistance dans les temps critiques et se remettent ensuite bien plus facilement que les pays qui n'ont pour toute ressource que le commerce et l'industrie. Carthage en a déjà fait l'expérience vis-à-vis de Rome. Les salaires industriels les plus élevés ne servent à rien quand l'ouvrier, en échange de son argent, ne trouve rien à se mettre sous la dent. Et cela peut arriver, lorsqu'en temps de guerre les frontières sont fermées en totalité ou en partie, et que l'agriculture indigène n'est pas en mesure de produire des vivres en quantité suffisante. Ce que nous gagnerions peut-être dans la paix en sacrifiant notre agriculture à la concurrence étrangère, nous le paierions en fin de compte pendant la guerre par la misère, la faim et leurs conséquences désastreuses pour la vie de l'Etat et de la société. Notre agriculture ne peut maintenir debout de nombreuses et avant tout de productives exploitations, que si elle est protégée par des droits suffisants sur l'importation des produits agricoles de l'étranger. Il faut que cette protection lui soit accordée.

La justice à l'égard de toutes les classes productives.

L'Etat a le devoir d'étendre sa sollicitude sur tous les producteurs et toutes les classes du peuple. Il n'a pas le droit de faire payer à une grande et indispensable industrie nationale, d'une importance économique pareille à celle de l'agriculture, les frais d'une réussite meilleure et plus commode pour les autres compartiments de production. Il faut que l'Etat accorde son aide à proportion des besoins, et qu'il mette la généralité en demeure de se partager les charges nécessaires. Quelque justice qu'il y ait à ce que les classes salariées reçoivent directement d'énormes subsides puisés à la caisse de l'Empire, il est tout aussi équitable que l'existence de l'agriculture soit assurée par l'aide indirecte des droits protecteurs. L'un comme l'autre est un *nobile officium* de l'Etat. Il est tout aussi faux de parler d'avantages spéciaux concédés à l'agriculture par la politique protectionniste, qu'il serait absurde de présenter la politique sociale comme un avantage spécial accordé à nos compatriotes salariés. La véritable justice d'Etat ne consiste pas à donner ou à refuser à chaque classe, à chaque industrie, à chaque citoyen les mêmes faveurs, simplement pour qu'il n'existe point de différences extérieures : ce serait là une justice mécanique. La vraie justice consiste à donner à chacun, autant que possible, ce dont il a un besoin absolu. C'est cette justice que j'envisageais, deux mois avant de proposer la loi douanière, à un banquet que m'offrait, le 21 septembre 1901, le conseil d'arrondissement de Pinneberg (1), dans ma ville natale de Flottbeck (2), lorsque je définissais la politique économique du gouvernement de Sa Majesté en disant qu'elle voulait donner à chacun ce qui lui revenait, fidèle en cela à l'antique devise des Hohenzollern : *Suum cuique*. Notre politique douanière a une double tâche à remplir. Il faut que, par une protection suffisante, elle maintienne à la hauteur de la concurrence étrangère notre production indigène, agricole et industrielle; que, d'autre part, au moyen de traités de commerce à longue échéance, elle tienne les marchés extérieurs ouverts à notre commerce étranger et à l'exportation de notre industrie. Pour remplir la première tâche, il faut que nous nous entourions de barrières douanières; pour suffire à la seconde, il faut que nous maintenions cette protection dans des limites qui ne rendent pas im-

---

(1) Chef-lieu d'arrondissement dans le Schleswig. 4.500 habitants. (*N. du Trad.*)
(2) Village dans le département du Schleswig, arrondissement de Pinneberg, 1.500 habitants. (*N. du Trad.*)

possible aux autres Etats la conclusion de traités à peu près acceptables pour eux-mêmes. Les traités de commerce sont comme les affaires conclues entre négociants. Les deux parties demandent plus qu'en somme elles ne peuvent espérer obtenir, puis elles se rapprochent pas à pas, jusqu'à ce que l'affaire se conclue sur une moyenne. Les deux parties cherchent à obtenir des avantages aussi grands que possible en faisant des concessions aussi minimes que possible. Le point essentiel pour tout Etat, c'est de ne pas sacrifier des intérêts économiques importants. Entre le protectionnisme et la politique commerciale, il faut trouver un chemin sur lequel puissent marcher de l'avant, d'un pas égal et côte à côte, l'agriculture, le commerce et l'industrie.

La politique douanière Marschall-Caprivi.

Sous l'influence d'une stagnation momentanée de l'exportation, la politique douanière Marschall-Caprivi s'était portée complètement du côté des traités de commerce. Afin de pouvoir obtenir aussi aisément que possible une prompte conclusion de traités de commerce favorables, on offrit à l'étranger une réduction des droits sur les céréales. Mais alors se justifia finalement cette opinion d'hommes d'affaires avisés, que les prétentions du parti adverse s'augmentent en proportion des avances qu'on leur fait. L'important traité de commerce avec la Russie, qui tira très grand profit de la réduction de nos droits sur les céréales, ne fut conclu qu'après des pourparlers de trois années entières, pourparlers qui furent interrompus par une guerre de tarifs. L'agriculture dut payer les frais de ces traités de commerce; par suite de la réduction des droits sur les grains de M. 5 à M. 3,50 pour une durée de douze ans, il lui fallut travailler dans des conditions beaucoup plus défavorables. Cela équivalait, au dire de Bismarck, à un saut dans l'inconnu. Ces traités ont, cela va de soi, exercé une action extrêmement vivifiante sur le commerce. Mais cela se fit aux dépens d'une grande branche de production qui se rattache d'une façon indissoluble à l'ensemble de la prospérité économique de la nation aussi bien qu'aux grandes traditions de notre pays. Celle-ci se sentit victime d'un passe-droit; une agitation, une surexcitation passionnée s'empara d'elle. On ne saurait méconnaître que les antagonismes économiques dans la nation furent creusés et accentués par une politique économique qui désavantageait une branche de la production afin d'attribuer des avantages aux autres. Au début de la décade 1890-1900, l'agriculture avait marché la main dans la main et, somme toute, d'accord avec les autres industries. Mais elle ne tarda pas à montrer les dents, et créa en 1893, par la Ligue des Agriculteurs, une forte organisation qui, — particularité propre à toutes les associations pour la défense d'intérêts économiques, — devint insensiblement de plus en plus intransigeante dans son attitude et dans ses exigences. L'idée que le commerce et l'industrie d'exportation gagnent, quand l'agriculture perd, date de la première moitié de la décade 1890-1900. Cette erreur a introduit dans notre politique intérieure un motif de querelles et d'inquiétudes qui, depuis, a été souvent ressenti comme une gêne et un obstacle à notre développement.

Le tarif douanier de 1902 et ses adversaires.

Ce devait être la tâche du nouveau siècle d'obtenir un juste compromis économique dans l'intérêt de l'agriculture. C'était une nécessité, non seulement pour des raisons de justice gouvernementale, mais avant tout parce que l'on constata que c'était une erreur de croire que l'agriculture pourrait prospérer malgré la réduction des droits. Voilà pourquoi, en 1901, je proposai le nouveau tarif douanier, sur la base duquel devaient être conclus de nouveaux traités de commerce qui tiendraient compte des légitimes intérêts de l'agriculture. Grâce à ce soubassement agrarien donné à notre politique commerciale, la vie économique de la nation gagna en solidité intérieure. Mais cette volte-face du côté de la politique agrarienne ne devait pas s'effectuer de telle manière que le commerce en fût retardé dans sa marche ou même ramené en arrière, c'est-à-dire que **le nouveau tarif devait rendre possible la conclusion de traités de commerce favorables et à longue échéance**. La « ligne médiane », que j'avais donnée comme mot d'ordre avant les discussions sur le tarif douanier, était ainsi tracée d'avance. Pour que toute l'œuvre n'échouât pas, il fallait que le parti agrarien, lui aussi, observât la mesure. Dans l'exposé des motifs du projet déposé par le gouvernement, il était dit : « La future politique commerciale de l'Allemagne devra partir de ce principe, que ses mesures en faveur de l'industrie d'exportation ne doivent pas porter préjudice à la protection douanière, indispensable pour sauvegarder l'agriculture. Mais, d'autre part, l'industrie d'exportation a le droit d'espérer que l'on ne dépassera pas à son détriment la juste mesure par égard pour l'agriculture. » Ce problème était posé par les lois sur les tarifs; il a été maintenu et enfin résolu au cours de longues luttes parlementaires d'un acharnement presque sans exemple.

Aussitôt après la publication des nouveaux tarifs, la presse libre-échangiste proclama l'impossibilité de la conclusion de nouveaux traités de commerce sur la base de ces tarifs : c'était, suivant elle, la fin de la politique commerciale de l'Allemagne. Les organes ultra-agrariens déclarèrent, de leur côté, que ces tarifs ne pouvaient satisfaire même le moins exigeant des agriculteurs. Dans la presse socialiste, on clamait : « A bas ce tarif usuraire. » Le gouvernement se vit attaqué sur les deux flancs et dut se frayer passage au centre, afin de faire réussir son œuvre au mieux de l'intérêt général, en première ligne au mieux de l'intérêt de l'agriculture.

Quand deux opinions ou deux exigences extrêmes sont en opposition, le bon sens et la vérité, dans la politique comme souvent dans la vie, se trouvent entre les deux. La démocratie libre-échangiste demandait que l'agriculture fût jetée dans la poêle de la politique commerciale. La Ligue des Agriculteurs voulait que l'on plongeât l'espoir de conclure des traités de commerce dans la marmite de la politique agrarienne. Deux exigences également impossibles. Il fallait venir à bout de la politique agrarienne comme de la politique libre-échangiste. Des deux côtés, l'assaut se donnait avec violence. Le gouvernement ne pouvait espérer voir les partis modérés enfin réunis sur la voie médiane de sa volonté, qu'en restant inflexible dans les articles principaux, en ne se laissant entraîner ni par l'opposition de droite, ni par celle de gauche. La démocratie socialiste et l'union progressiste eurent recours à l'obstruction, pour rendre impossible la discussion des articles et obtenir des élections nouvelles. Avec une impartialité digne de tout éloge, le député Eugène Richter s'éleva, au nom du parti populaire progressiste, contre la violence faite à la majorité par les manœuvres obstructionnistes de la minorité, bien que lui-même, avec ses amis politiques, se fût opposé au tarif douanier. Un instant, on put croire qu'il ne se trouverait pas de majorité pour le tarif douanier, une partie de la droite, en vertu du principe « tout ou rien », faisant mine de vouloir refuser toute la réforme des tarifs entreprise pour le bien de l'agriculture. Ce fut le grand mérite du président du conseil d'agriculture, comte Schwerin-Lœwitz, du comte Kanitz, mort trop tôt, et surtout du comte Limburg-Stirum, alors chef du parti conservateur, de ne s'être pas laissés bousculer par l'opposition hyperagrarienne, et de n'avoir pas aiguillé à faux le parti conservateur. Le député Bassermann montra la même intelligence digne d'éloge et la même force de résistance vis-à-vis des tendances libre-échangistes d'une partie des libéraux. C'est ainsi que les conservateurs et les nationaux-libéraux se rencontrèrent avec le Centre, magistralement dirigé par le comte Ballestrem et le député Spahn, sur le terrain des propositions du député conservateur indépendant de Kardorff.

L'opposition de la Ligue agrarienne, ligue ordinairement très précieuse pour la cause agricole, montra que l'exagération peut nuire beaucoup, même à la meilleure cause. Le mirage des avantages inaccessibles faillit faire perdre le profit accessible. Tout le tarif douanier, dont le but était de tirer l'agriculture d'un long marasme, devait être rejeté, parce qu'il ne donnait pas satisfaction à toutes les demandes. On a dit, il est vrai, que l'opposition de la Ligue agrarienne avait fortifié la position du gouvernement aussi bien en face de l'étranger qu'en face des partis, et contribué de la sorte au succès final. Ce n'est pas exact. Les gouvernements confédérés n'avaient, dès le début, laissé exister aucun doute sur ce qu'ils voulaient accorder et refuser. Ils avaient déclaré sans ambages qu'ils ne se laisseraient arracher de concessions de principe ni par l'un, ni par l'autre côté. Moi, j'étais assez convaincu de la nécessité d'augmenter la protection douanière en faveur de l'agriculture pour pouvoir résister à l'assaut de gauche. De l'autre côté, c'était un devoir évident de ne pas masquer par des barrières douanières, infranchissables pour l'étranger, la perspective d'une prochaine conclusion de traités de commerce nouveaux d'une durée suffisante. L'opposition hyperagrarienne d'alors n'a pas fortifié la position du gouvernement, mais affilé les armes de l'opposition. Les antagonismes économiques devinrent plus prononcés; dans les milieux du commerce et de l'industrie d'exportation, se développa l'opinion qu'entre leurs propres intérêts et ceux de l'agriculture s'ouvrait un abîme infranchissable. Mais absolument erronée était la croyance dont se flattait le côté extrême des agrariens, qu'aussitôt après le rejet des propositions du gouvernement on présenterait un autre tarif qui prendrait pour son compte les droits prohibitifs désirés par la Ligue des Agriculteurs. Cela ne se serait pas fait et n'eût pu se faire. Les gouvernements confédérés considéraient une continuation de la politique commerciale comme absolument nécessaire et comme l'inéluctable condition primordiale de tout tarif douanier. Dans le Bundesrat, il ne se serait pas trouvé de majorité pour une politique douanière de casse-cou, où l'on aurait joué son va-tout, et mis toute la politique économique sur la seule carte des droits extrêmes. Les prix du tarif gouvernemental représentaient le summum de ce que les gouvernements confédérés étaient prêts à concéder. Si ce tarif avait sombré devant la résistance des agrariens, il ne fallait pas se figurer qu'un tarif plus agrarien eût été proposé. On en serait resté à l'ancien tarif Caprivi. Peut-être n'y aurait-il rien eu de changé pour longtemps. La remarque de la *Gazette de la Croix*, lors de ces luttes, que la Ligue des Agriculteurs abandonnait honteusement la patrie à une heure critique, allait trop loin dans la surexcitation du moment. Mais c'est un fait que, sans la fermeté du gouvernement et la perspicacité des chefs du parti conservateur, une association représentant des intérêts économiques considérables eût alors gravement lésé les intérêts vitaux d'une branche de la production qu'elle représentait d'ordinaire avec intelligence et énergie. Ce cas n'est malheureusement pas unique dans l'histoire, riche en égarements, de la politique intérieure de notre patrie.

Les suites de la loi douanière de 1902.

Avec la loi douanière de 1902, notre politique économique retrouvait l'apport agrarien indispensable à l'intérêt de la généralité. A côté des entreprises mondiales florissantes, on assura la conservation d'une branche vigoureuse du travail national. Sous l'influence du nouveau tarif et des nouveaux traités de commerce conclus sur sa base, l'agriculture allemande a vu dix années de vigoureux développement. Nos robustes et laborieux agriculteurs retrouvèrent la conviction que l'Empire prend part aux succès de leurs travaux, qu'il voit dans l'agriculture non pas l'enfant sacrifié, mais la fille aînée de la mère Germanie. Le nombre des exploitations agricoles s'est augmenté, de 1895 à 1907, de près de 180.000. La quantité de bétail a énormément grandi, les bêtes à cornes se sont accrues de près de 3 millions de têtes, les porcs de 5 millions 3 dans le même espace de temps. En 1909, on récolta 11 millions 3 de tonnes de seigle contre 6 millions 6 de tonnes en 1895; 3 millions 75 de tonnes de blé contre 2 millions 80 de tonnes; 3 millions 5 de tonnes d'orge contre 2 millions 4 de tonnes; 9 millions 1 de tonnes d'avoine contre 5 millions 2 de tonnes; 46 millions 7 de tonnes de pommes de terre contre 31 millions 7 de tonnes. Comparée à celle d'autres pays, la productivité de notre agriculture pendant les dix dernières années a pris un développement extraordinaire. Encore dans l'été de 1902, peu de temps avant la seconde lecture de la loi douanière, l'historien de l'agriculture allemande, le docteur baron von der Goltz, terminait l'avant-propos de son ouvrage par cette déclaration : « Une crise s'est abattue sur l'agriculture allemande par suite de certaines contingences dans le domaine du travail national et de la politique mondiale. » Aujourd'hui, les connaisseurs autorisés de la situation agricole parlent avec orgueil de son épanouissement, de la valeur croissante de la production, des progrès sans cesse plus grands de la productivité de l'agriculture allemande.

Mais ce développement agricole ne s'est pas accompli aux dépens de l'extension de notre commerce et de notre industrie d'exportation. Les devins libre-échangistes qui, dans les débats de 1901 et 1902, avaient prédit que le correctif agrarien de la politique économique « mettrait des bornes au commerce » ont reçu un démenti. Ceux qui avaient cru qu'armé de l'augmentation des droits sur les produits agricoles on ferait échouer la conclusion de traités de commerce avantageux et à longue échéance, avaient mal jugé la position économique mondiale de l'Allemagne. L'Allemagne, son nouveau tarif à la main, n'avait nullement trop peu à offrir aux autres Etats; en 1891, elle avait offert trop. A l'inauguration de la politique des traités de douane et de commerce Caprivi-Marschall, on était, entre autres choses, parti de ce point de vue que l'excédent de notre importation sur notre exportation nous obligeait à des prévenances particulières, pour nous ouvrir des débouchés extérieurs dans une plus large mesure. En réalité, notre grande importation, notre capacité d'achat, constituait la plus belle force de notre position en vue des conclusions de traités. Nous pouvions avoir des prétentions aux prévenances, parce que nous sommes pour l'étranger une excellente clientèle. La proportion des importations et des exportations put être utilisée avec succès pour les traités de commerce, à l'inverse de ce qui s'était produit au début des années 1890-1900. Le traité de commerce avec la Russie, objet de chaudes discussions entre 1891 et 1894, fut arrangé relativement sans difficultés entre le comte Witte et moi à Norderney, en juillet 1904. Les autres traités suivirent, sans que le nouveau tarif fût jamais un obstacle insurmontable. L'industrie et le commerce ont pu imperturbablement poursuivre leur brillante évolution, avec les traités conclus sur la base du tarif de 1902. Le nombre des professionnels de l'industrie et du commerce ne cesse de grossir, comme le nombre des grandes exploitations. L'accroissement vertigineux de la prospérité générale, causé principalement par l'industrie et le commerce, saute aux yeux. La statistique officielle comptait en 1909, pour ne citer qu'un exemple, 4.579 sociétés, disposant d'un capital propre de 15 milliards 86 de marks et distribuant par année près d'un milliard de dividendes. Les grandes banques privées sont devenues des puissances au point de vue travail et économie politique. L'importation allemande dans le commerce total monta, de 1903 à 1911, de 6 milliards 3 à 10 milliards 3; l'exportation, de 5 milliards 3 à 8 milliards 7. Parallèlement à cette extension du commerce extérieur, notre flotte marchande passa de 2.650 tonnes en 1900, à 4.267 en 1909, à 4.467 en 1911. Dans les chantiers allemands, la construction de navires, y compris les embarcations fluviales et les vaisseaux de guerre, s'éleva de 385 en 1900 à 814 en 1909 et à 859 en 1911. Comme en même temps, et précisément dans ces dernières dix années, la prévoyance sociale a continué à prendre de l'extension, non pas seulement pour les classes salariées, mais en s'étendant aussi aux classes moyennes, on peut dire qu'en se tournant du côté des agrariens, notre politique économique a assuré et développé chez toutes les classes productives une prospérité permanente, tout en faisant sortir l'agriculture de sa crise et en la faisant participer à l'ascension générale de la vie économique de l'Allemagne.

Au point de vue économique en première ligne, le peuple allemand a des raisons d'être satisfait de l'ensemble de son développement des dernières décades, et de souhaiter qu'on n'abandonne point les voies suivies, qui ont fait leurs preuves. Le commerce et l'industrie d'exportation ont conservé complètement les avantages que leur assurait l'inauguration de la politique commerciale au début des années 1890 à 1900. Toute l'industrie allemande a pu jouir sans changements de la protection douanière qui lui avait été accordée en 1878. Quelques défectuosités du tarif de Caprivi ont été modifiées en faveur de l'industrie par le tarif de 1902. L'agriculture allemande enfin a trouvé la protection douanière qui lui était nécessaire. Pour l'ouvrier allemand, on a fait plus que partout ailleurs. Lorsqu'il y a quelques années, une délégation de syndicats ouvriers anglais entreprit un voyage circulaire à travers l'Allemagne pour étudier nos organisations ouvrières, et prit connaissance de nos institutions de prévoyance, l'un des Anglais adressa à l'un de ses guides allemands, soit dit en passant un socialiste, cette question étonnée :

« Eh! pourquoi donc faites-vous encore de l'agitation? »

Politique économique et politique de parti.

Si, malgré cela, les luttes économiques ne s'apaisent pas, si les antagonismes entre les branches de production ne veulent pas s'adoucir; si, au contraire, les passions dans le domaine économique sont plus houleuses, si la discorde et la jalousie s'exaspèrent plus que jamais entre les diverses industries, la raison n'en est pas dans des fêlures, dans des fautes de calcul de notre politique économique, mais dans l'imperfection de notre vie politique intérieure. De même que les partis en Allemagne préfèrent régler leur attitude, dans les questions de politique pure, non d'après des considérations pratiques, mais d'après leur hostilité du moment vis-à-vis de tel ou tel parti, de même ils poussent la chose encore bien plus loin au point de vue économique. L'Allemagne est peut-être le seul pays où les questions pratiques passent avec une mesquine minutie au crible de la politique de parti. A l'exception unique du Centre, plus pratique en la matière, chaque parti, grand ou petit, a sa propre politique d'affaires, ou au moins sa spécialité dans ce sens, à laquelle se subordonnent les questions économiques. Cela fait partie du dogmatisme politique des partis. Nous avons presque autant de divergences que de partis, dans la façon dont nous comprenons la finance, l'agriculture, le commerce, le trafic, la politique sociale, la politique douanière, les questions d'impôts et toutes les autres questions touchant au domaine de la politique économique. L'homme de parti, en Allemagne, se cristallise si bien dans les idées économiques de son parti que, par une sorte d'auto-suggestion, il ne tarde pas à croire que ces idées sont indissolublement liées à ses propres intérêts professionnels et alimentaires, et mène la lutte de parti, au point de vue économique, avec une âpreté dont seul l'égoïsme est capable. Nous n'avons pas de parti qui puisse prétendre ne représenter qu'une seule branche de production, même pas la démocratie socialiste. Et cependant, tous, à l'exception du Centre, ont souvent livré la bataille économique à peu près de façon à faire croire que chacun ne représentait qu'une seule classe de la production. Sans doute les conservateurs s'appuient surtout sur la propriété foncière, les nationaux-libéraux sur l'industrie, les progressistes sur le commerce. Cela tient aux traditions politiques des différents milieux. Mais si les partis se développent de plus en plus dans le sens de la représentation d'intérêts professionnels, ce phénomène présente de grands dangers au triple point de vue économique, politique et national. Dès lors que les classes de la production se trouveront en face l'une de l'autre sous forme de partis politiques, il ne pourra plus être question de résoudre les problèmes d'économie politique d'une façon avantageuse pour tout le monde. Les antagonismes d'intérêts deviendront radicalement inconciliables. Chaque classe verra son propre avantage dans le désavantage de l'autre. Et les différends économiques, si un gouvernement fort ne tient pas la direction, se termineront, comme toutes les luttes de partis politiques, par l'écrasement numérique des partis en minorité et l'impitoyable méconnaissance des intérêts de classes entières. D'autre part, les classes productrices sont rarement capables de trancher avec indépendance les grandes questions nationales, le regard fixé sur la position mondiale de l'Empire au lieu d'avoir les yeux tournés sur leur propre intérêt professionnel. Et cela d'autant moins, qu'il y aura plus de problèmes nationaux demandant des sacrifices matériels. Une fusion de l'idée de parti avec l'idée de classe productrice est tout aussi dangereuse pour la vie nationale que pour la vie économique. C'est la démocratie socialiste qui finirait par tirer avantage d'une telle évolution, et non l'agriculture, le commerce ou l'industrie.

IV. — POLITIQUE DANS LES MARCHES DE L'EST

Domaine politique et possession nationale.

Il faut distinguer entre le territoire sur lequel s'étend la domination politique d'un peuple et le territoire possédé par ses nationaux. Tous deux se confondent rarement d'une façon absolue. L'essai tenté pour faire coïncider les deux, soit en faisant gagner la souveraineté politique sur le terrain de l'expansion nationale, soit par la diffusion de la civilisation nationale sur le domaine de la puissance politique, domine un grand nombre de complications dans l'histoire contemporaine. Cet essai a eu son expression la plus moderne dans cette forme de la politique coloniale qu'on appelle, d'un terme qui n'est pas tout à fait juste et qui est parfois employé à faux, l'impérialisme. Des peuples guerriers, habiles administrateurs et d'une civilisation supérieure, étendront généralement le bras de leur puissance politique plus loin que n'atteindra la souveraineté de leur civilisation nationale, et ils travailleront à faire succéder leur empire moral à la conquête par la force. Les peuples faibles et incapables sont amenés à voir une nationalité étrangère se répandre et prendre de l'importance à l'intérieur de leurs propres frontières. Il n'existe point de troisième solution. Dans la lutte des nationalités, une nation est marteau ou enclume, victorieuse ou vaincue. S'il y avait moyen de s'arranger sur notre terre, de telle sorte que les nationalités pussent se séparer les unes des autres, d'une façon aussi nette que les Etats, au moyen de poteaux et de bornes-frontières, on allégerait l'histoire de son problème le plus difficile; on en allégerait la politique, dont la tâche est de faire de l'histoire. Mais les frontières des Etats ne séparent pas les nationalités les unes des autres. Si, en outre, il était possible que les membres de différentes nationalités, avec leurs différents idiomes, leurs mœurs et leur vie intellectuelle de genre divers, vécussent côte à côte dans un seul et même Etat sans succomber à la tentation de s'imposer mutuellement leur nationalité particulière, la face de la terre aurait un aspect beaucoup plus pacifique. Mais c'est une loi dans la vie et l'évolution historiques, que là où des cultures nationales différentes se touchent, elles se disputent la première place. Que là où deux nationalités différentes sont attachées au même sol, il soit difficile de les satisfaire toutes deux; que, dans de pareilles conditions préalables, des froissements se produisent aisément; et, comme cela peut arriver, que des mesures prises d'un côté dans de bonnes intentions provoquent de l'autre côté l'émotion et la résistance : tout cela n'apparaît peut-être nulle part aussi clairement que dans cette partie de la vieille Pologne où, après le partage, on s'est le plus prêté aux désirs des Polonais. Les Polonais ont-ils réussi à contenter les Ruthènes en Galicie ? Les Ruthènes dans les Carpathes et sur le Pruth n'élèvent-ils pas les mêmes plaintes, sinon de plus vives, que les Polonais sur la Warthe et la Vistule ? D'autres pays aussi retentissent du bruit des luttes entre les nationalités et des accusations réciproques des nationalistes. C'est que les nations sont convaincues de la valeur supérieure et, par conséquent, des droits prééminents de leur civilisation, et qu'elles sont animées du désir pressant, semblable à une force naturelle ignorée, de conquérir à leur propre civilisation une influence de plus en plus étendue. Cette force, tous les peuples ne la connaissent pas. Ils la connaissaient, ces grands stratèges et hommes d'État romains, qui poussèrent leurs conquêtes en Grèce, en Asie Mineure, dans l'Afrique du Nord, et avant tout en Gaule et en Germanie, et qui faisaient aussitôt succéder à la conquête par les armes, la conquête par la culture supérieure des Romains. Pareille conscience civilisatrice vit aujourd'hui dans le peuple anglais. L'Anglais est profondément pénétré de la supériorité du génie anglo-saxon. Il désapprouve bien, de temps en temps, d'autres nations qui poussent avec plus ou moins d'énergie la propagande de leur civilisation, mais il soulève rarement la question de savoir si l'Angleterre elle-même pourrait ne pas avoir le droit de procéder de la sorte. Il est persuadé que la domination anglaise et que l'anglicisation qui la suit sont un bienfait et il assied le droit d'extension et de conquête sur sa conviction de la supériorité de la culture anglo-saxonne et des institutions anglo-saxonnes. La grandiose création de l'Empire britannique, du plus grand empire que le monde ait vu depuis l'Empire romain, création pour laquelle ne furent jamais ménagés ni le sang, ni l'argent, a eu et a pour fondement l'inébranlable conviction et la volonté du peuple anglais d'être, partout où atteint la puissance anglaise, le représentant d'une culture supérieure. La croyance de l'Anglais en la supériorité de sa vie intellectuelle, morale, religieuse, juridique et économique, est la force vitale de la politique nationale anglaise.

Une civilisation supérieure a, de tout temps, donné un droit politique. Lorsque la France de la grande Révolution inonda l'Europe de ses armées, elle se créa un droit à la conquête sur la base des prétendus bienfaits des libertés républicaines. Elle se sentait l'agent propagateur d'une civilisation politique supérieure vis-à-vis des autres peuples, et surtout des Allemands et des Italiens. Il y avait, particulièrement dans notre pays, assez de gens qui reconnaissaient ce droit, et qui ne furent guéris de leur erreur que par l'expérience amère du despotisme napoléonien. La mission civilisatrice de la Révolution française reposait sur une méconnaissance systématique de l'essence de la civilisation, au sein de laquelle, à côté de la religion, de la coutume, du droit et de l'instruction, les institutions politiques n'ont qu'une valeur secondaire, et elle se condamna elle-même par la brutalité croissante de la domination napoléonienne. Mais il y a des missions civilisatrices justifiées. Les puissances coloniales chrétiennes du temps présent en ont de semblables à remplir en Afrique. La Russie est, du côté de l'Asie, l'agent autorisé d'une culture supérieure. Et si la lutte entre les deux degrés de civilisation devait un jour cesser dans l'histoire, notre foi au progrès de l'humanité perdrait du terrain. Nous serions plus pauvres d'une grande espérance idéale.

L'œuvre colonisatrice dans l'Est allemand.

C'est une mission civilisatrice qui, jadis, nous a conduits, nous Allemands, au delà de l'Elbe et de l'Oder vers l'Est. L'œuvre colonisatrice dans l'Est allemand, commencée il y a environ un millier d'années, et qui n'est pas encore achevée aujourd'hui, est non seulement la plus grande, mais la seule qui nous ait réussi. Jamais dans l'Histoire une colonisation de pareille étendue n'a coûté moins de sang, moins de violences. Cela est vrai, en particulier, de la colonisation allemande dans la Pologne de jadis. Là, pendant des siècles, les colons allemands, souvent appelés dans le pays par les rois de Pologne, ont vécu en fidèles sujets polonais et ont été pour les Polonais les maîtres enseignants d'une civilisation supérieure. Même les époques où les Allemands furent opprimés et maintes fois dépossédés en Pologne ne connaissent aucune rébellion d'Allemands dans ce pays. Lorsque les Polonais eux-mêmes se montrèrent incapables de conserver une vie politique, et que l'Etat prussien, fort par l'ordre et le droit, plaça sous sa domination des parties de l'ancien royaume de Pologne, on y avait déjà commencé depuis des siècles le travail civilisateur allemand. Il se produisit ce rare phénomène, que l'établissement de la domination politique ne précéda point, mais suivit la conquête colonisatrice et civilisatrice. L'incorporation de nos provinces de l'Est, Pologne et Prusse orientale, n'eût pas eu lieu et n'aurait pu avoir lieu, si la République patricienne polonaise avait été un corps politique viable. Lorsque se produisit cette annexion, ce fut comme une application tardive du droit politique depuis longtemps créé par le travail civilisateur des Allemands habitant la Prusse orientale et la Pologne. Sans compter que si la Prusse n'avait pas placé les Allemands de Pologne sous la domination allemande, ils auraient passé sous la domination russe.

Nos provinces de l'Est sont notre nouvelle Allemagne. Bien qu'annexées d'un âge d'homme plus tôt que l'Alsace-Lorraine et le Schleswig-Holstein, elles sont pourtant des acquisitions nationales plus jeunes. Dans l'Ouest, on n'a fait que reprendre, au point de vue politique, une ancienne propriété de l'Empire allemand, où les empereurs allemands régnaient déjà sans conteste, alors qu'à l'est de l'Elbe ni une épée allemande ne s'était croisée avec l'épée wende, ni une charrue allemande n'avait enfoncé son soc dans la terre wende. Ce nouveau territoire de l'Est, conquis à l'époque de l'apogée de la puissance impériale allemande, devait bientôt devenir pour nous une compensation politique, et avant tout nationale, à la perte d'un ancien territoire à l'Ouest. « Il y eut un temps, disais-je, en janvier 1902, dans la Chambre prussienne, où l'on était obligé de reprendre longuement haleine, quand on parlait du Saint-Empire, époque où l'Empire allemand s'étendait au Sud et à l'Ouest plus loin qu'aujourd'hui. Nous ne songeons pas à rappeler de nos vœux cette époque; nous ne songeons pas à reculer nos frontières dans quelque direction que ce soit. Mais ce que la Providence nous a accordé comme dédommagement et compensation pour des pertes subies ailleurs, nos possessions à l'Est, nous les garderons. »

Considéré de loin, le mouvement allemand de l'Est vers l'Ouest et de nouveau vers l'Est semble apparaître comme un tout suivi. Au VIIe siècle, nous avons, nous Allemands, évacué toute la région à droite de l'Elbe et nous avons pénétré au loin dans l'Ouest jusqu'au cœur de la France. La Hollande, les Flandres, le Brabant, la Bourgogne, le Luxembourg et la Suisse étaient pays impériaux, et en partie de nationalité allemande. Au XIVe siècle encore, le cours supérieur du Rhône formait la frontière de l'Empire allemand. Mais ces domaines furent perdus, politiquement par la chute de la puissance impériale allemande, ethniquement parce que notre corps national ne pouvait, en effet, remplir le vaste vêtement du Saint-Empire. Nul homme sensé ne nourrira la pensée de reprendre, au point de vue national ou politique, les pays occidentaux et méridionaux perdus il y a des siècles. A l'époque où nous cédions du terrain à l'Ouest, nous avions déjà trouvé à le remplacer dans l'Est; les Allemands refluaient déjà dans l'antique patrie germanique, qui avait été quittée lors de ce que l'on appelle la migration des peuples, et où les peuplades slaves étaient venues s'installer. Et les colons allemands qui s'établirent à l'est de l'Elbe, au delà de l'Oder, sur les bords de la Vistule et du Prégel, provenaient des territoires de l'Ouest, beaucoup d'entre eux précisément des régions que nous perdîmes plus tard. C'est à bon droit que l'on peut parler d'un reflux du peuple allemand.

L'énorme travail de colonisation dans l'Est est le meilleur, le plus durable résultat de notre glorieuse histoire au moyen âge, travail qui n'a pas été fourni par une seule des races allemandes, mais par toutes en commun. Tous les peuples allemands, Saxons, Franconiens, Bavarois, Souabes, Thuringiens, Lorrains, Flamands et Frisons, ont envoyé leurs compatriotes dans l'Est allemand, laïques et ecclésiastiques, chevaliers et paysans. Ce nouveau territoire de colonisation à l'est de l'Elbe aplanit d'abord les contrastes, souvent encore profonds à cette époque, entre les races allemandes. Ce fut un pays commun à tous les Allemands, avec une population qui n'était pas et ne voulait pas être autre chose qu'allemande, par opposition aux Wendes et aux Polonais. Si, plus tard, ces provinces situées à l'est de l'Elbe, qui virent naître la monarchie prusso-brandebourgeoise, furent les premières à retrouver, dans des temps troublés, une volonté allemande contre l'étranger; si, à notre époque, elles réalisèrent, sous le drapeau noir et blanc de l'Etat allemand, l'unification des régions et des peuples allemands dans le nouvel Empire, c'est dans l'histoire de leur formation, de leur peuplement, de leur colonisation qu'il faut en chercher les causes profondes. Ce que les familles allemandes de l'Ouest et du Sud donnèrent pendant le moyen âge à l'Est inhospitalier, l'Est le leur rendit avec usure, lorsque la Prusse apporta l'unité politique à l'Allemagne tout entière.

Les siècles des Othon, des Saliens et des Hohenstaufen ont vu des actions et des événements d'un éclat plus éblouissant que la vaillante et laborieuse colonisation de l'est de l'Elbe, mais n'ont rien vu de plus grand. De la splendeur romane des Croisades et des expéditions vers Rome, la conquête du vieux pays des Borusses par les chevaliers de l'Ordre Teutonique n'est qu'un faible reflet. Et l'acharné travail civilisateur des ordres monastiques dans les forêts et les marécages de l'Est, des bourgeois allemands dans les villes naissantes de l'Est, ont un air absolument prosaïque et vulgaire à côté des grandioses, mais malheureuses aventures de l'ancienne politique impériale. Mais, comme bien souvent dans l'histoire, l'éclat fascinateur de ces dernières ne dura qu'un instant, tandis que l'événement de peu d'apparence, qui s'accomplissait pour ainsi dire sur un rameau de l'histoire de l'Allemagne, était le véritable fait destiné à survivre dans l'avenir. Nous devons aujourd'hui penser avec plus de reconnaissance à l'Ordre Teutonique, qui nous donna la Prusse, aux Guelfes, qui nous conquirent le Holstein et le Mecklembourg, et aux Ascaniens (1) brandebourgeois, qu'aux victoires remportées en Italie et en Palestine. Le malheur national qui entraîna le plus de conséquences, ce ne fut pas la triste chute des Hohenstaufen, amenée par les intrigues papales et françaises, mais la journée de Tannenberg (2), qui eut pour conséquence la perte d'une grande partie d'un travail colonisateur de plusieurs siècles, la perte de la Prusse occidentale et de Dantzig, occupés par les Polonais, et qui mit fin à la fière indépendance de l'Etat fondé par l'Ordre Teutonique. La sage politique des princes de Hohenzollern empêcha que la propriété nationale à l'extrémité orientale nous échappât complètement. Là, aux avant-postes de l'Est allemand, cette politique unit de bonne heure l'intérêt général de la nation allemande à l'intérêt du Brandebourg et de la Prusse. On peut se demander si, sans ce jour fatal de Tannenberg, l'Ordre Teutonique serait resté en état de conserver longtemps

---

(1) Les comtes d'Ascanie régnèrent sur le Brandebourg depuis 1134 jusqu'à 1319.
(2) Village situé non loin de Kœnigsberg; 250 habitants; connu par la défaite de l'armée de l'Ordre Teutonique, qui fut battue par les Polonais et les Lithuaniens le 15 juillet 1410. (*N. du Trad.*)

l'Est allemand contre la prépondérance polonaise. Mais on ne peut mettre en doute que nous aurions perdu à jamais la Prusse orientale et occidentale comme auparavant nos domaines de l'Ouest et du Sud, s'il n'était pas venu à l'Allemagne, dans la maison des Hohenzollern, un gardien des Marches allemandes aussi infatigable que perspicace, aussi vaillant que décidé. Ses droits à la Prusse orientale, droits créés par une politique familiale avisée, le Grand Electeur les a soutenus l'épée à la main, lorsqu'à la bataille de Varsovie il conduisit victorieusement l'aigle rouge de Brandebourg contre l'aigle blanc du roi de Pologne, et brisa les chaînes de la suzeraineté polonaise. Le premier roi s'intitula sagement roi *en* Prusse, exprimant ainsi pour ses successeurs l'espoir de devenir rois *de* Prusse par la future possession de la Prusse occidentale. Cet espoir se réalisa lorsque, au moment du premier partage de la Pologne, le grand Roi reçut la Prusse occidentale, comme trophée de la guerre de Sept ans, ainsi que le dit excellemment Reinhold Koser, le biographe de Frédéric le Grand. Ce n'est qu'au vainqueur de Rossbach, de Leuthen et de Zorndorf que la tsarine Catherine accorda une part du pays polonais qui avait cessé d'avoir droit à une existence politique, depuis que la situation gouvernementale de la République aristocratique avait tourné à l'anarchie.

Ce n'est pas comme un pays étranger nouvellement acquis, mais comme un pays allemand reconquis, que fut considérée la Prusse occidentale. Et à bon droit. Car ce pays avait été allemand au point de vue politique sous la domination de l'Ordre Teutonique, et il l'était devenu grâce au labeur des colons allemands, dans les villes comme dans les campagnes. Mais la Prusse ne valut pas seulement aux Allemands de la Prusse occidentale un souverain allemand et le beau privilège d'être citoyens allemands d'un Etat allemand, elle apporta aussi la justice et la liberté à ses nouveaux sujets polonais. Le roi Stanislas Leszczinski avait, avec chagrin, désigné son pays comme étant le seul où la masse du peuple était privée de tous les droits de l'humanité. Le gouvernement doux et sévère, libéral et exigeant, mais juste, du grand Roi de Prusse, apporta à la population polonaise ce qui lui avait manqué jusqu'alors. « Le moyen le plus sûr de donner à ces gens asservis des idées et des mœurs meilleures, ce sera toujours de les mêler à des Allemands, ne serait-ce même possible au début qu'avec deux ou trois des nôtres par village », écrivait Frédéric le Grand l'année même qui précéda le partage de 1772. Avant même qu'un pied du territoire polonais appartînt à la Prusse, à une époque où le problème des nationalités n'existait pas encore, le grand Roi caractérisait comme une germanisation du pays la tâche civilisatrice qui s'offrait à la Prusse dans les régions polonaises Aussitôt après la prise de possession, il commença l'œuvre de colonisation, pour laquelle il chercha et trouva ses collaborateurs en Allemagne.

Le roi, d'ailleurs, ne fit que poursuivre une œuvre entreprise au moyen âge, la conquête nationale de l'Est allemand par l'installation d'agriculteurs allemands dans les campagnes, d'ouvriers, de marchands, d'industriels allemands dans les villes. Et lorsque Bismarck procéda sur une plus vaste échelle à sa politique de colonisation en 1886, il ne fit que reprendre, comme dans une quantité de ses résolutions nationales, les rênes qu'avait tenues le grand Roi, et qui, après sa mort, avaient traîné à terre. C'est là une preuve, parmi beaucoup d'autres, de l'unité de l'histoire nationale des peuples, une preuve qu'au point de vue national il n'y a pas deux possibilités également justifiées, mais une seule avec son propre droit. S'il est vrai que, dans la modification de l'ordre des choses, nous ne devons pas imiter servilement les grands modèles du passé, il est vrai aussi que les grands points de vue nationaux qui ont guidé nos plus grands hommes gardent leur valeur pour tous les temps et en toute occasion, et qu'on ne peut pas pécher impunément contre eux.

Il est notoire que, de l'immense portion de territoire polonais échue par le deuxième et le troisième partage à la Prusse, celle-ci, lors de sa reconstitution en 1815, n'a gardé qu'une faible partie : outre la Prusse occidentale, la Posnanie actuelle, soit au total guère plus de 7 1/2 p. 100 de l'ancien royaume de Pologne. Bien que la province de Posnanie, avec son archevêché qui existait depuis l'an 1000, ait été le cœur du royaume polonais, elle était pourtant devenue, au cours des siècles, la partie de ce grand Etat la plus fortement imprégnée par l'élément allemand. Avec l'incorporation de cette population allemande, depuis longtemps établie dans les régions de l'Est, la Prusse remplissait un devoir national allemand, tout en se chargeant des devoirs politiques naturels à l'égard des Polonais qui habitent son territoire et sont devenus des nationaux prussiens.

Bien que les Polonais aient perdu toute existence politique indépendante, après s'être pendant des siècles montrés incapables de créer un puissant Etat sur la base du droit et de l'ordre politiques, personne ne fermera les yeux sur la tragique destinée de ce vaillant peuple si bien doué. De même qu'il est inique de s'en prendre aux classes ouvrières dans la lutte justifiée et nécessaire contre la Social-Démocratie, de même il est faux et injuste de se faire, de la lutte imposée par la raison d'Etat contre la propagande panpolonaise, une arme contre nos concitoyens de Pologne, qui ont si vaillamment combattu sous les drapeaux prussiens dans les guerres de 1866 et 1870. Il faut que nous ayons du respect, et précisément parce que nous avons une haute idée de notre propre nationalité, que nous ayons aussi de la sympathie pour l'attachement que le Polonais montre à ses souvenirs nationaux. Mais ce respect et cette sympathie ont leur limite au point où les vœux conscients et les tendances de la propagande panpolonaise interviennent pour mettre en question l'existence de la monarchie prussienne et pour chercher à ébranler son unité et sa solidité. Tout notre respect pour la nationalité polonaise ne nous empêchera pas de veiller au maintien et au renforcement du régime allemand dans les territoires qui furent autrefois polonais. Personne ne songe à expulser nos Polonais de l'Etat prussien. Sous l'administration prussienne, la situation des Polonais s'est considérablement amé-liorée : les adversaires allemands d'une politique résolue dans les Marches de l'Est le concèdent, et les Polonais eux-mêmes ne peuvent pas le contester sérieusement. Mais c'est le devoir allemand, et le droit allemand de l'Etat prussien, de veiller à ce que nos Allemands ne soient pas évincés par les Polonais dans l'Est de l'Allemagne. La politique dans les Marches de l'Est n'a nullement pour tâche une lutte contre les Polonais, mais la protection, le maintien et le renforcement du régime allemand à côté des Polonais, et, par conséquent, un combat pour la cause allemande. Ce combat, mené avec des succès et des moyens divers, remplit le siècle qui s'est écoulé depuis qu'ont été fixées les limites de l'Etat prussien reconstitué au Congrès de Vienne. La tâche de solutionner la question polonaise eût été peut-être plus aisée pour la Prusse, comme pour les Polonais, si l'artificielle et fragile création napoléonienne du grand-duché de Varsovie n'avait pas éveillé chez les Polonais la fallacieuse espérance qu'au cours des complications européennes le rétablissement de l'indépendance polonaise serait possible. Les douloureuses épreuves de 1830, 1848 et 1863 eussent été peut-être épargnées aux Polonais des deux côtés de la frontière de Prusse, si le souvenir de l'éphémère création du premier Napoléon n'avait pas survécu en eux. La pensée que le partage de la République polonaise entre les puissances de l'Est, de 1793 à 1807, n'avait été qu'une mesure provisoire, rendait naturellement difficile pour les Polonais de considérer comme définitif le fait accompli après la chute de Napoléon et des Etats qu'il avait fondés pour satisfaire les desseins militaires de la France.

Tâche de la Prusse.

Assez simple était la tâche que la Prusse avait à remplir dans ceux des territoires, jadis polonais, qu'elle avait regagnés en 1815 et qui étaient sa propriété depuis 1772. Elle devait, d'une part, s'opposer avec force à la propagande des partisans d'une grande Pologne indépendante; d'autre part, s'occuper de maintenir et de développer l'influence allemande dans les régions de l'Est. Les deux devoirs s'enchaînaient, en tant que les espérances nationales des Polonais devaient forcément perdre du terrain à mesure qu'elles seraient contrebalancées par les énergies allemandes accumulées dans les provinces de l'Est. Si cette mission de la Prusse avait été dès le début, après les guerres de l'Indépendance, reconnue aussi clairement et entreprise avec autant de fermeté que Frédéric le Grand l'avait fait, si le gouvernement prussien ne s'était pas, au cours de malentendus passagers, laissé à différentes reprises détourner d'une direction si nettement indiquée, nous serions aujourd'hui bien plus avancés dans la voie de la solution de notre problème des Marches de l'Est. Que de fois, en politique, commit-on des fautes, non point en poursuivant avec rapidité et décision l'inspiration première, mais en ne trouvant pas, par excès de sentimentalité et de scrupules, une résolution claire et sans hésitation. En politique aussi, le parti le plus simple est, sinon toujours, du moins en général, le meilleur.

Les mots de « politique de conciliation » et de « politique des rigueurs à outrance » dont se servent les adversaires et les partisans d'une politique nationale raisonnée dans les Marches de l'Est, ne caractérisent que superficiellement les différentes phases de notre politique prussienne en Pologne. Le but de cette politique a toujours été la réconciliation des sujets de nationalité polonaise avec l'Etat prussien et la nation allemande. Il ne peut y avoir divergence de vue que sur les moyens par lesquels ce rapprochement doit être obtenu. Il n'a jamais été question d'autre chose, quel que soit le caractère imprimé successivement à cette politique par Zerboni, les conseillers de Frédéric-Guillaume IV, Caprivi ou Flottwell, Grolmann, Bismarck, Miquel et mon humble personne. Le but à atteindre en fin de compte, c'est que nos concitoyens de Pologne fassent cesser leur hostilité envers l'Etat prussien et l'Empire allemand. Seulement cette réconciliation ne doit pas s'effectuer aux dépens de nos possessions nationales dans l'Est, aux dépens de l'unité, de la souveraineté de l'Etat prussien.

Il est rare qu'un Etat traite des sujets d'une autre nationalité vivant sur son territoire avec moins de préventions et plus de bienveillance que ne le fit la Prusse à l'égard de ses Polonais dans les seconde et troisième décades du xixe siècle. Les bienfaits des réformes de Stein et de Hardenberg furent accordés sans réserve aux Polonais; une société de crédit agricole vint en aide aux agriculteurs polonais très éprouvés par les guerres; une Diète provinciale réunie à Posen fut chargée de représenter les intérêts polonais locaux; les administrateurs de districts purent être et furent élus par les Polonais; un gouverneur polonais fut adjoint au représentant supérieur prussien du gouvernement. Le remerciement fut la révolte de 1830. La Prusse n'avait eu aucun succès à rechercher avec autant d'ardeur l'amitié des Polonais. Elle était allée aussi loin que possible, pour faire plaisir aux Polonais des Marches orientales, et elle avait oublié toute sollicitude à l'égard des Allemands qui les habitaient, en livrant ce pays à la fois allemand et polonais à une administration purement polonaise.

Les hommes qui agirent en Posnanie de 1830 à 1840, le président supérieur de Flottwell et le général de Grolmann, se rappelèrent les devoirs nationaux allemands de la Prusse dans l'Est. La seconde phase de la politique des Marches orientales commença; elle se rattacha aux traditions nationales du moyen âge, à la politique du grand Roi, et elle nous a montré la marche à suivre, à Bismarck et à moi-même. Le gouverneur polonais disparut; la suppression de l'élection des administrateurs de districts rendit possible l'emploi de fonctionnaires allemands, et on commença, dans la mesure modeste des maigres ressources de l'Etat, à établir des propriétaires allemands dans les Marches orientales. La politique de Flottwell eut, aussi peu que celle qui fut plus tard suivie sur ses traces, un caractère d'hostilité pour les Polonais. Par opposition à la politique qui avait mal réussi entre 1815 et 1830, elle ne chercha qu'à restituer aux Allemands leurs droits à côté des Polonais; elle se souvint des devoirs allemands que la Prusse avait assumés en acquérant ces anciennes colonies de l'Est. Ce qu'on enleva aux Polonais, ce fut, en réalité, non pas des droits politiques, mais des privilèges.

La tentative de gagner les Polonais à la Prusse en leur accordant des droits particuliers, fut renouvelée dans les dix années qui suivirent le déplacement de Flottwell de Posen à Magdebourg (1840), et elle trouva sa conclusion dans ce qu'on appela « la réorganisation nationale » de la Posnanie, réorganisation qui échoua. On pensa « réorganiser » de la façon suivante : on sépara la partie orientale, plus polonaise, de la province de Posnanie, de la partie occidentale plus allemande, pour la livrer à une *polonisation* complète. Les Polonais demandèrent une autonomie absolue dans la province entière, analogue à celle que les Hongrois possèdent aujourd'hui dans la monarchie des Habsbourg. Les Allemands de la province s'alarmèrent à l'idée qu'ils étaient menacés de perdre leur nationalité. Le résultat de cette malheureuse tentative fut une irritation réciproque, jusqu'alors inconnue, entre les deux nationalités dans l'Est.

Après de longues années d'indifférence pour la lutte des nationalités dans l'Est, indifférence causée, au cours des années 1860-1880, par la fondation absorbante et la consolidation de l'Empire, Bismarck inaugura en 1886 sa politique nationale de grande envergure dans les Marches orientales, après avoir préalablement introduit en 1872 la surveillance des écoles de la Posnanie par l'Etat, et en 1873 la langue allemande comme langue d'enseignement. L'ère Flottwell n'avait pu être qu'une retouche, dans le sens national, de la politique appliquée aux Marches orientales. Avec Bismarck fut inaugurée, en connaissance de cause, la lutte en faveur de l'influence allemande. Jusque-là, on n'était pas sorti de la défensive. Sous Bismarck commença l'offensive nationale de l'Etat prussien, pour sauver, conserver, et, si possible, fortifier le régime allemand dans l'Est. Il va de soi que les Polonais entrèrent en ébullition, se préparèrent à la résistance, et engagèrent la lutte à l'aide de leurs organisations modèles, souvent soutenues par le clergé polonais. L'antagonisme des nationalités augmenta d'acuité. La politique des Marches orientales engloba toute la politique de parti, car le Centre se rangea du côté de ses coreligionnaires polonais, et les progressistes crurent qu'ils devaient à leur programme de ne voir que des mesures d'exception dans les mesures nationales de la politique prussienne des Marches orientales, mesures en contradiction avec le doctrinarisme libéral. Il est exact que la politique nationale des Marches orientales n'a pas rendu notre politique intérieure plus commode, qu'un nouveau motif de lutte et d'agitation vint s'ajouter aux autres, que la propagande panpolonaise se généralisa parmi les Polonais de Prusse et devint plus violente. Les adversaires allemands comme les adversaires polonais de la politique prussienne dans les Marches orientales aiment à tirer argument de cette inquiétude éveillée par la politique qu'inaugura Bismarck lui-même à l'égard des Marches de l'Est, et qui fut poursuivie dans le même esprit. Une pareille argumentation n'atteint que l'écorce de la politique générale, et non le noyau national de la question polonaise. Elle n'exprime pas autre chose que ce lieu commun, aussi commode que gratuit, que, dans la politique extérieure comme dans la politique intérieure, on a toujours la paix et la tranquillité, quand on ne poursuit jamais un but qui ne peut s'atteindre que par des combats et des difficultés. Une pareille tranquillité peut toujours s'obtenir en politique sans grande peine.

La question de la politique dans les Marches orientales est la suivante : devons-nous nous prêter, devons-nous contribuer par notre inaction à ce que les provinces de l'Est, c'est à-dire la Posnanie, la Prusse occidentale et certaines parties de la Haute-Silésie et de la Prusse orientale, soient reperdues ou non pour les Allemands ? Quiconque a des sentiments nationaux allemands répondra que cela ne doit jamais arriver, que c'est le devoir et le droit des Allemands de conserver nos possessions nationales dans l'Est prussien, et, si possible, de les augmenter. Dans les soixante-dix années qui séparent le Congrès de Vienne et le début de la politique colonisatrice de la Prusse, on avait constaté que ni le respect minutieux pour la nationalité polonaise, ni l'oubli voulu de la question des nationalités dans l'Est, ne pouvaient empêcher les Allemands d'en être lentement et sûrement évincés par les Polonais. Seuls, de méthodiques encouragements aux Allemands pouvaient empêcher leur défaite. S'ils donnaient au début plus d'acuité à l'antagonisme des nationalités, certes il fallait le déplorer, mais c'était inévitable. Il y a, en effet, dans la vie politique, de dures nécessités, auxquelles il faut se conformer le cœur gros, et dont on ne doit pas se dégager par sentimentalité. La politique est un rude métier, dans lequel les âmes sensibles arrivent rarement à produire un chef-d'œuvre.

La lutte pour le sol.

Avec la loi fondamentale de colonisation de 1886, Bismarck inaugura la lutte en grand pour la possession du sol. Il demanda et obtint 100 millions pour l'achat de propriétés et l'installation de paysans allemands, par conséquent pour l'augmentation de la force numérique de l'élément allemand dans les Marches de l'Est. L'œuvre de la colonisation fait le fond de la politique prussienne dans les Marches orientales, car elle implante des êtres allemands dans les régions de l'Est. Et toute la question de la politique dans les Marches de l'Est est une question d'effectif de la population allemande par rapport à la population polonaise. C'est par la colonisation que la conquête nationale de l'Est allemand a été commencée il y a un millier d'années; ce n'est que par la colonisation que l'on pourra conserver cette acquisition nationale. Le problème des Marches de l'Est est, au fond, aussi peu compliqué que possible. Sa solution est moins une question de sagesse que de vaillance politiques.

Bismarck, s'appuyant sur la nouvelle loi, agit avec vigueur, et dans les cinq premières années, de 1886 à 1890, on acheta aux Polonais près de 46.000 hectares. Le début de la période 1890-1900 marqua, phénomène connexe à un événement regrettable par ailleurs, une fortune brillante pour l'activité de la Commission de colonisation. La détresse de l'agriculture fit rapidement baisser les prix des propriétés, et il n'eût pas été difficile d'acquérir des mains des Polonais une énorme quantité de terrains à donner à cultiver plus tard aux Allemands. Mais, juste à ce moment, le comte Caprivi crut devoir faire des avances aux Polonais, pour des raisons parlementaires. Aux concessions dans les questions scolaires et religieuses succéda le secours accordé à la Banque agricole polonaise, c'est-à-dire le sauvetage des propriétés polonaises dont la Commission de colonisation devait chercher à s'assurer la possession. Le but parlementaire immédiatement visé fut atteint : le groupe des députés polonais vota la loi militaire de 1893. Mais il apparut bientôt que l'attitude du groupe au Parlement ne répondait pas, comme c'est souvent le cas, aux opinions exprimées dans le pays par le parti. A l'occasion des délibérations sur le projet de flotte, la majorité du groupe ne voulut pas suivre son chef Koscielski. M. de Koscielski lui-même prononça, en 1894, à Lemberg, cet imprudent discours qui contribua essentiellement à retourner la politique prussienne des Marches de l'Est pour l'engager à nouveau dans les voies suivies par Bismarck. A cette époque, en septembre 1894, fut fondée la Ligue allemande des Marches orientales, après un voyage à Varzin d'Allemands de l'Est, venus pour présenter leurs hommages au vieux chancelier de l'Empire.

Après la retraite de Caprivi, les traditions de Bismarck trouvèrent, en la personne de Miquel, un représentant perspicace. En 1898, de nouveaux fonds furent mis à la disposition du Comité de colonisation, et l'on procéda sur une plus vaste échelle à l'achat de terres. Mais la vérité de ce mot du poète : « Nulle éternité ne répare la perte d'une minute », se vérifia aussi à propos de la politique suivie dans les

Marches de l'Est. La ressource favorable, relative au marché des propriétés, qu'on n'avait pas utilisée au début des années 1890-1900, avait disparu. On était venu en aide aux propriétaires fonciers de Pologne; les Polonais avaient gagné le temps de s'organiser en vue de la lutte pour la terre. Tandis que, de 1886 à 1888, le comité de colonisation avait acquis en moyenne, par an, 11.000 hectares, on ne put en acheter aux Polonais, en 1895, que 911 hectares; en 1896, 1.804 hectares; en 1897 et 1898, 2.500 hectares. Il fallut de plus en plus recourir à la propriété allemande pour faire face aux besoins de la colonisation.

L'énergie avec laquelle les Polonais se sont opposés à l'attaque des Allemands contre leur sol mérite l'admiration. A l'action colonisatrice des Allemands répondit une action des Polonais en sens contraire. Les Polonais lotirent de leur côté des propriétés pour lesquelles ils trouvèrent généralement des colons parmi les nombreux ouvriers d'industrie de l'Ouest, d'origine polonaise. Alors que, pour les Polonais, c'était une honte de vendre de la terre aux Allemands, des Allemands n'hésitèrent pas maintes fois, hélas! à céder des propriétés foncières aux Polonais contre un prix élevé. J'ai sans doute réussi, après avoir comblé les vides de la caisse de colonisation, à faire marcher sérieusement en 1902 l'œuvre de colonisation. On acquit 22.007 hectares en 1902, 42.052 en 1903, 33.108 en 1904, 34.661 en 1905, 29.671 en 1906, et, après l'obtention de nouveaux fonds, 14.093

hectares en 1908 et 21.093 en 1909. Mais l'achat de propriétés se trouvant aux mains des Polonais se heurta à des difficultés de plus en plus considérables, car les Polonais ne lâchèrent plus leur terre, et l'activité du Comité de colonisation d'une part, la politique de morcellement des Polonais d'autre part, eurent pour conséquence une spéculation sur les terrains, qui amena un rapide renchérissement. Si l'on voulait que l'œuvre de colonisation entreprise avec de pareils sacrifices et au prix de luttes cruelles ne fût pas finalement condamnée à la stérilité, il fallait réaliser une idée que Bismarck avait déjà exprimée en 1886 et qu'on n'a pas oublié de reprendre plus tard : l'idée de l'expropriation. La loi de 1908 donna à l'Etat le droit d'acquérir des terres de colonisation par la voie de l'expropriation. La loi était la conséquence logique de la politique de colonisation inaugurée en 1886; elle affranchit l'action du Comité des variations du marché foncier, et assure finalement à un gouvernement résolu la supériorité dans la lutte économique pour la possession du sol.

La lutte en faveur de la culture allemande.

La lutte pour la possession du sol, qui, dans son essence, a pour but de répandre en quantité suffisante des habitants allemands dans les provinces de l'Est, sera toujours l'alpha et l'oméga de notre politique nationale allemande dans l'Est. Elle doit être soutenue par la lutte en faveur de la culture et de l'éducation allemandes. Certes, nous ne voulons pas enlever aux Polonais leur langue maternelle, mais il faut que nous tâchions de leur inculquer, par le moyen de la langue allemande, l'intelligence de la vie intellectuelle allemande. Par la politique de colonisation, nous luttons pour l'élément allemand dans l'Est; par la politique scolaire, nous luttons au fond pour l'élément polonais que nous désirons faire pénétrer dans la vie intellectuelle allemande. Les rigueurs sont inévitables; elles augmenteront ou s'adouciront, selon que les Polonais tendront ou relâcheront leurs résistances. La fondation de l'Ecole des Hautes Etudes techniques en 1904, et, auparavant, celle de l'Académie Impériale à Posen en 1903, créa des centres de vie intellectuelle allemande dans les provinces de l'Est, centres qui, nous en avons le ferme espoir, manifesteront petit à petit leur force d'attraction.

Résultats de la politique suivie dans les Marches de l'Est.

La politique prussienne suivie dans les Marches de l'Est a toujours été en butte à de violentes critiques du côté allemand. L'argument le plus probant en apparence de la critique, c'est que la politique suivie de ce côté n'a pas eu de résultat tangible, puisque, après vingt ans environ d'application, cette politique n'a pas modifié d'une façon essentielle le pourcentage de la population allemande et de la population polonaise des provinces de l'Est. Or, comme c'était là le but fixé par Bismarck, il faudrait considérer comme ayant échoué notre politique à cet égard, et surtout l'œuvre de colonisation. Il est exact que nous n'avons pas encore beaucoup approché du but. Nous ne pouvons avoir l'espérance d'arriver à remplir, dans un laps de temps encore long, notre tâche nationale dans l'Est, que si nous avançons, sur le chemin tracé par Frédéric le Grand, puis suivi à nouveau par Bismarck, sans chicanes mesquines, sans brutalités maladroites, mais avec persévérance et avec logique. Ce qu'il nous faut avant tout dans notre Marche orientale, c'est l'esprit de suite. Lorsque je séjournai à Posen en 1902, le Directeur général de la province, qui fut de longues années député conservateur au Reichstag, M. de Staudy, chez lequel j'étais descendu, me dit à la fin d'un long entretien sur les Marches de l'Est : « Et maintenant, un seul mot encore : de l'esprit de suite ! C'est de cela que tout dépend ici; rien ne nous a fait autant de tort que nos oscillations, qui nous ont fait si souvent tomber. Allons maintenant jusqu'au bout ! » On ne peut pas mener à bonne fin en peu d'années le travail de colonisation allemande commencé il y a dix siècles, interrompu pendant quatre cents ans, et repris depuis trente ans à peine. Il ne s'agit pas ici d'une résolution politique d'espèce habituelle, que suit sans tarder le succès ou l'échec, mais nous nous trouvons au centre d'une évolution historique à laquelle mainte génération aura encore à contribuer. Si l'on considère notre travail dans l'Est comme une étape du développement de la grande œuvre poursuivie, nous avons le droit de dire que le succès ne nous a pas été refusé. De 1886 à 1911, l'Etat a acheté 394.398 hectares de terres pour y établir des paysans allemands, et, sur ce total, 112.116 hectares ont été achetés aux Polonais. On compte 150.000 âmes allemandes dans les propriétés de colonisation. On a fondé 450 nouveaux villages, et la population allemande s'est augmentée dans 300 villages. Les résultats obtenus dans l'Est grâce à la politique de colonisation ont été exposés d'une façon convaincante, dans les discussions de la Chambre des Seigneurs sur la loi d'expropriation en 1908, par un des hommes d'Etat les plus estimables de notre temps, le comte Botho Eulenbourg. Le recul des Allemands au bénéfice des Polonais s'est arrêté, malgré la puissance prolifique supérieure des Polonais, ainsi que le prouvent les derniers recensements. Ce sont là des résultats d'une valeur appréciable; ce sont les premiers pas sûrs vers un but encore éloigné, qui peut être atteint, si nous ne nous lassons pas de cette lutte coûteuse et certainement incommode, et si des périodes passagères de politique du moment ne refoulent pas derechef à l'arrière-plan les grandes et permanentes exigences de la politique nationale. Nous ne devons pas non plus nous faire illusion sur ce point, que l'Allemand, dans la lutte des nationalités, ne possède pas encore partout la force de résistance désirable, que dans cette lutte, il court encore trop souvent le risque d'être perdu pour notre nationalité, si l'Etat ne lui prête pas son appui et sa protection. Une des plus grandes difficultés de la question des Marches de l'Est, et en même temps la preuve la plus forte, peut-être, de la nécessité absolue d'une politique ferme et suivie dans cette région, c'est l'obligation de soutenir l'Allemand, si facilement assimilable pour des raisons qui se rattachent à nos bonnes qualités comme aux autres. Il faut que le gouvernement prenne les choses comme elles sont. Il a le devoir de veiller à ce que l'Allemand et l'influence allemande dans l'Est ne tombent pas sous les roues.

Mais quel aspect auraient les choses dans l'Est allemand, si l'on n'avait rien fait pour fortifier l'élément allemand ? Voilà une question dont la réponse renferme encore, sur ce qui s'est fait, un jugement meilleur que l'enregistrement des résultats positifs. Avant de songer à faire des conquêtes nationales dans l'Est, il fallait prémunir contre des pertes nos possessions nationales. Nous y avons réussi, parce que nous avons lutté. L'évolution qu'arrêta Bismarck tendait à une insensible, mais sûre *polonisation* des provinces de l'Est. Avoir empêché un danger menaçant constitue souvent en politique un résultat meilleur que d'avoir obtenu un avantage momentané. Si, à cette polonisation croissante, on n'avait pas opposé une germanisation voulue, soutenue par l'Etat, la situation en Posnanie et dans la Prusse occidentale serait aujourd'hui la même qu'en Galicie. On comprend que la monarchie autrichienne, qui n'est pas une

Bülow.

institution d'Etat reposant sur une nationalité, ait, depuis 1870, pour des raisons de politique intérieure et extérieure, renoncé à poursuivre la germanisation en Galicie, et se soit conformée dans la plus large mesure aux désirs des Polonais. La Prusse est le soubassement de l'Empire allemand et de l'idée nationale, elle est l'Etat national allemand κατ'ἐξοχήν, et elle ne saurait faire de pareilles concessions sans être infidèle à son passé, à ses traditions et à sa mission en Allemagne. Il faut que la Prusse soit régie et administrée d'après des points de vue nationaux allemands. Si, dans l'Est de la monarchie prussienne, nous avions permis aux éléments slaves de s'étendre et de noyer les Allemands, comme cela s'est passé dans une partie de la Cisleithanie, nous aurions aujourd'hui, au lieu d'une lutte pénible pour la sauvegarde du régime allemand dans la Marche de l'Est, une lutte pour la conservation de l'unité gouvernementale de la Prusse : nous n'aurions pas une question polonaise, mais un danger polonais.

La politique suivie dans les Marches de l'Est est un devoir national allemand.

Notre politique dans les Marches de l'Est est un devoir national du peuple allemand vis-à-vis de lui-même. Une nation forte et de civilisation supérieure ne doit pas renoncer sans combat à des biens conquis par la nation; il faut qu'elle ait foi en la puissance de propagande de sa culture nationale et confiance en sa propre force, de façon qu'elle se sente capable de les féconder, et fondée à le faire. Que nous maintenions ou non ce que nous possédons dans l'Est, que la politique que nous y suivons persiste dans la voie nationale, que l'avenir de notre Marche orientale se dessine dans tel ou tel sens, tout cela ne constitue pas une question de politique de parti, mais une question d'intérêt général, une question dont la réponse négative ou affirmative décidera non seulement de la destinée des Allemands dans l'Est prussien, mais encore de l'avenir de la Prusse, de celui de l'Empire et du monde allemand. Comme je le disais en janvier 1902, je considère la question des Marches de l'Est non seulement comme une des questions les plus importantes de notre politique, mais, au suprême degré, comme celle de la tournure de laquelle dépend l'avenir immédiat de notre Patrie.

CONCLUSION

CONCLUSION

L'Empire allemand, tel qu'il est sorti des baptêmes du feu de Kœniggrætz et de Sedan, comme le fruit tardif de la longue évolution de notre peuple, ne pouvait naître qu'au moment où se rencontrèrent l'esprit allemand et la monarchie prussienne. Il fallait que ceux-ci se rencontrassent, pour qu'on pût obtenir une vie politique allemande unitaire d'une force durable. L'histoire de l'Allemagne, riche en péripéties, a vu quantité de grands et considérables événements; elle a vu les armes allemandes victorieuses sur le Belt et aux bords de la Méditerranée, dans l'Asie Mineure et au cœur de la France actuelle; après l'œuvre de purification intellectuelle du temps de la Réforme, elle a vu le plus haut développement de la vie artistique et scientifique qui ait eu lieu depuis les jours de l'antique Hellade et du Cinquecento (1). Mais le résultat politique fut pourtant, au xixe siècle, la désorganisation de toutes les formes d'Etat, la submersion de la puissance allemande par les Etats plus jeunes de l'Ouest et de l'Est européens. Dans un travail de dix siècles, nous avions atteint l'apogée de la culture, mais nous n'avions rien obtenu en politique.

---

(1) Le *Cinquecento* (cinq cent) désigne le xvie siècle, l'époque de la plus grande prospérité artistique en Italie, l'époque où vécurent le Bramante, Michel-Ange, Raphaël, le Correge, le Titien, Cellini, Bernini, l'Arioste, le Tasse, Machiavel, etc. (*N. du Trad.*)

Les régions de l'Ouest et du Sud allemands, régions bénies par la nature, ont donné à notre vie intellectuelle d'impérissables chefs-d'œuvre, mais elles n'ont pu déployer la vigueur nécessaire pour le labeur plus dur de créer l'Etat allemand. Nous, Allemands modernes, nous ne partageons plus le sévère jugement de Treitschke sur la non-valeur des petits Etats allemands. En possession depuis longtemps déjà de l'unité de l'Empire, nous avons retrouvé assez de liberté de jugement pour apprécier les divers bienfaits que nous devons aux petits Etats. En regard des fautes du particularisme allemand, il faut penser à l'appui et à la protection accordés à la vie intellectuelle de l'Allemagne par les princes et par les villes. La Cour des Muses, à Weimar, a produit les plus grandes choses, il est vrai, mais non pas toutes. L'histoire de la plupart des Etats non prussiens est associée au nom de tel ou tel de ces savants et de ces artistes, qui ont aidé à la construction grandiose de notre vie intellectuelle. Lorsque la Prusse se rappela ses devoirs envers les biens idéaux de l'Allemagne, dans ces années difficiles et pourtant grandes, où Frédéric-Guillaume III trouva cette belle parole que l'Etat prussien devait remplacer par des forces intellectuelles les forces physiques qui avaient été perdues, l'esprit allemand avait déjà gravi les cimes les plus hautes sans le secours de la Prusse. La vie intellectuelle de l'Allemagne, que le monde a appris à admirer, à laquelle le premier Napoléon lui-même a rendu hommage, est l'œuvre de l'Ouest et du Sud allemands, œuvre produite sous la protection de ses princes, des petits Etats et des villes libres.

Mais le peuple qui habitait les sables de la Marche, au milieu des plaines parcimonieusement traitées par la nature à l'est de l'Elbe et de l'Oder, a préparé l'avenir politique de l'Allemagne pendant les siècles qui virent naître la culture allemande dans l'autre Allemagne, et l'a préparé sous une dynastie héroïque et avisée, au milieu des combats et des privations. C'est à l'Ouest et au Sud de l'Allemagne qu'a été formé l'esprit allemand; c'est en Prusse qu'a été formé l'Etat allemand. Les princes des pays de l'Ouest ont été les tuteurs de l'éducation allemande, les Hohenzollern ont été les maîtres et les éducateurs politiques. Il a fallu du temps pour qu'on reconnût en Allemagne l'importance de la Prusse, dont Goethe lui-même n'aimait que le grand Roi; il en a fallu pour qu'on s'aperçût que ce rude et prosaïque peuple de soldats et de fonctionnaires créait, sans grandes paroles, mais par des actes d'autant plus grands, une œuvre civilisatrice allemande de premier ordre; il en a fallu pour qu'on reconnût qu'il préparait la culture politique du peuple allemand. L'Etat prussien est devenu pour l'Allemagne ce que Rome a été pour le Monde Antique. L'esprit le plus universel et en même temps le plus prussien parmi les historiens allemands, Léopold de Ranke, dit, dans son *Histoire universelle*, que ç'a été la tâche du Monde Antique d'imprégner le génie grec du génie romain. La civilisation antique, sur laquelle repose tout entière la vie intellectuelle de l'Europe occidentale, a été conservée au monde grâce à la protection de l'Etat constitutionnel et militaire que fut Rome, Etat qui donna au Monde Antique ses formes d'existence politique. La vie intellectuelle de l'Allemagne a trouvé un protecteur dans l'Etat prussien, parce qu'il procura au peuple allemand l'unité politique et une puissance égale à celle des grands empires du monde.

Par la fondation de l'Empire, nous avons conquis une existence d'Etat nationale. Notre développement politique a pris par là une voie nouvelle et sûre. Mais il n'est pas encore arrivé à son terme. La tâche, assurément commencée, mais nullement achevée, doit être l'unité de notre vie intellectuelle et politique, c'est-à-dire la pénétration réciproque du génie prussien et du génie allemand. La vie gouvernementale prussienne doit s'accommoder à la vie intellectuelle allemande, et réciproquement celle-ci à celle-là, de telle sorte que les deux se confondent sans s'affaiblir. Cette adaptation réciproque n'est pas encore obtenue. Le représentant de la vie intellectuelle allemande voit encore dans l'Etat prussien une puissance ennemie; le Prussien de vieille roche voit parfois encore une force dissolvante dans le libre développement du génie allemand, auquel nulle règle ne fait obstacle. Et l'on assiste sans cesse à ce spectacle qu'au Parlement et dans la presse on tonne contre la Prusse au nom de la liberté, puis, au nom de l'ordre, contre l'esprit allemand, qui ne peut jamais être maîtrisé. Mon défunt ami Adolphe Wilbrandt met en scène, dans un beau drame, un fonctionnaire appartenant à une famille noble de l'Allemagne du Nord et la fille d'un savant de souche bourgeoise qui, au début, se repoussent et se disputent. « Moi, je représente l'Allemagne de Schiller, de Gœthe et de Lessing », dit la fille du savant, et le fonctionnaire de répliquer : « Et moi, l'Allemagne de Bismarck, de Blücher et de Moltke. » Nous entendons souvent des paroles analogues dans la bouche d'hommes intelligents et sérieux. L'avenir de l'Allemagne dépend de la façon dont nous réussirons à amalgamer l'esprit allemand avec la monarchie prussienne. La pièce de Wilbrandt se dénoue par un amour et par une heureuse union entre le futur ministre et la gracieuse amie de Frédéric Schiller.

Il est exact que, par suite d'autres traditions politiques, maintes idées radicalement différentes de celles qui ont poussé sur le sol des traditions prussiennes règnent, dans l'Allemagne non-prussienne, sur la domination de l'Etat et la liberté politique. Cette divergence se fait sentir non seulement dans les antagonismes de parti, mais encore au sein même des partis. Dans l'Allemagne du Sud, on cherche plus à dissocier les forces politiques d'en bas; en Prusse, on cherche plus à unir les forces politiques d'en haut. Là, c'est une conception plus intellectuelle; ici, une conception plus gouvernementale de la vie politique. Chacune des deux conceptions est le résultat d'une évolution historique et a sa raison d'être particulière. Le Prussien a tort quand il ne veut voir dans la vie politique de l'Allemagne du Sud qu'une dissolvante démocratie. L'Allemand du Sud a tout aussi tort quand il récuse, comme une politique réactionnaire, le genre spécial de la vie gouvernementale en Prusse. Dans la vie politique, le progrès est une notion très ondoyante, et savoir dans quelle direction se trouvera finalement le véritable progrès, est une question à laquelle tous les sages du monde ne sauraient répondre. Chaque Etat, chaque peuple cherche à progresser à sa manière, et à perfectionner ses institutions politiques. Nous autres Allemands, qui, pour des raisons historiques, n'avons pas une vie gouvernementale procédant d'un principe unique, mais une vie complexe, nous devons, moins que tout autre peuple, nous créer des principes politiques abstraits; nous ne pouvons avoir des principes empruntés exclusivement aux traditions prussiennes, ni des principes puisés uniquement dans les traditions de l'Allemagne du Sud; nous ne pouvons conformer uniformément toute notre politique à des principes de ce genre. Notre tâche consiste à diriger l'évolution politique de la Prusse, des différents Etats et de l'Empire, de telle façon que chacun des membres de cet Empire garde intactes les forces grâce auxquelles il a le plus de valeur pour la patrie commune. L'harmonie de la vie allemande dans toutes ses parties s'obtiendra moins par la recherche de l'uniformité des institutions au Nord et au Sud, à l'Est et à l'Ouest, que par une atténuation des antagonismes qui existent encore.

La création bismarckienne de l'Empire a été surtout magistrale parce qu'elle créa un ensemble solide, sans détruire l'originalité et l'indépendance des différents Etats, et parce que, tout en conservant le principe monarchique dans le nouvel Empire, elle fit de la Prusse l'Etat directeur non seulement de nom, mais aussi dans la réalité. L'unification de l'Allemagne, que rêvait la démocratie patriotique de 1840 à 1850, voulait supprimer plus ou moins l'indépendance des Etats de la Confédération et faire reposer la force de l'union dans l'influence d'un Parlement d'Empire. Sans même faire entrer en ligne de compte que les souverains allemands n'auraient jamais donné leur assentiment à une semblable unification, c'était une erreur d'espérer, dans une Allemagne foncièrement monarchique, trouver des forces unificatrices dans un organisme qui était encore inexistant, et qui n'avait pas encore été mis à l'épreuve. Dans une représentation commune de la nation, les forces ont, en Allemagne, plus de tendances à se disperser qu'à se grouper en une conception de l'Empire et pour de grandes tâches nationales : ce fait a été suffisamment prouvé depuis la fondation de l'Empire par les luttes entre le gouvernement impérial et les partis du Reichstag. Le Prussien Bismarck savait, mieux que personne, qu'en Allemagne on ne fonde et on ne conserve une forte vie gouvernementale que sous la forme monarchique. L'œuvre d'unification ne pouvait durer qu'à la condition de donner à l'édifice impérial allemand autre chose qu'un simple ornement monarchique, et de faire réellement de la monarchie le vrai soutien de l'union. Et pour que la force politique constitutive de la monarchie prussienne, éprouvée durant des siècles, puisse rester acquise au nouvel Empire, il ne fallait pas que le roi de Prusse fût simplement, comme Empereur allemand, le détenteur de dignités fantomatiques; il devait effectivement régir et diriger, et, à cet effet, posséder de réels droits monarchiques, tels qu'ils ont été inscrits dans la Constitution de l'Empire. Par les voies de la démocratie, au moyen desquelles d'autres peuples sont parvenus au terme de leur évolution nationale, l'Allemagne ne serait arrivée à l'unification politique que très lentement et très incomplètement. C'est en tant que monarchie, avec la représentation des princes confédérés dans le Bundesrat et avec le roi de Prusse à la tête, que nous sommes devenus un Empire allemand un et indivisible. Confiée à la seule protection de partis en désaccord au Parlement, l'idée de l'Empire n'aurait jamais conquis tant de terrain, gagné tous les cœurs allemands, comme cela est réellement arrivé parce que cette idée a été mise sous l'abri tutélaire de la monarchie. Ce que, vers 1860, écrivait, à Mazzini, Crispi, le futur premier ministre de l'Italie, à savoir que, de républicain qu'il était, il s'était converti à la monarchie parce que celle-ci unissait l'Italie, tandis que la République la divisait, s'applique également à nous. Et cela est vrai surtout, parce que l'Empire allemand, situé au centre de l'Europe, insuffisamment protégé par la nature sur ses vastes frontières, doit être et rester un Etat militaire. Or, de forts Etats militaires ont, dans l'histoire, toujours eu besoin d'une direction monarchique.

Une forte monarchie à la tête n'exclut naturellement pas une participation active du peuple aux choses de la vie gouvernementale dans l'Empire et dans les Etats particuliers. Au contraire, plus le peuple s'intéresse vivement et avec intelligence, dans toutes les classes, au développement des affaires politiques, plus la nation entrera en liaison intime avec la monarchie qui dirige la vie nationale. La vie politique de la monarchie moderne est une communauté de travail entre la Couronne et le peuple, telle que les Constitutions l'ont établie chez nous. C'est une vieille erreur que de vouloir mesurer le degré de participation du peuple aux affaires de l'Etat exclusivement par la somme des droits accordés aux représentants du peuple. Un Parlement peut posséder des droits très étendus, sans que le peuple prenne un vif intérêt à la politique. C'est ainsi qu'en France le Parlement a été jadis parfois tout-puissant, mais le peuple indifférent. La part relativement grande de droits constitutionnels concédés en Allemagne au Reichstag et aux Diètes provinciales pourrait inspirer au peuple une sympathie politique bien plus vive que ce n'est le cas jusqu'ici. Ce qu'on a appelé la « *politification du peuple* » est une question d'éducation politique, non une question de pouvoir parlementaire. L'affirmation, proclamée de côté et d'autre, qu'il avait été dans ma pensée de déplacer la répartition des droits entre la Couronne et le Parlement en faveur de ce dernier, c'est-à-dire de marcher à un régime parlementaire dans le sens de l'Europe occidentale, cette affirmation rentre dans le domaine touffu des fables politiques. La limite légale entre la Couronne et le Parlement a toujours été immuable à mes yeux. Dans la politique extérieure comme dans la politique intérieure, j'ai considéré comme un devoir sacré de fortifier la Couronne de toutes mes forces et par tous les moyens, de la soutenir et de la protéger, non seulement à cause de mon profond royalisme et de mon attachement personnel à Celui qui la porte, mais aussi parce que je vois en elle la pierre angulaire de la Prusse et la clef de voûte de l'Empire.

Ce qui nous fait défaut au point de vue politique, à nous Allemands, nous ne l'obtiendrons pas au moyen de modifications constitutionnelles. Aux partis, qui bénéficieraient d'un accroissement de droits, il manque encore trop de jugement politique, de pratique politique et de sens gouvernemental. Il y a encore en Allemagne une grande quantité de gens instruits, de ces gens auxquels revient la direction dans la vie de leur parti, que la vie politique laisse indifférents, sinon même hostiles. Des hommes d'intelligence et de science insistent souvent avec un certain orgueil sur ce point qu'ils ne comprennent rien à la politique et qu'ils n'en veulent rien savoir. L'ignorance des choses les plus élémentaires de la vie de l'Etat est souvent étonnante. Ils sont passés, les temps où il n'importait pas au bien de l'Etat que la nation comprît quelque chose aux lois qui lui étaient octroyées. L'œuvre législative n'est plus exclusivement entre les mains de fonctionnaires plus ou moins spécialistes et experts : le Parlement y collabore. Mais l'activité des partis s'exerce, même de nos jours, d'une manière qui ne diffère pas trop de l'activité des seuls fonctionnaires de jadis, c'est-à-dire au milieu de l'ignorance et de l'apathie complètes d'une grande partie de la population. Dans les questions économiques s'agitent sans doute les groupements d'intérêts agricoles, commerciaux et industriels, dans quelques questions spéciales on voit s'ébranler les associations fondées en vue de ces objets spéciaux, mais en général on subit la sentence des parlementaires avec l'entière passivité d'un sujet à intelligence bornée. Ressent-on sur soi-même les effets de l'œuvre ainsi accomplie, on censure alors avec âpreté, mais en se restreignant à ce cas particulier, et sans aller jusqu'à se rendre compte de la portée générale de la mesure. Une participation active à la marche des affaires politiques, voilà ce qui nous fait défaut, à nous Allemands : c'est-à-dire un intérêt qui, au lieu de ne s'éveiller que lors des luttes électorales à des intervalles de plusieurs années, se porte d'une façon constante sur les grandes et les petites questions de la vie de l'Etat. C'est l'affaire des gens instruits de prendre en main cette éducation politique; c'est l'affaire des guides intellectuels, qu'aucun peuple ne suit aussi docilement que le peuple allemand. L'indolente indifférence des natures à goûts intellectuels et artistiques à l'égard de la vie politique, indifférence qui, jadis, ne faisait de mal à personne, n'est plus de mise aujourd'hui. L'âge contemporain, chargé de tâches politiques sérieuses et grandes, et qui a créé dans les Parlements la participation du peuple aux affaires de l'Etat, a besoin d'une génération politique. Et le devoir du gouvernement dans cet âge contemporain n'est pas de procurer de nouveaux droits au Parlement, mais d'éveiller l'intérêt politique du peuple dans toutes les classes de la nation par une politique vivante, résolue dans le sens national, grande dans ses ambitions, énergique dans ses moyens. La critique que déclanchera toute politique qui ne sera pas incolore ne constitue pas un mal, du moment que s'éveillera en regard un intérêt positif. Le pire, dans la vie politique, c'est la léthargie, la lourdeur d'un calme général.

Le repos n'est permis qu'à celui à qui il ne reste plus de devoirs à remplir. Aucun peuple ne peut dire cela pour lui-même. Le peuple allemand moins que tout autre, lui qui n'a que tout récemment pris un chemin nouveau, vers des buts nouveaux. Le nombre des problèmes que nous avons résolus depuis 1870 est faible, à côté de ceux qui attendent encore leur solution. Nous ne devons nous réjouir de ce qui a été fait, que pour puiser, dans la vue de ce que nous pouvons faire, la confiance d'accomplir de plus grandes choses encore. Ce n'est pas dans Wagner, contemplateur béat des résultats obtenus par ses semblables, que Gœthe personnifie le peuple allemand, mais dans Faust, l'homme qui, plein d'une intense confiance en lui-même, poursuit sans cesse ses efforts ambitieux, et trouve cette vérité, conclusion suprême de la sagesse : « Celui-là seul mérite la liberté et la vie, qui est forcé de les conquérir tous les jours. »

PARIS ET LIMOGES. — IMPRIMERIE ET LIBRAIRIE MILITAIRES CHARLES-LAVAUZELLE.

Librairie militaire CHARLES-LAVAUZELLE

PARIS, 124, Boulevard St-Germain, et LIMOGES

Ce qu'il faut savoir de l'armée allemande. (20e édition, 1916.) In-12 de 130 pages, avec nombreuses vignettes, 12 planches en couleurs et 1 carte en couleurs hors texte, cartonné.................. 2 50

Petit guide Français-Allemand *à l'usage du soldat français.* » 30

Lucien CORNET, sénateur. — **1914-1915 : Histoire de la guerre.** Tome Ier. Volume in-8º de 380 pages........................... 5 »

Général de division E. DUBOIS. — **Considérations sur la guerre de 1914-1915.** Brochure in-8º............................ 1 »

Pierre DAUZET. — **La guerre de 1914-1915 : De Liége à la Marne,** avec une préface de M. G. Hanotaux, de l'Académie française. Brochure in-8º, avec un croquis dans le texte et une carte en couleurs (56×76) du théâtre des opérations et de la situation successive des armées. 2 50

Capitaine DE SÉZILLE. — **Conseils pratiques aux cadres de cavalerie** (Guerre de 1914). *Résumé des procédés nouveaux imposés par la guerre actuelle d'après l'expérience de cinq mois de campagne.* Brochure in-18 de 44 pages......................... 1 50

Commandant DE CIVRIEUX. — **Le Germanisme encerclé.** In-18 de 118 pages, broché..................................... 1 50

L. H. T. — **La guerre contre l'Allemagne.** *Etude stratégique à l'usage des gens du monde.* In-12 de 144 pages, broché......... 2 »

Lieutenant RAFFENEL. — **L'armée anglaise.** *Son organisation et sa tactique.* In-8º de 174 pages, broché...................... 2 50

Capitaine Bernard SERRIGNY, breveté d'état-major. — **La guerre et le mouvement économique.** *Leurs relations et leurs actions réciproques.* In-18 de 222 pages, broché..................... 3 50

H. GUILLEMAIN. — **A la Frontière.** *Carnet de campagne d'un élève caporal du 35e régiment d'infanterie.* (3e édition.) Préface du colonel DE Maud'huy. In-18 de 234 pages, avec 5 croquis dans le texte et une carte hors texte, broché................................. 2 50

Guerre de 1914-1915 : Carte du théâtre des opérations (*front occidental*), à l'échelle du 1/500.000e. 15 feuilles, avec répertoire alphabétique très complet de toutes les localités rendant les recherches extrêmement faciles, grâce à un ingénieux système de repérage, renfermées dans un étui solide.................................. 4 »

www.ingramcontent.com/pod-product-compliance
Lightning Source LLC
Chambersburg PA
CBHW070631160426
43194CB00009B/1424